당신은 인간의 마음을 가지고 있습니까?

당신은 인간의 마음을 가지고 있습니까?

방송국 PD의 살아 있는 인문학

박천기 지음

différance

인간의 마음을 가진 당신에게

어릴 적 밤하늘을 올려다보고 있으면 호기심과 함께 거대한 두려움이 밀려왔다. 어둠이 쏟아져 내리며 블랙홀로 빠져드는 느낌이랄까. 좀 더 고급스러워 보이는 '경외감'이란 표현도 있지만, 어릴 적 밤하늘을 보며 느낀 감정은 엄밀히 말해 공포에 가까운 것이었다.

생각해 보면, 대부분의 두려움은 '알 수 없음'에서 오는 것이고, 그 알 수 없음은 대체로 인간 무지(無知)의 결과이다. 문제는 인간의 무지가 결코 완전하게 해결되지 않는다는 점에 있다. 인간, 죽음, 신, 우주와 같은 난제를 붙잡고 수없이 많은 사상가들과 철학자들이 사투를 벌여 왔지만, 여전히 만족할 만한 해답을 내놓지는 못했기 때문이다.

부처가 열반(涅槃)에 들었을 때조차 언어의 한계로 인해 그의 큰 깨달음은 여전히 이해가 아니라 해석의 문제로 남아 있다. 그나마 위안으로 삼을 것은 부처가 남겨 놓은 방편(方便)이라는 우회로인데, 우매한 인간은 돌고 돌아 결국 다시 제자리로 돌아오는 어리석음을 무한 반복한다.

또 다른 해법은 전지전능한 신(神)에 의존하는 것이다. 하지만 신 자체가 회의(懷疑)의 대상이므로 이성의 끈을 놓아야 하는 무모한 결단이 필요하다. '툭' 하고 온전히 자신을 놓아 버리는 순간, 신의 은총은 받겠지만, 놓아 버릴 아(我)도 없다면, 이 또한 망상에 불과하다.

사실, 선(禪)에서 말하는 화두(話頭)는 해답을 찾는 것이 아니라 해답을 찾아가는 과정 그 자체이다. 서양 철학적으로 말하면, 경험을 경험하는 것이고 생각을 명료화(clarification)하는 과정이다. 렌즈를 갈고 닦아 희미한 물체가 좀 더 뚜렷해지는 것처럼 말이다. 하지만 보이는 사물 자체도 끝까지 회의(懷疑)해야 한다. 긴장의 끈을 놓지 말고 말이다. 특히 그 대상이 인간이라면, 더더욱 그러하다.

최근 방송에서 만난 한 북한 이탈주민은 북한에서 자주 사용하는 속담 가운데, "너무 가까이 가면 타죽고, 너무 멀어지면 얼어 죽는다"라는 말이 있다고 했다. 우리가 자주 사용하는 불가근불가원(不可近不可遠)이나 철학자 쇼펜하우어의 '고슴도치의 비유'에 비해 사뭇 섬뜩한 감이 없지 않지만, 뭔가 더 생생하고 리얼하다는 느낌이 든다. 이때의 거리는 단순한 사귐의 의미를 뛰어넘어 얼어 죽거나 타죽는 그야말로 '생존'의 문제로 비약하기 때문이다.

생각해 보면, 우리는 아주 어린 시절부터 이런저런 종류의 거리 감각을 익혀 왔다. 구슬치기나 망 까기, 심지어 '무궁화 꽃이 피었습니다' 같은 놀이의 핵심은 언제나 적절한 거리 조절에 있었다. 매주 월요일 아침, 교장 선생님의 훈화 시간에는 좌우로 나란히를 통해 적당한 자기 공간과 거리를 확보해야 한다. 어른이 되어서도 마찬가지다. 군대에서 영점 조준을 잘못하면 혹독한 얼차려를 각오해야 했고 연애할 때 적당한 거리 유지에 실패하면 사랑이 아니라 집착이 되고 여기서 더 나가면 스토커 범죄자가 된다.

문제는 늘 거리, 거리감이다.

허블 망원경보다 더 멀리 바라볼 수 있는 제임스 웹 우주망원경이 개발되면서 우주를 향한 인간의 시야는 한층 넓어졌다. 거리에 대한 자신감이 생긴 것이다. 미래에 이보다 더 발전된 망원경이 개발돼 더 멀리멀리, 궁극적으로 무한대까지 들여다볼 수 있는 상황이 됐다고 상상해 보자.

자, 이제 서서히 줌을 당기고 당겨 광활한 우주를 가로질러 가보자. 지구를 벗어나 태양계를 가로지르고, 안드로메다 은하계를 건너 우주의 지평선까지 닿았을 때 거대한 물체 하나가 시야에 들어온다.

과연 무엇일까?

그건 바로 당신을 바라보고 있는 당신의 눈동자. 해괴하게 들리지만, 우주는 결국 당신이고 우리이다. 뒤집어 말하면, 우리가 곧 우주이고 우리 안에는 중중무진(重重無盡)의 우주쇼가 펼쳐지고 있는 것이다. 어릴 적 밤하늘을 바라보며 느낀 두려움은 우주 넘어 미지의 세계를 향해 있지만 결국 그 마지막 시선은 인간을 향해 있기도 하다.

나쓰메 소세키가 말한 "손잡이가 없는 주전자, 그래서 어디를 어떻게 만져야 할지 모르는 존재"가 바로, 인간이다. 그래서 더 알 수 없는 존재, 인간은 밤하늘만큼이나 두려움을 유발하는 존재다.

고레에다 히로카즈 감독의 〈괴물〉이나 봉준호 감독의 〈괴물〉에서 '진짜' 괴물은 순진한 인간의 얼굴을 지니고 있는데, 인간의 탈을 쓰고 있기에 그 '괴물스러움'은 한층 더 배가 되는 것이다.

그래서 감독은 묻는다. 당신은 인간의 마음을 가지고 있냐고.

가장 가깝지만 먼 존재, 우리와 살을 맞대고 매일매일 투쟁하며 사랑하는 존재인 인간에 대해 우리는 너무나 무지하다. 그래서 니체에 따르면 우리는 우리 자신으로부터 가장 멀리 떨어져 있는 존재이다. 관건은 거리를 좁히는 것이 아니라 인간의 마음을 읽는 것이다. 아니, 좀 더 정확히 인간의 마음을 가지는 것이다.

이쯤에서 "우주에서 우리는 혼자이거나, 혼자가 아니다. 두 가지 모두 똑같이 섬뜩하다"는 공상과학 소설가 아서 클라크의 말을 상기하자. 우리는 혼자가 아님에 외로움의 저주로부터 구원받았지만, 동시에 인간이라는 섬뜩한 괴물과 함께 살아야 하는 공포도 동시에 감내해야 하는 것이다.

사람에 대한 글을 쓰고 기록으로 남겨야겠다는 결심이 든 이유는, 특별히 글재주가 있거나 인간 심리와 행동에 대한 전문 지식이 있어서가 아님을 먼저 고백해야겠다. 요즘 대세인 관찰 예능처럼, 방송국 생활 30년 가까운 세월 동안 수없이 많은 사람과 사건을 경험하고 관찰해 기록하다 보니, 어느덧 작은 생각의 조각들이 모여 한 편의 글이 됐을 뿐이다.

매우 사적인 일기가 만인이 공유하는 책으로 공개되는, 매우 일반적인 출판과정에서 볼 수 있듯이, 지적인 허영과 개인적인 인정욕구가 일정 부분 작용했음을 부인할 수도 없다. 넘쳐나는 책들 사이에 끼어, 또 한 편의 과잉이 탄생하는 우려가 없지 않지만, 매일매일 렌즈를 닦는 마음으로, 방편이라는 뗏목을 타고 강을 건너는 사공의 심정으로 이 글을 준비했다.

과학에서 종교, 역사에 이르기까지 주제넘은 영역에도 도전하고 있지만 결국 이야기의 종착역은 인간의 얼굴이고 마음이다.

보잘것없는 글이지만, 공감하는 한 줄이라도 발견할 도반(道伴)이 있다면 더없이 고맙고, 또 감사할 일이다.

아울러 시절 인연이 되어 졸필의 글을 아름답게 엮어 한 편의 서사로 만들어 준 출판사 디페랑스의 노승현 대표와 민이언 편집장에게 감사의 마음을 전한다.

질풍노도의 시기를 달려가고 있는 사랑하는 아들 지오에게는 아빠의 소박한 이 글이 느낌표가 아니라 작은 쉼표 정도의 의미는 됐으면 좋겠다. 그래야 어느 순간 스스로의 느낌표가 되는 날이 있을 것이다.

사랑하는 인생 동반자 김윤희에게도 고마운 마음을 함께 담아 전하며 언젠가 산티아고 길을 함께 걸을 그날을 고대해 본다.

즐기고 회의하고 기도하라.

무엇보다 과도한 죄책감으로부터 자유롭기를.

2024년 3월, 여의도에서

❖❖❖

차 례

03 욕망, 잠들지 않는

04 인간적인, 너무나 인간적인

05 인생의 의미를 묻는 당신에게

06 역사의 승자를 누가 심판하는가?

07 무엇을 믿을 것인가?

08 황혼이 깃드는 시간

01

사람의 거리,
사람의 거:리

경계의 거리가 무너지는 순간

사람과 사람 사이에 일정한 거리가 존재하는 것처럼, 사람과 동물 사이에도 필요한 거리가 있다. 이때의 '거리'는 단순한 관계의 문제를 넘어서 '생존'과 관련된 문제이기도 하다. 물론 개나 고양이 같은 반려동물을 자식보다 귀하게 여기는 사람이라면 조금 다른 이야기겠지만, (일반적으로) 사람과 동물의 관계 또한 일정한 '거리'를 필요로 한다.

사람과 동물의 관계 혹은 거리를 이해하고자 할 때 유용한 개념이 바로 'flight distance' 혹은 'flight reaction'이다. 이건 또 무슨 의미일까?

이 알쏭달쏭한 의미를 얀 마텔의 소설 『Life of Pi』를 통해 쉽게 이해해 보자.

A flamingo in the wild won't mind you if you stay more than three hundred yards away. cross that limit and it becomes tense.
Get even closer and you trigger a **flight reaction** from which the bird will not cease until the three-hundred-yard limit is set again, or heart and lungs fail.
Different animals have different **flight distance** and gauge them in different ways. cats look, deer listen, bears smell.[1]

엉성한 번역이지만 위 내용을 정리해 보면 대충 이렇다.

야생의 홍학은 당신이 300 야드의 거리를 유지하는 한, 당신에 대해 별다른 신경을 쓰지 않는다. 하지만 그 경계를 넘어서는 순간 '긴장'이 발생한다.
둘 사이의 거리가 300 야드 이내로 좁혀지면 결국 야생의 홍학은 날아갈 태세를 갖추게 되는데, 이러한 홍학의 (경계) 행동은 300 야드의 거리가 재설정될 때까지 멈추지 않을 것이다.
(홍학의 경우처럼) 모든 동물은 각기 다른 방식으로 '경계의 거리'를 유지한다.
예를 들어, 고양이는 시각으로, 사슴은 청각으로, 곰은 후각으로.

실수로 동물원 우리에 빠지거나 장난으로 침입한 사람을 사자나 곰 같은 동물이 공격해 치명적인 해를 입혔다는 뉴스를 종종 접하게 된다. 최근 중국의 한 동물원에서 조련사를 공격하고 도망친 새끼 곰의 이야기를 포함해서 말이다. 이런 사건들은 우리 안 동물들의 원초적인 공격 본능 때문에 발생했을 수도 있겠지만, 많은 경우는 바로 이 사람과 동물 사이의 '경계의 거리'가 순식간에 무너졌기 때문일 것이다.

좀 더 정확하게 표현하자면, 야생동물의 한계선 안으로 인간이 '침범'했기 때문이다. 그래서 야생동물을 길들이는 조련사의 경우, 처음 훈련은 서로의 거리를 유지하고 설정하는 일부터 시작한다. 종종 조련사는 훌라후프처럼 생긴 둥그런 원 안으로 들어가 '이 자리는 내 자리'라고 분명하게 설정해 준다. 그러면 야생동물은 절대 그 선 안을 침범하지 않는다. 조련사의 생존을 보장해 주는 안전장치인 동시에 '경계의 거리'인 셈이다.

『Life of Pi』에서 인간 파이와 호랑이 맹수 리처드 파커가 표류하는 작은 배 위에서 상호 공존할 수 있었던 것도 바로 이 경계의 거리를 철저히 지켰기 때문이다.

동물이 아닌 곤충의 경우도 당연히 '경계의 거리'는 존재한다. 여름철 파리나 모기는 인간의 입장에서는 상당히 성가신 존재이지만, 이들 또한 생존을 위한 나름의 '경계의 거리'를 유지하는 것이다.

파리나 모기를 포착한 순간 서서히 다가가 내리칠 준비를 해보자. 이때 파리나 모기가 엉덩이를 바짝 치켜들고 경계 태세를 갖춘다면, 실제로 이들을 잡을 확률은 매우 낮아진다. '경계의 거리'가 무너지는 순간을 이 녀석들은 기가 막히게 포착하는 것이다. 굼뜬 인간의 행동을 한탄하기 전에, 놀라운 이들의 생존 본능에 경탄할 일이다.

돌이켜 보면, 사람과 사람 사이에도 이 경계의 거리가 필요할 때가 있지 않을까? 유행가 가사처럼 다가서면 멀어지고, 멀어지면 다시 다가서는 끊임없는 거리의 리셋 과정 말이다.

얼마 전 동물원을 탈출한 얼룩말 한 마리(이름은 세로다)가 화제가 되었었다. 전국적 스타가 된 이후에는 수많은 패러디가 쏟아졌고, 각종 매스컴의 집중 조명을 한 몸에 받았다. 부모를 잃은 후 심한 외로움을 겪었다든가 이웃 축사의 캥거루로부터 공격을 받아 극심한 스트레스를 받았다는 등 각종 서사도 이어졌다.

결국 마취총을 맞고 쓰러진 얼룩말 세로는 다시 짐짝처럼 실려 동물원 축사로 옮겨졌고, 또 다른 탈출을 방지하기 위해 원래 있던 울타리의 높이는 한층 더 높아졌다. 세로가 언제 다시 탈출을 시도할지, 혹은 모든 것을 체념하고 현실을 받아들일지는 모르지만, 높아진 울타리에 반비례해 세로의 새로운 탈출 가능성은 그만큼 더 낮아진 셈이다.

살아 돌아온 얼룩말 세로는 그래도 나은 경우라고 해야 할까?

지난해 8월, 경상북도 고령의 한 사설 목장에서 탈출한 암사자 한 마리는 우리 근처 풀숲에서 발견돼 현장에서 사살됐다. '사순이'라는 이름을 가진 이 암사자는 무려 15년간 좁은 컨테이너 우리에서 살았던 것으로 전해지는데, 국제멸종위기종 2급의 희귀종에도 불구하고 인명 피해를 우려해 현장에서 포획이 아닌 사살이 결정됐다고 한다.

동물원 우리가 됐건, 사설 목장의 컨테이너가 됐건 얼룩말 세로와 암사자 사순이의 탈출에는 공통점이 하나 있다. 둘 다 기르던 곳에서 그리 멀지 않은 곳에서 발견됐다는 점이다. 멀리 가기 전에 발견된 것이 아니라, 애초에 이들이 향하고자 했던 목적지가 따로 없었다는 말이다.

사실 따지고 보면, '~로 부터의 탈출'은 있어도 목표와 방향이 정해진 '~로 향한' 탈출은 없다. 영어로 표현하면 'escape from'은 자연스러워도, 'escape to'는 왠지 어색하다. 부부싸움을 한 남편과 아내가 가출 후에 갈 곳이 없어 방황하는 경우도 마찬가지다. 기껏해야, 차 안이나 찜질방 정도겠지만, 늘 가출을 꿈꾸고, 또 가출 후에 갈 곳을 미리 정해 둘 정도라면 이들 부부는 가정이라는 우리를 탈출하는 게 나을지 모른다.

뉴욕시 보건당국 관계자의 설명에 따르면, 거대 도시 뉴욕에는 30여 종, 1만여 마리 정도의 야생동물이 도심 '어딘가에' 살고 있다고 한다. 애완용 동물이 아니라, 글자 그대로 야생동물들 말이다. 맨해튼의 하수구와 쓰레기통, 센트럴 파크의 으슥하고 그늘진 곳 등이 이들의 거주지가 될 것이다.

영화적 상상력을 더해 설명하자면, 뉴욕시를 통째로 들어 거꾸로 탈탈 털면 여기저기서 라쿤, 야생 다람쥐, 심지어 악어와 퓨마까지도 쏟아져 나올 수도 있다는 이야기다. 이 야생동물들이 어떤 경로로, 또 어떻게 대도시 뉴욕까지 흘러 들어왔는지는 모른다. 하지만 전문가들은 이들이 어딘가로부터 '탈출'해 방황하고 있는 녀석들일 가능성이 높다고 보고 있다.

나는 여기서 얼룩말 세로와 탈출 현장에서 사살된 암사자 사순이, 그리고 지금도 도심 어딘가를 배회하고 있을 이름 모를 동물들을 위해 꼭 들려주고 싶은 이야기가 있다. 그리고 이것이 이들을 포함한 많은 야생동물이 보여 주는 탈출 드라마의 본질이자 결론이라고 생각한다.

첫째, 얼룩말과 사자를 비롯한 야생동물들은 도시가 아닌 드넓은 초원이나 우거진 정글에서 사는 동물이라는 점이다. 이들을 좁은 우리에 가둬 두고 눈요기의 대상으로 삼은 것은 인간의 욕망이지, 야생동물의 본능과는 어긋나는 것이다.

그리고 두 번째는 누군가 이들이 유지했던 '경계의 거리'를 순식간에 무너뜨렸을 가능성이 크다는 점이다. 동물원 우리에 빠진 인간만큼 동물들도 놀란다는 사실, 그 사실을 누구도 설명하거나 이해하려 하지 않을 뿐이다. 그래서 인간인 당신과 나는 얼룩말 세로나 암사자 사순이를 100% 이해하기 어렵다.

그래도 이들의 탈출 드라마에서 얻을 수 있는 귀한 교훈이 하나 있다. 그건 바로 '적절한 거리'의 유지가 필요하다는 점이다. 다가서면 멀어지고, 멀어지면 다시 다가서는 인간사회의 밀당과는 조금 다른 의미지만, 거리의 '재설정'과 '리셋'은 인간이나 동물 모두에게 생존이라는 극한의 상황과도 맞닿아 있다.

그런 의미에서 '적절한 거리'는 '적절한 균형'과 동의어다.

'헤어질 결심'을 한 연인들, 누군가를 마음에서 지워 버릴 준비를 한 사람들을 포함해서 인간관계의 거리 설정에 어려움을 겪고 있는 사람들이라면, 지금 당장 누군가 당신으로부터 'flight reaction'을 취하고 있는지 살펴보는 것도 의미 있는 일이 될 것이다.

당신 주변의 사람, 그리고 당신이 사랑하는 반려동물까지 포함해서.

◇◇◇◇◇◇◇◇◇◇◇

우리 그냥 '아는 사이'

◇◇◇◇◇◇◇◇◇◇◇

오랜만에 대방역 근처 버스 정류장에서 내려 방송국이 있는 여의도까지 걸어가기로 했다. 차 창가로 스며드는 5월의 봄 햇살을 온몸으로 느끼고 싶었다. 오늘처럼 화사한 날에는 나와 같은 생각을 하는 사람이 많은가 보다.

여의도 생태공원을 따라 출근족들이 바쁜 발걸음을 재촉한다. 저만치 앞서가는 일군의 사람 가운데, '아는 선배'의 모습이 보인다. 순간 속도를 늦추고 간격을 유지한다. 딱히 어려운 사이도 아니지만, 그렇다고 딱히 친하지도 않은 그야말로 특별히 나눌 이야기도 없는, 그냥 '아는 사이'.

신호등 앞에서 좁아진 간격을 유지하기 위해서 이번에는 공원을 우회해서 간다. 굳이 이럴 필요까지 있을까… 싶지만 지금 두 사람이 유지하는 간격이 그와 나의 인간적인 유대감의 거리일지도 모른다는 생각이 들었다.

순간 내 뒤에 또 다른 누군가가 나와 일정한 간격을 유지하며 걸어오고 있을지도 모른다는 생각이 들었다.

그래, 뒤를 돌아보지 말자. 얼굴이 마주치면 그가 얼마나 계면쩍을까… 아니, 그땐 반갑게 웃으며. "선배! (혹은 아무개야), 오랜만이야" 하며 능청을 떨면 되는 걸까… 저만치 걸어가는 그 (혹은 그녀에게) 반갑게 뛰어가 어깨를 툭 치며, 살갑게 어깨 나란히 하고 걸어갈 수 있는 사람, 나는 누군가에게 그런 사람인가….

***

회사에 오지랖 넓기로 유명한 후배가 자신의 핸드폰을 보여 주면서 등록된 지인(知人)의 수가 3천 명이 넘는다고 자랑한다. 지금 그 친구는 퇴사해서 개인사업을 하고 있는데, 그의 사업 성공 여부에 대해서는 아는 바가 없다. 다만, 그가 보여 준 3천 명이 넘는 지인 목록과 인간 네트워크가 어떤 식으로든지 그의 퇴사와 사업에 영향을 미쳤으리라고는 생각한다.

처음 그 후배가 자랑스레 보여 준 3천여 명의 이른바 지인 목록을 보면서 부럽다는 생각보다는 조금 한심하다는 생각이 들었다. 얼마나 대충대충 사람을 만나면 3천 명이 넘는 사람을 '지인'으로 둘 수 있을까. 지인의 기준을 단순히 '아는 사람' 정도로만 정의한다면, 매일매일 그냥 스쳐 지나가듯 만나고, 단순히 명함을 주고받은 사람 모두를 포함할 수 있을지도 모른다.

문득 내 핸드폰에 등록된 '연락처' 목록을 살펴봤다. 453명.

어느 순간부터인지는 모르지만(아마도 그 후배의 영향이리라 생각한다) 핸드폰 연락처에 등록된 명단이 500명을 넘으면, 장기간 연락이 끊기거나 앞으로도 연락할 가능성이 적은 사람의 순서대로 번호를 지우는 작업을 한다.

다소 매정하게 들리겠지만, 이는 대책 없이 늘어나는 '아는 사람'의 수를 조절하고 싶다는 나름 인간관계의 정리 정돈이라 하겠다.

'unfriend'라는 신종 단어가 있다. 네트워크 웹사이트인 페이스북에서 주로 사용하는 이 용어는 "친구 목록에서 삭제한다"는 의미로 친구라는 'friend'에 부정을 의미하는 접두사 'un'을 붙여 사용하는 것으로 신종 단어로까지 등장한 것을 보면 나처럼 일종의 관계 정리를 원하는 사람들이 꽤 있는 모양이다.

물론 500이란 숫자에 무슨 원칙이나 기준이 있는 것은 아니다. 평생 살면서 '지인(知人)'과 단순히 '아는 사람'의 기준을 결혼식이나 장례식 같은 경조사에 '부조금을 한 사람'과 '하지 않은 사람'으로 정한다는 어떤 친구의 말에 일면 수긍이 가기도 하지만 꼭 그런 원칙으로 정한 기준 또한 아니다.

앞에 언급한 3천 명의 지인을 보유한 후배의 경우, 내 결혼식에 참석하지 않았고 부모님의 장례식에도 부조금을 하지 않았기 때문에 그 친구의 기준에 따라 그는 나에게 단순히 '아는 사람'이다.

『사피엔스』의 저자이자 히브리대학교 역사학과 교수인 유발 하라리(Yuval Harari)는 인간이 뒷담화로 결속할 수 있는 인간관계의 임계치는 150명 정도라고 말한다. 물론 여기서 말하는 150명은 유발 하라리가 대충 제시한 숫자가 아니라 나름 과학적인 근거가 있다.

옥스퍼드 대학교의 로빈 던바(Robin Dunbar) 교수는 영장류 집단의 크기와 대뇌피질의 크기, 그리고 이들이 맺는 관계의 범주 사이에 밀접한 관계가 있다는 사실을 과학적으로 입증했는데, 150이라는 숫자는 바로 이런 과학적 실험의 결과이다.

예를 들어, 뇌가 작은 명주 원숭이는 10마리 안팎의 무리와 함께 살지만, 대뇌피질이 큰 침팬지들은 100마리에 가까운 구성원들과 함께 상대적으로 복잡한 사회구조를 유지한다는 것이다.[2]

로빈 교수는 영장류 집단에서 얻은 데이터를 인간의 뇌 사이즈에 적용해 우리 인간의 '생물학적' 집단 구성원 수는 약 150명 정도에 이른다는 결론에 도달했다. 이를 흔히 '던바의 수(Robin Dunbar's Number)'라고 한다.

유발 하라리 교수는 호모사피엔스가 이 결정적 임계치를 넘어 마침내 수십만 명이 거주하는 도시를 건설하고 수억 명이 지배하는 제국을 건설할 수 있었던 원동력은 이른바 '공통의 신화'라고 말한다. 예를 들어 나와 일면식도 없는 사람일지라도 같은 종교를 믿거나 같은 정치적인 신념을 공유한다면 얼마든지 이러한 '유대' 혹은 '연대'가 가능하다는 것이다.

다시 핸드폰에 저장된 453명의 명단을 찬찬히 살펴본다.

은밀한 뒷담화가 가능한 사람들과 '공통의 신화'를 바탕으로 맺어진 가상의 연대.

보일 듯 말 듯 하지만 아무래도 내 인생에 3천 명은 무리일 듯싶다.

◇◇◇◇◇◇◇◇◇◇◇◇

타인의 고통은 나의 기쁨

◇◇◇◇◇◇◇◇◇◇◇◇

독일어에 샤덴프로이데(schadenfreude)라는 단어가 있다. '손실' 혹은 '고통'을 뜻하는 단어 〈schaden〉과 '환희' 혹은 '기쁨'을 뜻하는 단어 〈freuden〉이 합쳐져 만들어진 일종의 합성어다. 보통은 "남의 불행이나 고통을 보면서 느끼는 기쁨"으로 해석된다.

18세기 영국의 정치사상가 에드먼드 버크(Edmund burke)는 『숭고한 것과 아름다운 것을 둘러싼 견해의 기원에 관한 철학적 탐구』라는 길고 긴 그의 저서를 통해 "내 확신에 따르면, 사람들은 현실의 불행과 타인의 고통을 보면서 얼마간, 그것도 적지 않은 즐거움을 느낀다"라고 말했다.

18세기 영국에도 독일어 샤덴프로이데와 같은 단어가 있었다면 버크 또한 이렇듯 장황한 설명을 늘어놓지는 않았을 것이다. 남의 고통이나 불행을 보면서 기쁨을 느끼는 사람이라 하면, 왠지 가학적이거나 비정상적인 사람처럼 들리지만 의외로 이 '샤덴프로이데'를 일상에서 느끼는 사람들이 많다. 시대와 공간을 초월한 인지상정(人之常情)이란 말이다.

진화생물학자들은 타인의 실수나 고통에서 반사이익을 얻는 쾌락의 경험이 인간의 뇌에 각인됐기 때문이라고 분석하기도 한다. 사냥감을 향해 돌진하는 경쟁의 무리 가운데, 누군가 나뭇가지에 걸려 넘어진다면 사냥감은 내 몫이 될 가능성이 높기 때문이다. 물론 협동과 공존의 의미를 깨달은 인류가 한 차원 높은 문화를 일궈 냈기는 했지만 말이다.

'샤덴프로이데' 같은 단어가 독일어에만 있는 특이한 표현이라 생각하기 쉽지만, 따져 보면 우리말에도 이와 유사한 의미의 단어들이 있다.

'잘코사니'가 대표적인데, 우리말 사전에는 "미운 사람이 당한 불행한 일이 고소하게 여겨짐"으로 정의돼 있다. 그런데 '잘코사니'가 낯설게 느껴지는 것을 보니, 아무래도 일상적으로 쓰이는 단어는 아닌 것 같다.

좀 더 친근하고 익숙한 표현으로는 역시 "사촌이 땅을 사니 배가 아프다"가 있다. 물론 이 경우는 타인의 고통을 통해 느끼는 만족이 아니라, 타인의 행운을 바라보면서 느끼는 시기심이라는 점에서 조금 다른 의미지만, 그 맥락은 동일하다 하겠다.

아, 좀 더 직설적이고 현실적인 표현으로 '고소하다', '꼬시다', '쌤통이다'와 같은 말이 있기는 하다.

어떤 표현이 됐든지, 나에게 모욕을 준 사람, 나에게 이런저런 아픔을 준 사람이 거꾸로 된통 당하는 꼴은 상상만 해도 통쾌하고 위로가 되지 않는가!

삶이 힘들 때 시장을 한번 가보라는 이야기를 많이 듣는다. 왜 하필 시장일까? 북적이는 시장통은 삶의 생존 본능이 꿈틀거리는 상징적인 곳이다. 여기저기서 살겠다고, 단돈 백 원이라도 더 받고 단돈 십 원이라도 더 깎겠다고 흥정하며 질펀한 삶의 희로애락이 넘쳐나는 곳, 그곳이 바로 시장이다. 그래서 사람들은 시장이 아니라 '시장 바닥'이란 속칭을 더 즐겨 사용한다. 그야말로 '바닥을 치는' 이런 곳에 가면 꺼져가는 삶의 욕망도 다시 살아난다.

또 인생을 포기한 사람들, 생의 막장에 다다른 사람들, 실연의 아픔으로 몸부림치는 사람들이 약속이나 한 듯 떠나는 곳이 있다. 라스베가스 같은 환락의 도시나 럭셔리한 휴양지로 갈 마음의 여유는 없다. '바닥'이란 표현이 잘 어울리는 곳, 인도나 아프리카 오지(奧地)가 이들에겐 제격이다.

그런데 인도를 가보면 안다. 얼마나 많은 '불행한' 사람들이 있는지. 그리고 머쓱해지는 자신을 곧 발견하게 된다. 그리고 자신보다 더 불행한 사람을 만나면 묘한 위로를 받는다. 그들이 실제로 불행한지는 별개의 문제로, 적어도 그들은 극도로 불행해 보인다. 타인의 불행을 통해 묘한 삶의 위로를 받는 것은 인간이 유독 '못된' 존재이기 때문일까?

맹자는 인간의 본성에서 우러나오는 4가지 기본 마음을 4단(四端)이라 했다. 사단(四端)은 남의 불행을 불쌍히 여기고 동정하는 측은지심(惻隱之心), 부끄럽게 여기고 수치스럽게 여기는 수오지심(羞惡之心), 남에게 양보하는 마음인 사양지심(辭讓之心), 옳고 그름을 판단하는 시비지심(是非之心)으로 구성되며, 이는 각각 인의예지(仁義禮智)와도 연결된다.

이 가운데 측은지심은 나머지 3가지 마음의 뿌리가 되는 것으로, 자신의 이익을 바라거나 타인을 의식하고 칭찬받기 위해서 작위적으로 만든 감정이 아니다. 글자 그대로 저절로 '우러나오는' 인간 본성의 발로이다.

맹자는 이런 의식을 바탕으로 인간은 본래 선하다는 성선설(性善說)을 주장했다. 성선설은 인간은 본래 '악하다'고 주장한 순자의 성악설(性惡說)과도 대립된다. 칸트의 정언명령도 누가 가르쳐 주거나 지시해서 얻는 경험적 감성이 아니다. 당연히 태어나면서부터 이미 알고 있는 것이다. 그래서 선험적(先驗的)이라 한다.

사람을 죽이거나 해치는 것이 나쁘다는 것, 어려움에 처한 사람을 돕고 동정하는 것은 선하다는 것을 '저절로' 느낀다. 선과 악, 좋음과 나쁨, 그리고 이와 관련된 일체의 도덕에 관해 니체가 딴지를 걸기는 했지만, 착한 심성과 악한 심성, 이 두 가지는 인간의 기본 심성을 이루는 양대 축임은 부인하기 어렵다.

인간이 타인의 고통을 통해 강렬한 쾌감을 느끼면서 동시에 타인의 고통에 연민을 느끼는 모순적인 존재라면, 그 경계를 가르는 기준은 무엇일까?

그건 바로 '공감 능력'이다.

철학자 쇼펜하우어에 따르면 인간이 나의 것이 아니고, 나에게 닥치지도 않았지만 마치 내가 겪은 듯한 고통의 감정을 느끼는 것은 일종의 순수한 '성향'에서 비롯된 것인데, 이런 감정은 칸트가 말하는 도덕적 의무와는 근본적인 차이가 있다.

나 스스로가 고통이 무엇인지 모르는데 타인이 아프다는 것을 어떻게 알겠는가?

"입장을 바꿔서 생각하다"를 영어로 표현하면, 'put yourself on my shoes'가 된다. 내가 신던 신발을 한번 신어 보라는 의미인데,(물론 그 반대가 될 수도 있다) 이 표현을 볼 때마다 참 기발하다는 생각이 든다. 당연히 내가 신던 신발이 상대방에게 편할 리가 없지 않은가. 미세하지만 뭔가 불편함을 감지할 수 있다면 최소한의 공감 능력은 갖춘 셈이다. 공감 능력이 떨어지면 사회 적응이 어려워질 뿐 아니라 타인의 고통에 무감각해지게 된다. 불편한 정도라면 그나마 다행이지만, 아예 반사회적인 수준에 이를 수도 있다는 점에서 문제가 된다.

사이코패스 성향을 측정하는 도구로 사용되는 PCL-R(Hare Psychopathy Checklist-Revised) 검사는 캐나다의 범죄심리학자인 로버트 해어(Robert Hare) 박사가 개발했는데, 인터넷에도 널리 퍼져 있어 누구나 쉽게 자신의 사이코패스적 성향을 점수로 환산해 볼 수 있다. 물론 유쾌한 경험은 아니겠지만 말이다.

총 20개의 문항으로 구성된 체크 리스트 가운데, 다음 세 문항을 주목할 필요가 있다.

첫째. 타인에게 해를 끼치는 것에 대해 걱정하지 않고 죄책감을 느끼지 않는가?
둘째. 감동적인 것을 봐도 감동하지 않는가?
셋째. 매사에 냉담하고 남의 말에 공감하지 못하는가?

위 세 문항은 타인의 고통과 감정에 반응하는 공감 능력에 관하여 묻고 있다. 공감 능력의 부재는 단순히 타인의 고통에 무감각하거나 상대적인 위안을 얻는 것에 그치지 않고, 타인의 고통을 통해 적극적인 즐거움을 느끼는 가학적이고 공격적인 성향을 낳기도 한다.

로마제국의 원형 경기장에서 검투사와 기독교 순교자의 생사를 가르는 것은 흥분한 로마시민의 "죽이라"는 외침이었다는 사실을 상기하자. 중세의 마녀사냥 재판과 화형식장에는 늘 구름 같은 구경꾼들이 몰려들었고, 17세기 과학혁명을 지나 인간 이성의 계몽을 부르짖던 근대 이후에도 대부분의 공개 처형은 '광장'에서 이뤄졌다. 더 놀라운 것은 이런 공개 처형이 이뤄진 날은 축제의 날이기도 했다는 점이다. 사람이 산 채로 불태워지고 머리가 잘려 나가는 장면을 보면서 사람들은 환호했다.

이성의 시대라는 현대라고 특별히 달라진 것은 없다. 더 이상 광장에서 사형이 집행되는 일은 없지만 타인의 고통과 불행을 바라보는 시선은 더 은밀하게 진화했고, 관음증적 편집 현상은 오히려 병리학적 수준으로 확대됐다. 원래 기능이나 목적과는 거리가 있지만, 사진은 이런 타인의 고통을 가장 극명하고 강렬하게 보여 주는 대표적인 매체 중 하나이다.

작가이자 사회운동가인 수전 손택(Susan Sontag)은 그녀의 저서 『타인의 고통』을 통해 고통받는 육체가 찍힌 사진을 보려는 욕망은 나체가 찍힌 사진을 보려는 욕망만큼이나 강렬하다고 말한다.

테러리스트가 인질을 참수하는 장면이나 전쟁터의 훼손된 시신들, 범죄 현장의 낭자한 핏자국 등은 혐오감과 구토를 유발하는 동시에, 관음증에 가까운 시선의 욕망을 느끼게 만든다. 마치 포르노를 볼 때 희열과 죄책감이 교차하는 것처럼 말이다. 이건 일종의 시각적 샤덴프로이데다.

영어 동사 'shot'은 "총을 쏘다"는 의미와 함께 사진을 찍거나 영상을 촬영할 때도 사용된다. 아이러니하지만 절묘하다. 그래서 수전 손택은 그녀의 또 다른 저서 『사진에 관하여(On Photography)』에서 타인의 고통을 카메라에 담는 행위를 총을 쏘는 행위와 마찬가지로 '약탈적

속성'을 가지고 있다고 말한다.[3]

이 또한 아이러니하지만 절묘하다.

오늘날 우리는 안방에서도 게임을 즐기듯 타국에서 벌어지는 전쟁을 실시간으로 '감상'할 수 있다. 현장에서 벌어지는 아비규환의 고통과 비극은 우리 귀에, 우리 시선에 '살아서' 도달하지 않는다. 재난 재해 뉴스의 시청률은 일반 뉴스보다 시청률이 높다. 타국에서 벌어지는 전쟁, 대형 산불이나 지진, 해일이나 폭우 등 각종 자연재해로 인한 대규모 인명 피해의 발생은 사람들을 TV 앞으로 끌어모으는 힘을 가진다. 부정적인 힘이지만, 미디어 입장에서는 꽤 괜찮은 사업 소재다.

"피가 흐르면 앞쪽에 실어라"라는 말은 싸구려 저널리즘만의 모토가 아니다. 현대 미디어의 잔인하지만 부인할 수 없는 속성이자 생존전략이다.

팔레스타인 가자지구의 참혹한 상황, 우크라이나의 파괴된 도시들과 희생자들, 해안가로 떠밀려 온 시리아 난민 아기의 시신은 모자이크 처리돼 방송되지만, 굳이 모자이크를 걷어 낸 '생생한' 화면을 보려는 샤데프로이데 사냥꾼들은 유튜브나 각종 소셜 미디어를 통해 날것의 장면을 음미하고 유포하는 수고로움을 마다하지 않는다.

버지니아 울프는 스페인 내전의 참상을 목격하면서 인간이란 무엇이며, 타인이 겪는 고통과 이를 받아들이는 또 다른 타인에 관하여 묻는다. 그리고 다음과 같은 결론에 다다른다. 우리는 괴물이 아니며, 우리가 겪는 실패는 '상상력의 실패', '공감의 실패'에 기인한다고 말이다.

이 말을 뒤집어 말하면, 인간은 언제든 괴물이 될 수 있으며, 타인의 고통에 대한 상상력과 공감의 승리는 인간이 괴물이 되는 것을 막아 주는 유일한 길이라고 말이다.

지루함 혹은 권태에 대한 살뜰한 고찰

아들 녀석이 아무것도 하지 않고 가만히 있으면 습관적으로 묻는 말이 있다.

"심심하지 않니?"

정작 당사자인 아들은 이렇게 '아무것도 하지 않는' 소위 '멍 때리는' 상황에 익숙하다. 아니, 이러한 상황을 나름 즐긴다. 반대로 나 같은 사람은 이런 '아무것도 하지 않는 상황'에 쉽게 적응하지 못한다. 늘 무언가를 하고 늘 누군가를 만나야 하며, 쉬는 시간조차도 늘 무언가를 상상하고 계획해야 직성이 풀린다. 혹자는 이런 유형의 인간을 성실하고 부지런하며 성취도가 높은 사람이라고 말하지만, 사실 이런 부류의 인간은 늘 자신을 다그치고 안달복달하는 일종의 강박증 환자에 가깝다.

한때 유행했던 '방콕'한다는 말이 있다. 태국의 수도 방콕이 아니라 '방에 콕 박혀 있다'는 뜻이다. 주로 주말에 아무것도 하지 않고 하루 종일 방에서 시간을 보내는 경우를 일컫는다. 사람들은 주말에 이렇게 '방콕'을 하면 주말에 "아무것도 하지 않았다"라고 말하고 또 그렇게 이해한다. 적어도 외식(外食) 한 끼 정도를 하거나 영화 한 편 정도는 보아 주어야 주말에 '해야 할 일'을 마친 것처럼 이야기하는 것이다. 언제부터인가, 현대인에게는 주말에도 뭔가를 '해야 한다'는 강박이 생겼다. 그것이 여행이건 외식이건, '방콕'은 아무것도 하지 않은 무위(無爲)와 등가로 취급되는 것이다.

지루함은 인간이 결코 떨쳐 낼 수 없는 '병'이고 이런 지루함의 감정은 '발견'된 것이 아니라, '발명'된 측면이 강하다.

***

'지루하다'를 우리말 사전에서 찾아보면, "시간이 오래되거나 같은 상태가 오래 계속되어 따분하고 싫증이 나다"라고 돼 있다. 비슷한 말로 '따분하다', '무료하다', '심심하다', '지겹다' 등이 나온다. 어떤 표현이 됐든, 이들 단어의 공통점은 역시 '같은 상태'가 오랫동안 지속된다는 점이다. 즉, 변화가 없는 지속적인 반복의 상태가 핵심이다. 한자 표현으로 풀어 보면 더 재미있는 사실이 드러난다.

'무료하다'에서 무료를 한자어로 쓰면, '無聊'가 된다. 특히 '료(聊)'는 좌변에 귀 이(耳)와 우변의 토끼를 의미하는 묘(卯) 자가 합쳐진 글자로 '귀 울릴' 료(聊)라고 읽고 해석한다. 그렇다면, '귀가 울린다' 혹은 '귀가 운다'는 또 무슨 뜻일까? '귀가 울린다'는 것은 뭔가 흥미로운 일이 있다는 의미인데, 우리말로 '귀가 솔깃하다'와 비슷한 의미라 하겠다.

따라서 '무료(無聊)하다'는 뭔가 구미를 당길 일이 없어서 지루하고 심심하다는 의미가 된다. 뒤에 좀 더 살펴보겠지만, 지루함의 핵심은 '변화 없음'이고 이 지루함을 깨는 공식으로 다양한 '변화', '자극', '충동'이 등장한다.

그렇다면 인간은 언제부터 지루해했을까? 중세시대 유럽의 농민들도 '심심하다'라는 감정을 느꼈을까? 조선시대 서민들은 어두컴컴한 호롱불 아래서 기나긴 밤 무엇을 하며 시간을 보냈을까? 그들도 무료함을 느꼈을까?

이러한 호기심은 매우 흥미롭지만, 역시 대답하기 매우 어려운 질문이다. 빙하기가 언제 시작됐고, 펠로폰네소스 전쟁은 언제 시작됐는지 등은 역사적 추정이 가능하지만 '지루함'이란 감정은 매우 개인적인 것이고 지루함의 의미 또한 문화와 역사에 따라 매우 다양한 해석이 가능하기 때문이다.

일본의 저명한 철학자인 고쿠분 고이치로(國分功一郎)는 그의 저서 『인간은 언제부터 지루해했을까』를 통해 이 어려운 질문에 대한 해답에 도전하고 있다. 저자는 지루함의 역사는 인류가 한곳에 머무는 정착

생활을 시작하면서 본격화되었다고 본다. 유목 생활에서 정착 생활로의 전환은 사실상 혁명에 가깝다.

그래서 일본의 니시다 마사키는 인류의 정착화 과정을 '정착 혁명'이라고 명명했다. 정착은 생활양식뿐만 아니라 의식 전반의 변화를 가져온다. 정착은 저장을 필요로 하고, 저장은 소유의 개념을 불러온다. 늘 버리고 떠나야 하는 유목민에게 저장과 소유는 매우 불필요한 일이다.

정착이 시작되면서 시신을 매장하는 관습이 생겼다. 생활공간과 구분되기는 하지만 늘 망자와 더불어 살면서 이승과 저승의 개념을 비롯한 생사관이 새롭게 변한다. 노마드의 삶에서 느끼던 '변화의 속도'는 정주(定住)의 삶 속에서 단순해지고 밋밋해진다. '변화'와 '속도'는 이제 '여유'와 '안정'이라는 이름으로 대체된다.

'사건의 부재(不在)'는 이제 인간으로 하여 생존이 아닌 다른 무언가에 집중할 수 있는 시간과 공간을 부여하는데, 이런 감정이 인간이 느끼는 지루함의 '원시적 형태'라는 것이 고쿠분 고이치로 주장의 핵심이다.

***

그렇다면 서양의 철학자들은 지루함의 감정에 대해 어떤 생각들을 가지고 있을까? 천재 수학자 파스칼의 지루함에 대한 고찰은 다음과 같은 생각에서 출발한다.

> 인간의 불행은 누구라도 방에 꼼짝하지 않고 있을 수 없기 때문에 생겨난다.
>
> 그저 방에서 가만히 있으면 좋으련만, 당최 그러지를 못한다.
>
> 그래서 굳이 스스로 불행을 초래하고 만다.

방에 가만히 있을 수 없다는 말은 방에 혼자 있으면 할 일이 없어서 안절부절못하고 이를 참아 내지 못한다는, 즉 지루해한다는 의미다. 파스칼에 의하면 이는 인간이 겪는 모든 불행의 원천이다.

지루함을 견디지 못하는 인간은 기분 전환을 위해 도박에 빠지거나, 전쟁을 하거나, 명예로운 직책을 원한다. 파스칼은 아주 구체적으로 사냥의 예를 든다. 사냥이란 알고 보면 꽤나 힘든 일이다. 하루 종일 무거운 장비를 짊어지고 산을 헤매고 다녀야 하기 때문이다. 사냥감이 "나 여기 있어요"라고 하지 않는 이상 부지런히 발품도 팔아야 한다.

그러나 수렵을 통해 생계를 잇는 경우가 아니라면, 사냥은 그저 오락의 일부가 된다. 다시 말해 토끼 사냥의 목적은 토끼 그 자체가 아니란 이야기다. 힘든 사냥 대신 그냥 토끼를 제공하겠다고 한다면 토끼 사냥꾼은 감사하게 토끼를 받아들일까? 토끼 자체가 목적이라면 두말할 필요 없이 그럴 것이다.

그러나 이는 '욕망의 원인'과 '욕망의 대상'을 착각한 결과에 불과하다는 것이 파스칼의 생각이다. 파스칼에 의하면, 토끼는 욕망의 대상일 뿐, 욕망의 원인은 아니기 때문이다. 산을 오르는 행위도 마찬가지다.

등산의 목적은 산 자체가 아니다. 즉 산을 오르고자 하는 욕망의 원인은 산 자체가 아니라 다른 곳에 있다. 예를 들어, 산 정상에 오른 후 느끼는 정복감, 자신에 대한 도전, 산을 오르며 자연과 나누는 교감 등 말이다.

그렇다면, 파스칼이 인간 비극의 원인이라고 지목한 지루함, 아니 좀 더 정확히 말하자면 지루함을 참지 못하는 인간의 병은 어떻게 치유할 수 있을까? 근대 자본주의 형성 이후 더욱 다양한 해법이 등장했지만, 파스칼에게는 앞서 지적한 것과 같이 이러한 해법들만으로는 근본적인 욕망의 원인을 다스릴 수 없다.

놀랍게도 천재적인 수학자가 내놓은 해답은 바로 신(神)이다. 신을 믿는 것이 믿지 않는 것보다 확률적으로 유용하다는 천재적인(?) 수학자의 자세답게 역시 깔끔한 결론이다.

지루함을 달래 줄 수 있는 신이라는 치료제의 약효는 장담할 수 없다. 하지만 근대에 들어와서 더 다양하고 풍부한 자극제들이 신의 자리를 대체하게 된 것만은 분명하다.

***

염세 철학자 쇼펜하우어는 "인생은 고통과 권태를 오락가락하는 시계추"라고 했다. 쇼펜하우어는 인생 자체를 고통이라고 보았지만, 고통이 부재한 순간에 인간은 늘 권태를 느끼게 된다고 말한다. 결국 인간은 이런 권태에서 벗어나기 위해 자극적인 무언가를 찾아 나서게 되고, 충족되지 않은 자극 혹은 욕망은 결국 또 다른 고통을 유발한다는 것이 그의 궁극적 인생론이다.

인기 연예인 혹은 뭐 하나 부족함 없어 보이는 재벌가의 자식들이 마약이나 도박에 중독된 모습은 전형적인 권태와 자극을 오가는 시계추의 모습을 닮아 있다.

여기서 쇼펜하우어의 영향을 받은 니체의 생각을 들여다보는 것도 흥미로울 것이다. 니체는 오늘날의 레저, 즉 사냥과 같은 여가 활동을 노예들이 하는 '노동의 연장'으로 바라봤다. 니체의 표현을 빌리자면, 지루함을 달래기 위한 여가 활동은 쓸모없는 에너지의 낭비에 불과하다. 시간이 남는다면 명상과 성찰을 할 일이다. 이것이 니체가 '고결한' 귀족들과 '비천한' 노예를 구분하는 분기점이기도 하다.

니체가 오늘날 번창하는 각종 연예산업과 스포츠 이벤트 그리고 여행과 인터넷 게임 등을 지켜본다면, 틀림없이 노예들의 이 어마어마한 '헛짓거리'를 개탄해 마지않을 것이다.

지루함 혹은 권태를 바라보는 또 다른 시각이 있다. 20세기 영국을 대표하는 철학자 버트런드 러셀은 그의 저서 『행복론』에서 일상적인 불행은 개인이 지루함을 느낄 때라고 말한다.

그렇다면 러셀이 말하는 지루함이란 무엇인가?

러셀이 말하는 지루함이란 '사건'이 일어나기를 바라는 마음이 좌절된 상태를 말한다. 다시 말해서 '사건'이 없으면 인간은 지루해하고 지루함을 느끼면 인간은 불행하다고 느낀다는 것이다. 그렇다면, 러셀이 말하는 '사건'이란 무엇인가? 여기서 말하는 '사건'이란 "어제와 오늘을 구별해 주는 그 무엇"이다. 지루해하는 인간은 지루함을 극복할 사건을 바란다. 인간은 지루함을 극복하기 위해 불행해지는 일마저 마다하지 않는다는 것이 러셀의 주장이다.

앞서 파스칼도 유사한 맥락의 이야기를 한 바 있다. "인간은 방에서 자중하지 못하고 결국 출랑거리며 이것저것 기웃거리다 결국 스스로의 불행을 자초한다"고 말이다.

매일 같은 일을 무한 반복해야 하는 천형(天刑)을 받은 시시포스가 불행한 이유는 어제와 다름없는 오늘, 오늘과 다름없는 내일이 있기 때문이다. 만약에 시시포스에게 오늘은 파란 공을, 내일은 노란 공을 들어 올리라고 했다면 아마도 덜 불행해했을지도 모른다. 다시 말해서 시시포스의 불행은 돌을 들어 올리는 힘든 노동에 있는 것이 아니라 견딜 수 없는 지루함에 있다는 말이다.

그렇다면, 시시포스는 불행의 근원인 지루함을 달래기 위해, 즉 '변화'를 위해 내일은 오늘보다 더 무거운 돌을 들어 올릴 의사가 있는 걸까? 러셀은 "그렇다"라고 답하고 파스칼은 한 걸음 더 나아가 이러한 결정이 또 다른 불행을 낳는다고 경고한다. 물론 정답은 시시포스 자신만이 알고 있겠지만 말이다.

문득 아프리카와 인도 여행을 하며 만난 아이들의 얼굴을 떠올린다. 이들을 보며 TV나 핸드폰이 없어서 '얼마나 심심하고 지루할까'라고 느꼈던 나의 생각은 과연 합리적일까? 마실 물을 위해 오늘도 수십 킬로를 걸어야 하고, 한 끼 식사를 위해 거리를 배회해야 하는 아이들에게 지루할 틈이란 게 있기는 할까?

중세 유럽이나 조선시대 농민들이 굉장히 심심했을 것이라는 생각은 지루함이라는 현대병을 앓고 있는 자의 과도한 상상력에서 비롯된 것일까?

프리드리히 쉴러(Friedrich Schiller)는 그의 저서『인간의 미적 교육에 관한 서한』에서 "인간은 가장 인간다울 때 놀고, 놀 때 가장 인간답다"라고 말했다. 유희와 노동이 모두 강박이 된 사회에서 가장 인간답게 즐기는 자는 지루함을 극복하는 사람이 아니라 그 자체로 즐길 줄 아는 인간이다.

지루함의 최대 적은 지루함에 대한 생각, 그 자체에 숨어 있기 때문이다.

'논공행상'에도 원칙은 있다

진보 진영에 있다 어느 날 보수 논객으로 변신하는 사례를 많이 본다. 물론 그 반대로 보수에서 진보로 이동하는 경우도 있지만 상대적으로 드문 것 같다. 그 이유는 잘 모르겠다.

왼쪽으로 멀리 갔을수록 오른쪽으로 건너뛰는 폭도 그만큼 넓다. 그래서 대부분 보수를 넘어서 극우적 성격을 띠는 경우가 많다. '변신' 혹은 '변절'을 바라보는 사람들이 당혹감을 느낄 정도이다.

"시대가 바뀌고 생각도 바뀌었다"는 나름 점잖은 명분도 있지만, 자신을 알아봐 주지 않는 사회와 조직에 대한 불만과 열패감, 인정욕구의 좌절에 대한 반작용인 경우가 많다. 학창 시절 나보다 한창 공부도 못하고 지질했던 녀석이 어느 날 사장이랍시고, 국회의원이랍시고 거들먹거리는 모습이 참으로 보기 힘든 것처럼, "내가 얼마나 희생하고 헌

신했는데, 너희들이 감히 나를 이따위로 대접해?"라는 정서가 밑바닥 에 깔려 있는 것이다.

희생이나 헌신, 사명감 같은 멋들어진 말들도 결국 논공행상이라는 현실적 행위 앞에 그 바닥을 드러내는 경우가 많다. 시대가 바뀔 때마다, 혹은 권력이 바뀔 때마다, 견리망의(見利忘義). 즉, "이로움을 보자 의로움을 잊는" 인간 군상의 민낯은 언제나 크고 작은 분쟁을 초래하기 마련이다. 그래서 춘추시대 패자 중 한 명인 진(晉)나라 문공(文公)은 논공행상과 관련해 다음과 같은 네 가지 원칙을 세웠다.

> 첫째, 인(仁)과 의(義)로 나를 이끌고 덕(德)과 은혜(恩惠)로 나를 지켜 준 사람이라면 일등 공신이다.
> 둘째, 행동으로 나를 보좌하여 공을 이룬 이는 실무를 할 사람이다.
> 셋째, 위험을 무릅쓰고 땀을 흘린 자는 행동대원이다.
> 넷째, 최선을 다했으나 나의 잘못을 보완해 주지 못한 이도 공신이다.[4]

그렇다면 진문공은 논공행상과 관련된 이런 원칙을 얼마나 충실하게 잘 지켰을까? 개자추(介子推)는 진문공(晉文公)이 굶어 죽어 가고 있을 때 자신의 허벅지 살을 베어 내어 먹이고 주군을 살린 인물이다. 충신 중의 충신이고 논공행상으로 치면 명단 가장 윗자리를 차지하고도 남을 만한 공신이다. 그런데, 그런 이름이 논공행상 명단에 빠졌다. 뒤늦게 깨달은 진문공이 개자추를 불렀지만, 개자추는 노모와 함께 그의 고향마을 산속 깊은 곳으로 숨어 버렸다.

명단에 빠진 것이 분해서가 아니라, 자신의 진심이 논공행상으로 왜곡된 것이 안타까워서였다. 문공은 개자추를 불러내기 위해 산에 불을 질렀는데, 아차차, 개자추는 불에 타서 죽을지언정 끝까지 산에서 나오지 않았다. 불에 타 죽은 충신 개자추를 추모하기 위해 이날은 차가운 음식을 먹는데, 이것이 오늘날 '한식(寒食)'의 유래이기도 하다.

개자추의 의기(義氣)는 대단하다. 하지만 어디까지나 『사기(史記)』에서나 가능한 일이다. 오늘날에도 지인이 최고 권력자의 자리에 오르면 부담을 줄여 주기 위해 스스로 사라져 주는 '미덕'을 보이는 사람이 없지는 않다. 하지만 논공행상에 불만을 품고 반정(反正)에 재반정(再反正)을 거듭한 역사적 사례도 허다하다.

바로 조선시대 '이괄의 난(亂)'이 대표적이다. 역사학자에 따라 의견이 갈리기는 하지만, 인조반정(仁祖反正)에 참여했던 이괄(李适)이 반정공신의 책봉과 논공행상 과정에 불만을 품고 난을 일으켰다는 것인데, 실제로 『연려실기술』 기록에 따르면, 이괄은 자신이 1등 공신이 아니라 2등 공신으로 책봉된 사실에 크게 분노했다고 한다.

쿠바의 독재자 바티스타 정권 시절에는 보테야(botella) 혹은 치보(chivo)라고 불리는 부패 관행이 있었다. 이는 족벌주의의 한 형태로 권력을 잡은 이가 가까운 친구나 친지에게 지위를 주고 나중에 이들로부터 금전적인 보답을 받는다는 의미를 담고 있다.

없어도 될 자리를 일부러 만들었으니 당연히 특별히 할 일도 없다. 그래도 월급은 꼬박꼬박 나오고 그 돈은 뇌물 상납으로 연결된다. 당연히 뇌물에 사용되는 모든 돈은 국민의 혈세에서 나온다. 기가 막힌 상부상조의 연결고리는 권력을 살찌우지만, 민생은 파탄에 이르게 만든다. 결국 바티스타는 1959년 카스트로의 쿠바혁명으로 권좌에서 쫓겨난다.

바티스타와 그의 가족들 그리고 부패로 연결된 측근들이 수도 아바나를 탈출할 때 사용한 바티스타의 전용기에는 커다란 현금 가방이 있었다고 전해진다. 그리고 그 가방에는 무려 3억 달러에 달하는 현금이 있었다고 하니, 그 돈은 글자 그대로 가난한 쿠바 민중의 피와 고름이다.

쿠바혁명으로 권력을 잡은 카스트로도 최측근을 주요 자리에 앉혔다. 혁명 동지이자 그의 동생인 라울 카스트로는 국방장관에, 혁명의 아이콘이 된 체 게바라는 산업부 장관에 이어 후일 쿠바 중앙은행장에도 임명된다. 혁명이건 반혁명이건, 권력을 잡은 이후에 나와 가장 가까운 사람, 가장 믿을 수 있는 사람, 그리고 내 의중을 가장 정확하게 파악하고 있는 사람을 주요 자리에 앉히는 것은 어찌 보면 너무 당연한 일이다.

하지만 정치적 견해가 다르거나 심지어 적이었던 사람일지라도 그가 유능한 인재라면 자기 사람으로 등용한 사례가 적지 않다. 관중과 포숙아의 사례가 대표적이다. 관중과 포숙아는 어린 시절부터 생사고락을 함께한 죽마고우(竹馬故友)였지만, 성인이 돼 각자 다른 주군을 섬기게 되면서 원치 않은 적이 되어 싸운다. 결국 포숙아의 주군이 승리하게 되고 포로가 된 관중은 죽음을 앞두게 된다. 이때 포숙아가 나서 주군인 제환공에게 관중을 추천하여 국정을 맡기게 되니, 훗날 제나라가 열국(列國)의 패자(霸者)가 된 것은 관중과 포숙아의 우정과 함께 인재를 알아보는 제환공의 밝은 눈이 있었기에 가능한 일이었다.

조조가 관우를 받아들인 것도 빼놓을 수 없다. 관우가 조조의 적극적인 구애에도 불구하고 도원결의의 의리를 따라 주군인 유비에게 돌아가기는 했지만, 관우가 조조의 숙적이었던 원소 휘하의 맹장 안량과 문추의 목을 베고, 이후 적벽대전에서 패해 달아나는 조조를 살려 준 것은 조조가 그에게 베푼 호의 때문이었다.

> 정권이 바뀔 때마다 반복된 '낙하산 인사' 문제, 윤석열 정권도 다르지 않은 것으로 확인됐다. 대통령이 되기 전 했던 "낙하산은 없다"는 공언(公言)은 실행 없는 '공언(空言)'에 그쳤다. 윤석열 대선 후보 캠프, 대통령직인수위원회, 국민의힘 출신, 대통령 검찰 재직시절 측근이라는 '간판'은 신의 직장이라 불리는 공공기관의 '기관장 및 임원 취업'에 보증수표처럼 사용되고 있는 것으로 나타났다.
>
> 〈더팩트〉가 공공기관 경영정보 공개시스템(ALIO, 알리오)을 통해 정부의 투자·출자 또는 정부 재정 지원 등으로 설립·운영되는 32개 공기업 및 58개 준정부기관의 임원 현황을 살펴본 결과 49명의 임원이 윤석열 정권과 관련이 있는 낙하산 인사인 것으로 드러났다.[5]

시대와 국가를 초월해 인사(人事)와 논공행상을 둘러싼 갈등은 언제나 존재해 왔다. 진보와 보수를 가리지 않고 내 편 네 편에 따른 나눠먹기식 인사도 횡행했다. 과거 군사정권 시절은 두말할 필요도 없지만, 노무현 참여정부 시절에도 이른바 '코드인사'라는 이름으로 보수언론의 집중적인 공격을 받았고, 이명박, 박근혜로 이어지는 보수정권 시절에는 '회전문 인사' 논란이 끊이지 않았다. 상기 자료에서 보는 것처럼 윤석열 정부도 예외는 아니다.

한국 정치의 모순은 인재의 등용이 능력에 따라 결정되는 것이 아니라 누구 편에 서느냐에 따라 극명히 갈린다는 점이다. 이런 한국 정치의 모순이 오늘날 우리가 목도하고 있는 한국 정치 비극의 시작점이다.

인간의 폭력성과 거리감

요즘 다양한 분야에서 각광 받고 있는 '드론(drone)'은 "벌이 윙윙거린다"는 뜻의 영어단어로 사람이 탑승하지 않은 무인기(UAV)의 별명이기도 하다. 각종 여행 프로그램과 다큐멘터리에서는 광활한 대지나 바다 위를 날면서 장엄하고 아름다운 파노라마를 보여 주는 방송국의 1등 공신이 바로 이 드론이기도 하다.

드론은 원래 광활한 경작지에 농약을 살포하기 위해 개발됐다. 하지만 드론은 군사적인 목적으로 더 자주 사용되고 있다. 실제로 지난 2020년 3월, 이란군 혁명수비대의 정예군인 '쿠드스'군의 카셈 솔레이마니 사령관이 미군의 드론 공격으로 사망했고, 러시아와 전쟁을 벌이고 있는 우크라이나는 드론을 날려 크렘린을 공격하기도 했다.

국내에서도 드론 관련 대형 이슈가 연이어 터졌다. 북한이 서울 상공으로 드론을 보내 수도권 방공망이 뚫렸다는 비판을 받기도 했는데, 급기야 지난 9월에는 우리 군 최초의 드론 작전사령부가 출범하기도 했다.

드론이 본격적인 군사적 목적으로 사용되기 시작한 것은 이보다 훨씬 전의 일이다. 특히 미국은 테러와의 전쟁이 한창일 때, 와지리스탄 등 파키스탄 북부지역에 드론을 보내 탈레반이나 알카에다와 같은 이슬람 세력 수뇌부를 제거하는 작전을 꽤 오래전부터 진행해 왔다.

미국이 드론을 공격용 무기로 선호하는 이유는 분명하다. 무엇보다 아군이 피를 흘리지 않고 테러리스트를 족집게처럼 선별해 정밀 타격할 수 있기 때문이다. 그러나 이것은 어디까지 사실일까?

> 스탠퍼드 대학 로스쿨과 뉴욕 대학 로스쿨 연구진이 지난 2012년에 발표한 〈드론 아래에서의 삶〉이라는 보고서에 따르면, 파키스탄에서 드론 공격으로 고위급 테러리스트 등 요주의 인물이 사살된 것은 파키스탄 내 전체 드론 사상자의 2%에 불과한 것으로 밝혀졌다. 다시 말해 미국은 드론 공격으로 테러리스트 1명을 죽이기 위해 민간인 49명을 같이 죽였다는 얘기다. 보고서에 따르면 2004년 6월부터 2012년 9월까지 각종 자료를 분석한 결과, 파키스탄에서 미국 중앙정보국(CIA)이 주도하는 드론 공격으로 3,000여 명 이상이 목숨을 잃었고, 이 중 447~881명은 민간인 희생자로 확인됐다. 민간인 사망자 중에는 어린이 176명도 포함돼 있다. 하지만 민간인인지 진짜 테러리스트인지 확

인할 수 없는 경우도 많아 민간인 사상자는 이보다 더 많을 것으로 추정된다.[6]

물론 드론 조종사는 실제 폭격기나 전투기 조종석에 앉아 있지 않다. 심지어 파키스탄이나 인접한 국가의 군사기지에 있는 것 또한 아니니다. 놀랍게도 폭격 대상을 정하고, 이를 실행하는 모든 행위는 대부분 미국 본토에서 이뤄진다. 좀 더 정확하게 말하자면 네바다주(州) 라스베이거스 인근의 사막지대에 있는 기밀 작전실이 바로 그곳이다.

미국 본토의 어느 지하 벙커에서 은밀하게 진행되는 이 '원격 게임'을 일컬어 생긴 신종 단어가 바로 '드론밀리테인먼트(dronemilitainment)'다. 짐작하겠지만, 드론(drone)과 밀리터리(military), 그리고 엔터테인먼트(entertainment)가 합성해서 만들어진 단어이다.

여기서 우리가 드론의 양면성과 함께 주목해야 할 점은 살상용 무기로 사용되는 드론의 '오락 기능'과 '원격성'이다. 원격성은 폭력에 대한 죄책감을 덜어 준다. 때론 아예 이러한 도덕적 감정들 자체를 무디게 하거나 일종의 게임처럼 즐기게 만드는 것이다.

지난 2015년 11월 19일 영국의 가디언지는 놀랄 만한 특종을 발표한다. 브랜든 브라이언트를 비롯한 전직 드론 조종사 4명은 버락 오바마 대통령과 애슈턴 카터 국방장관, 그리고 존 브래넌 미 중앙정보국(CIA) 국장 앞으로 보낸 공개서한을 통해 자신들이 드론을 이용해 수많은 민간인을 죽였다고 고백한 것이다.

이들은 목표물을 살상하는 행위를 “개미 밟는 것처럼 생각하도록” 훈련받았다고 증언했다. 실제로 드론의 조종사들은 미국의 군사기지 지하 벙커에서 모니터를 통해 ‘테러리스트로 추정되는’ 인물들의 동향을 살핀다. 이어서 폭격 지시 명령이 떨어지고, 드론 조종사는 마치 게임을 하듯 목표물을 조준하고 발사 버튼을 누른다. 폭격으로 산산조각이 난 시신은 드론 조종사의 옷에 피 한 방울 묻히지도 않고, 아군의 피해는 더더욱 없다. ‘성공적인’ 공격이 끝나면 드론 조종사들은 서로 하이 파이브를 하며 자축한다.

브라이언트는 미군을 떠날 때 정부로부터 종이쪽지 하나를 받았다고 한다. 그리고 그 종이에는 ‘1629’라는 숫자가 적혀 있었다고 한다. 이 숫자는 브라이언트가 프레데터 드론을 이용해 살해한 사람의 숫자라고 한다.[7]

브라이언트와 그의 동료 4명이 자신을 영웅이라고 생각하지 않은 것만으로도 다행이라고 생각해야 하는 걸까? 2016년 4월 국내에 개봉된 영화 〈eye in the sky〉의 포스터에는 다음과 같은 문구가 등장한다.

> 영국에 있는 작전지휘관
> 미국에 있는 드론 조종사
> 케냐에 있는 테러리스트
> 그리고 상공을 나는 감시자들

영화의 제목 〈eye in the sky〉는 드론에 설치된 고해상도 줌 카메라를 지칭하는데, 포스터 문구에 등장하는 "상공을 나는 감시자들"을 의미하기도 한다. 영화는 케냐에 있는 테러리스트 본거지를 드론으로 공격하려는 장면에서 절정에 다다르는데, 마침내 공격 명령이 내려지고 드론의 미사일 버튼을 누르려는 순간, 예상치 못한 상황이 발생한다. 빵을 파는 민간인 소녀가 폭격 지점 반경에 들어간 것이다. 버튼을 누르는 순간 테러범과 함께 무고한 소녀도 함께 사망할 수 있게 된 것이다.

결국 드론 조종사는 상부에 공격의 재고를 요청하고, 영화는 지루한 갑론을박에 빠진다. 이 장면에서 사람들은 마이클 샌델의 이른바 '도덕적 딜레마'를 연상하게 될지도 모른다. 1명의 무고한 소녀를 구할 것인가. 아니면 더 큰 민간인 피해를 예방하기 위해 소녀를 희생시킬 것인가?

> 전쟁 둘째 날에 철도역에 폭탄을 투하했어요. 열여섯 발 중 여섯 발이 도시 안으로 떨어졌지요. 집들 한가운데로요. 즐겁지는 않았어요. 하지만 셋째 날에는 아무려면 어떠냐는 심정이 되었고, 넷째 날에는 즐거워졌어요.[8]
>
> (1940년 4월 30일, 독일 공군 장교 폴 소위)

런던 정경대학 국제사학과 학과장인 죙케 나이첼 교수는 2차 세계대전 중 기록된 미국과 영국의 도청자료 10만 쪽을 발굴해서 여기에 나타난 나치 병사들의 심리를 분석해 『나치의 병사들』이란 책을 발간했다.

윗글은 이 책에 등장하는 어느 나치 공군 조종사의 심리 상태를 잘 보여 주고 있다. 폭탄을 투하하면 당연히 엄청난 인명이 살상될 것이다. 특히 군사시설이 아니라 민가가 밀집한 도시 안으로 폭탄이 떨어진다면, 상황은 더더욱 심각하다. 폴이라는 이름의 독일 공군 조종사는 처음에는 마음이 편치 않았지만 이내, 마치 일종의 게임을 즐기듯 폭탄을 투하했다고 진술하고 있다.

전쟁이라는 극단적인 상황에서는 누구나 집단이념과 광기에 휩싸이기 쉽다. 그래서 집단광기니, 악의 보편성 등이 거론되기도 하지만 사실 위의 경우나 드론 조종사의 경우 모두 핵심은 인간의 잔혹성이 아니라 '거리감', 그리고 '원격성'에서 기인한 죄책감의 상실에 있다.

> 아우슈비츠나 굴락, 히로시마의 도덕적 교훈 중 가장 충격적인 것은 우리가 철조망 안에 갇히거나 가스실에 들어갈 수 있다는 것이 아니다.
> '적당한 조건'이라면 우리가 가스실의 경비를 서고, 그 굴뚝에 독극물을 넣는 역할을 할 수 있다는 것이다.
> 그리고 우리 머리 위에 원자폭탄이 떨어질 수 있다는 게 아니라, '적당한 조건'이라면 우리가 다른 사람들의 머리 위에 그것을 떨어뜨릴 수 있다는 것이다.[9]

폴란드 태생의 유대인 사회학자 지그문트 바우만이 『유동하는 공포』에서 밝힌 또 다른 '악의 조건'이다. 그렇다면 여기서 바우만이 말한 '적당한 조건'이란 무엇일까? 문장의 맥락으로 유추해 본다면, '적당한 조건'이란 행위자가 책임을 지지 않는 자리에 있거나, 강압이나 불가피한 상황에서 이뤄진 행동이라고 나중에라도 변명할 수 있는 여건이 마련된 상태라고 할 수 있겠다.

두 상태 모두 일정한 '거리', 즉 피해 당사자로부터의 물리적 거리를 포함해서 윤리적, 법적 책임으로부터 일정 부분 면책받을 수 있는 만큼의 거리를 유지하고 있는 상태를 말한다.

> 오늘날 가장 큰 악(惡)은 디킨스가 즐겨 묘사하던 추악한 '죄악의 소굴'에서 행해지지 않는다. 강제수용소나 강제노동수용소에서 실행되는 것도 아니다.
>
> 그러한 곳에서는 악의 최종적인 결과만을 볼 수 있을 뿐이다.
>
> 실제로 악을 구상하고 지시하는 일은(그것은 기안, 검토, 결재, 기록의 절차를 밟는다) 카페트가 깔린 깨끗하고 따뜻하며 환한 사무실 내부에서, 흰색 와이셔츠에 잘 정리된 손톱과 매끈히 면도한 얼굴로 좀처럼 목소리를 높일 필요 없이 묵묵히 일하는 사무직원들에 의해 이루어진다.[10]

C.S. 루이스는 "악(惡)을 구상하고 실행하는 결정의 대부분은 독재자의 '책상 위'에서 이뤄진다"라고 말한다. 그 구체적인 예를 나치 독일의

사례에서 찾아보자.

1942년 1월 20일. 독일 베를린 남서부 외곽의 작은 마을 반제의 별장에 라인하르트 하이드리히 게슈타포 초대 국장을 비롯해 아돌프 아이히만 등 나치의 수뇌부 15명이 모였다. 이들은 이 자리에서 유대인 '처리'에 대한 중대한 결정을 내린다. 탄알을 아끼면서 대량으로 유대인을 '처리'할 수 있는 방법으로 가스실이 거론됐고, 이들은 최종 결정에 서명했다. 나중에 공개된 이날 반제 별장의 회의록에는 역사에 남을 대규모 유대인 학살 계획을 '최종 해결책'이라 명기해 놨는데, 전후 발생할 수 있는 법적인 책임을 최소화하기 위한 것으로 보인다.

그렇다면 2차 세계대전 중 연합군 공군이 독일 함부르크 민간인 지역에 가한 무차별 폭격이나 이스라엘의 팔레스타인 가자지구에 대한 잔혹한 보복 공격 등, 알랭 바디우가 말한 이른바 '방어적 폭력'은 어디까지 정당화할 수 있을까?

가장 논쟁적인 방어적 폭력으로는 뭐니 뭐니 해도 미국이 일본의 히로시마와 나가사키에 가한 원폭 투하를 빼놓을 수 없다. 지난해 8월 국내 개봉한 크리스토퍼 놀란 감독의 〈오펜하이머〉에는 원폭 투하 직후 양심의 가책으로 괴로워하는 오펜하이머의 인간적 모습이 잘 그려져 있다. 그는 과연 그런 인명 피해를 예상하지 못했을까? 아니면 충분히 예상하고도 짐짓 모른 체한 것일까?

그리고 주목해야 할 결정적 장면이 하나 더 있다. 당시 미국의 대통령이었던 트루먼이 맨해튼 프로젝트의 총책임자였던 오펜하이머를 백악관으로 초청해 성공적인 원폭 투하의 결과에 대해 치하하는 장면이다. 나가사키와 히로시마에 투하된 원자폭탄으로 발생한 인명 피해에 대해 책임감을 나타내는 오펜하이머에게 트루먼은 불쾌한 표정을 지으며 말한다.

원자폭탄은 당신이 개발했지만, 원폭 투하 결정은 내가 했단 말이오.

이 말의 핵심은 죄책감이 아니라 권한에 있다. 책임은 내가 질 테니 당신은 덜 괴로워해도 된다는 이야기는 더더욱 아니다. 트루먼이 느낀 불쾌감은 무고한 인명 피해에 대한 죄책감이나 책임감에서 비롯된 것이 아니라, 결정의 권한을 침해당한 권력자의 노파심에서 비롯된 것이다. 그래서 오펜하이머가 느끼는 죄책감은 주제넘은 오버이고, 겁쟁이 애송이의 변명에 불과한 것이다. 적어도 트루먼의 입장에서는 말이다.

원폭 투하의 최종 결정은 백악관의 오벌 오피스에서 이뤄졌고, 킬링 필드의 대규모 학살 결정은 폴포트의 책상 위에서였다. 그들은 안전하고 안락한 사무실에서, 자신의 옷깃에 피 한 방울 튀기지 않을 정도의 '안전한 거리'를 유지하며 역사에 남을 대규모 살육을 결정했다. 전자는 "더 큰 희생을 막기 위해서", 후자는 "이상사회 건설을 위해서"라는 명분이 걸려 있었다.

하지만 어떤 경우이건 간에 이러한 심리적, 물리적 거리감은 타인에 고통을 주는 행위에 대해서 느끼는 죄책감을 감소시키는 경향이 있는 것은 분명해 보인다.

보이스피싱 범죄자들이 다른 범죄자들에 비해 죄책감을 덜 느낀다는 범죄 심리 보고서에 따르면, 이들은 자신들의 범죄 행위가 불러올 결과의 심각성에 대해 무감각한 경향이 있는데, 이 또한 원격성에 기인한 죄책감의 결여 현상으로 보인다.

하지만 드론으로 죽인 살인이 직접 칼이나 몽둥이로 죽인 살인에 비해 덜 잔인하다거나 보이스피싱 범죄 행위가 다른 범죄 행위에 비해 덜 심각하다는 생각은 위기에 처했을 때, 모래에 머리를 처박는 칠면조의 모습만큼이나 어리석다.

폭력의 원격성이 폭력의 결과를 바꿀 수는 없으며, 폭력 자체의 잔혹성을 감출 수는 없기 때문이다.

02

당신은 인간의 마음을 가지고 있습니까?

체육 선생님의 반지

중학교 때 담당 체육 선생님은 늘 알 굵은 ROTC 반지를 끼고 다녔다. 그는 화가 나면 슬슬 ROTC 반지를 돌리는 습관이 있었는데, 솥뚜껑만 한 주먹이 주는 공포보다 더 극적인 효과를 연출하곤 했다.

성난 체육 선생님의 뒤풀이는 늘 체육관에서의 얼차려로 마무리가 됐다. 좌로 취침, 우로 취침이 수없이 반복되는 동안 어느새 체육관 바닥은 반질반질해졌고 아이들의 옷은 체육관 바닥의 기름 때에 얼룩져 걸레처럼 변해 갔다. 먼지 나는 운동장이 아닌 체육관에서의 얼차려를 그나마 감사해야 했을까? 하지만 사실 체육 선생님이 얼차려 장소를 운동장이 아닌 체육관으로 정한 이유는 다목적이었다.

정신 통일과 체육관 자동 청소.

요즘 학교 건물은 각각의 특징을 잘 살려서 개성적인 디자인이 많은 것 같다. 테마파크와 같은 교정도 있고 건물의 색상도 과거처럼 칙칙하지 않다.

하지만 과거의 학교들은 거의 규격화된 공통의 틀을 가지고 있었다. 사각형 모양의 운동장이 기본이고 본부 건물 위에는 국기 게양대, 아래에는 구령대가 있었다. 주로 교장 선생님의 훈시나 훈화가 이뤄지던 곳이다. 쉽게 짐작하겠지만, 우리나라의 근대식 학교 대부분은 일제 강점기의 일본 군대의 병영(兵營), 그러니까 군대의 연병장을 그대로 복사해 만든 것이다. 건물만큼이나 학교 교육도 이를 진행하는 교사도 모두 권위주의적이었다.

생각해 보니 중학교 3학년 때 우리 학급의 급훈은 '충성'이었다. 학급 회의를 통해 결정된 것도 아니었고 담임선생님의 일방적인 지시사항이었던 것으로 기억한다. 그리고 그 충성(忠誠)의 대상이 누구였는지는 말하지 않아도 쉽게 짐작이 간다. 80년대 초반이니, 전두환의 사진이 걸려 있지 않은 것만으로도 다행이라고 생각해야 할까.

그리고 우리 반 이야기는 아니었지만, '정신봉 3종 세트' 이야기도 전설처럼 전해진다. 학교에서의 체벌이 일상이었던 시절에는 다양한 '물건'들이 체벌의 도구로 사용됐다. 이웃 반에서 사용되는 정신봉은 3종 세트로 구성돼 있는데, 마대자루와 당구 큣대, 그리고 정성스레 깎은 참나무 몽둥이가 그것이다. 체벌의 대상이 된 학생은 3가지 정신봉 세트 가운데 하나를 고를 수 있는 '특전'이 주어진다.

요즘 아이들이 들으면 글자 그대로 기절초풍할 이야기다. 지금도 동창들을 만나면 당시 벌어졌던 교사 폭력에 관한 증언들이 끊임없이 쏟아져 나온다. 영화 〈친구〉에 등장한 "느그 아부지 뭐하시노?"로 시작되는 선생님의 무자비한 폭력이나 〈말죽거리 잔혹사〉에서 보여 주는 무차별적인 '싸대기' 세례는 영화가 아닌 극사실주의 현실이었다. 친구들이 영화 〈친구〉나 〈말죽거리 잔혹사〉를 단순한 허구적 상상의 결과가 아닌 리얼한 다큐멘터리로 보는 이유기도 하다.

물론 군대 이야기처럼 많은 과장과 허풍도 섞여 있겠지만, 침을 튀겨 가며 자신의 경험담을 이야기하면 할수록 강한 연대감 비슷한 것을 느꼈던 것 같다. 아마도 폭력의 피해자였다는 사실에 기인한 '기억의 공유' 때문일 것이다.

'그래, 나만 당한 게 아니구나, 너도 피해자였구나'라고 스스로를 위안하며 '일상화된 폭력'은 그렇게 '내면화'되어 갔다.

요즘 같으면 상상도 하기 어려운 일이겠지만, 영화 〈친구〉나 〈말죽거리 잔혹사〉의 배경이 된 70~80년대에 학창 시절을 보낸 사람들 대부분은 이런 종류의 일상화된 학교 폭력, 특히 교사에 의한 폭력을 경험하며 성장했다. 졸았다는 이유로, 숙제를 깜빡했다는 이유로, 준비물을 제대로 준비하지 못했다는 이유로, 시끄럽다는 이유로, 교실이 지저분하다는 이유로, 때로는 선생님의 기분이 나쁘다는 이유로 맞았다.

맞는 이유만큼 때리는 이유도 다양했다.

"선생이니까 당연하게" 혹은 "아끼고 위하는 마음에", "너희 잘되라고", 심지어 "맞아야 정신 차린다" 등등….

'사랑의 매'라는 미화된 표현은 물론이고, 체벌이라는 나름 중립적인 단어 대신 폭력이라는 다소 거친 단어를 쓸 수밖에 없는 이유는 당시의 이런 행위들이 글자 그대로 폭력의 정의(定意)에 가장 부합하기 때문이다. 폭력의 정의는 이렇다.

"남을 거칠고 사납게 제압할 때 쓰는, 물리적인 수단이나 힘."

요즘은 어린 제자로부터 모욕을 당하거나 심지어 폭력을 당하는 교사들이 늘어나면서 교권 붕괴 문제가 심각한 사회적 이슈가 되고 있다. 특히 지난해 발생한 서울 서이초등학교 교사 사망사건은 교권 침해와 관련된 본격적인 사회적 공론화의 장을 마련하는 계기가 됐다. 급기야 교육계는 물론이고 정치권에서도 여야 가리지 않고 학생인권 조례안 개정을 포함한 교사와 학생 간의 비대칭 권리에 대한 현실 비판의 목소리가 높아졌다.

그리고 지난해 9월에는 "정당한 교육활동은 아동학대 범죄로 보지 않는다"는 내용을 골자로 한 교권 보호 4법이 국회를 통과하는 결실을 맺기도 했다. 학교에서 정당하게 이뤄지는 생활지도를 놓고 일부 학부모가 아동학대라며 민원을 제기하거나, 교사를 신고하는 사례가 늘어나면서 교사들의 교육활동 자체가 위협받아 왔다고 판단됐기 때문이다.

위축된 교권의 보호와 회복은 환영할 만한 일이다. 하지만 학생 인권의 신장이 교권의 추락을 야기한 주범이라는 단선적인 주장에는 동의

하기 어렵다. 학생 인권과 교권이 서로 반비례 관계라는 의식 아래서는 문제의 근본적인 해결책을 찾기가 어렵기 때문이다. 아니, 이러한 시각은 본질을 호도하고 상호 갈등만 부추길 뿐이다.

먼저 우리 교육문화가 권위주의적이고 수직적인 교권 중심주의에 뿌리를 두고 있다는 사실을 인정해야 한다. '사랑의 매'라는 이름으로 자행된 과거의 폭력들에 대한 수없이 많은 증언과 이들이 겪은 피해 사실만으로도 충분하다.

요즘 젊은 교사들이 겪는 교권 추락이 이런 과거의 일상화된 교사 폭력에 대한 일종의 업보라는 이야기에 쉽게 동의하기 어렵지만, 결코 가볍게 들을 이야기 또한 아니다. 이런 극단적인 주장 또한 문제의 본질을 벗어났다는 비판을 받을 수는 있겠지만, 일그러진 과거 우리 교육계의 자화상이었다는 사실에 대한 반성은 필요해 보인다. 그게 참다운 교육이고 또 어른의 모습이다.

폭력을 추억하고 그리워하는 현상은 민주화 이후 과거의 독재정권을 미화하고 독재자를 추앙하는 현상과 닮아 있다. 학교가 지나치게 민주화되고 학생들이 '덜 맞아서' 오늘날 교권 붕괴가 초래됐다고 말하는 사람이 있다면, 그 사람은 문제의 초점을 잘못 알고 있거나 이미 폭력이 내면화된 사람일 가능성이 크다. 그래서 폭력은 전이되고 전염되는 다양한 변종을 낳는 괴물이라 불리는 것이다.

40여 년의 세월이 지났지만, 그 체육 선생님의 얼굴, 특히 화가 났을 때의 살벌한 표정과 그가 끼고 있던 알 굵은 반지까지 생생하게 기억이 난다. 매를 자주 들고 체벌을 많이 한 선생님일수록 기억에 많이 남는다고들 하는데, 이는 참으로 아이러니한 일이다.

그런데, 그런 기억을 과연 추억이라 말할 수 있을까?

폭력은 추억이 되지 못한다.

추억을 가장한 상처만 있을 뿐이다.

가짜 근본주의, 그리고 과잉 열정

요르단 취재가 전면 취소됐다. 부서장의 최종 결재가 떨어지고 출국을 불과 사흘 앞둔 날의 일이다. 새벽에 IS에 포로로 잡혀 있던 요르단 공군 조종사의 화형 장면이 공개된 데 이어, 불과 몇 시간 후에는 요르단 정부가 이에 대한 보복의 형식으로 여성 테러범 사지다 알리샤위에 대한 사형을 전격적으로 집행하면서 사태는 걷잡을 수 없는 상황으로 번져 갔다. (2015년 2월 4일, 수니파 원리주의 무장단체 IS가 생포한 요르단 공군 소속 마즈 알카스베 중위를 화형에 처하는 22분짜리 영상을 공개해 전 세계적인 충격을 줬다. F-16 전투기 조종사인 알카스베 중위는 미국이 주도한 국제동맹군의 IS 공습에 참여했다가 전투기 추락으로 IS에 생포됐다.)

일본인 인질 고토 겐지의 참수 장면이 공개된 지 불과 이틀 만의 일이다. 지난 한 달 반 동안 준비한 출장 준비가 순식간에 날아가 버렸다.

취재자의 안전을 위한 불가피한 조치였지만, 안타까움보다는 분노가 먼저 치밀었다. 도대체 이 잔혹한 살인을 일삼는 IS는 어떤 존재인가? 사람의 목을 짐승처럼 자르고, 이도 모자라 산 채로 불을 지르는 장면은 그 자체로 공포다.

요르단 공군 조종사 알카스베 중위의 화형 장면은 22분 정도로 구성돼 있지만 대부분의 언론은 이 잔혹한 영상을 공개하지 않았다. 혐오스럽고 공포스럽기 때문이기도 하지만 잔혹성을 자기 브랜드로 삼는 IS의 전략에 넘어가지 않기 위해서라는 분석도 있다.

잘 알려져 있지는 않았지만, 이 영상 맨 앞부분에는 미국을 비롯한 연합국의 공습으로 인해 무고하게 사망한 아이들의 시신을 부둥켜안고 울부짖는 여성들의 모습이 나온다. 메시지는 분명하다. 희생에 대한 피의 보복이라는 것이다.

이번에 요르단 정부에 의해 사형이 집행된 사지다 알리샤위는 지난 2005년 요르단 수도 암만의 호텔 3곳을 폭파해 60명을 살해한 테러 사건의 주동자다. 하지만 정작 그녀는 자신의 몸에 두른 폭탄이 터지지 않는 바람에 현장에서 체포됐다. 무고한 생명을 죽인 잔인한 테러리스트, 이슬람 과격단체에서도 흔하지 않은 여성 테러리스트. 그녀는 왜 그런 무모한 범죄 행위를 자행했을까?

모든 언론이 그녀의 테러 범죄 행위에 주목할 때 아랍계 알자지라의 방송 내용을 주목할 필요가 있다. 그녀는 미국의 대(對) 테러 공습 과정에서 남동생 3명을 포함해 모든 가족을 잃었다. 알자지라 방송과 같은 아랍권 방송을 보지 않았다면, 이런 뒷이야기를 알 수가 없었을 것이다. 서방 언론이 이런 보도를 할 이유가 없기 때문이다.

그녀는 미친 광신도 테러리스트 이전에 자상한 누나이자 한 가정의 엄마이고 아내였다. 테러리스트 알리샤위를 변호하려는 것이 아니다. 폭력의 악순환을 불러오는 또 따른 '보이지 않는 폭력'을 말하려 함이다.

지난해 10월, 하마스의 이스라엘 기습공격으로 촉발된 중동지역의 긴장 상황을 보도하는 서방 언론의 태도도 '보이는 폭력'에만 경도돼 있었다.

CNN, ABC, NBC를 비롯한 이른바 미국의 주류 언론들은 이스라엘 현지에 앵커를 특파해 현장 방송을 진행했는데, 주로 하마스가 저지른 잔혹한 범죄 행위들에 초점이 맞춰져 있었다. 미국이 이스라엘을 지지하는 것은 누구나 아는 사실이지만 미국 언론의 보도도 미국 정치와 크게 다르지 않았다. 좀 더 정확히 말하자면 미국 언론은 이스라엘과 한 몸이었다. 2023년 10월12일, 하마스 테러 공격 직후 NBC 뉴스에서 다룬 내용을 예로 들어 보자. 보도의 내용은 하버드 대학교의 학생 일부가 이번 사태를 두고 팔레스타인을 지지하는 성명서를 발표했는데, 테러리스트를 옹호한다는 거센 비판 여론에 직면하자 급기야 하버드 대학교의 총장이 유감을 표명했다는 내용이다. 이와 관련해 스튜디오에 초대된 민주, 공화 양당의 의원들은 해당 학생들을 맹비난하며 그들을 '반(反)유대주의자(anti-semitist)'라 규정했다.

나는 팔레스타인을 지지했다는 하버드 학생들의 성명서를 읽어 보지는 못했다. 그들이 진짜 테러리스트를 옹호하는 반유대주의자인지 판단할 수 없는 이유다. 하지만 미 언론에서 이스라엘의 보복 공격으로 가자지구가 봉쇄되고 무고한 시민들이 굶주림과 공포에 떨고 있다는 사실을 하마스가 저지른 끔찍한 살인 행위만큼이나 자세하게 보도했는지, 이스라엘군의 보복 폭격으로 수천 명의 팔레스타인 민간인들이 사망했다는 사실과 이스라엘군이 악명 높은 살상 무기인 백린탄을 민간인 거주지역에 투하했다는 사실을 제대로 보도했는지도 의심스럽다.

국내의 보도는 과거에 비해 객관성을 유지하려는 노력들이 많이 보였다. 미국 언론이 쏟아 내는 보도를 일방적으로 받아쓰기보다는 객관적인 시각을 가진 중동 전문가로부터 차분한 분석을 전달하는 모습들은 확실히 과거와는 다른 모습이다.

사건 발생 직후인 10월 16일 KBS 9시 뉴스에서는 하마스의 대변인인 오사마 함단과의 인터뷰가 방송됐고, 10월 19일 KBS 1TV에서 방송한 다큐 인사이트 〈이스라엘 하마스 전쟁의 시작〉에서는 내레이션을 최소화하며 이스라엘과 팔레스타인 양측의 피해 상황을 객관적으로 전달해 호평을 받기도 했다.

가만히 생각해 보면, 이스라엘 군의 공습으로 갈가리 찢긴 팔레스타인 민간인의 시신은 참수나 화형보다 덜 잔인한가? 우리가 놓치고 있는 또 다른 학살과 광기는 무엇인가?

잔인하고 반인륜적인 살인을 일삼는 IS를 사이코패스나 광신도 집단이라 비난하는 것은 당연하다. 그렇다면 그들을 '근본주의자'라고 부르는 것은 과연 온당한가?

과잉 열정과 가짜 근본주의

슬라보예 지젝은 IS와 같은 '가짜 근본주의자'의 정체를 철학자 니체와 시인 예이츠의 말들을 인용해 탁월하게 분석하고 있다. 먼저 니체의 말을 인용해 보자.

> 물질과 부를 향유(享有)하며 눈만 깜빡거리는 '수동적' 허무주의와 초월적 대의에 목숨까지 바치는 '능동적' 허무주의. 둘은 모두 허무주의라는 공통점을 갖지만 물질 만능에 빠진 세속의 세계에 비해 능동적 허무주의자는 자기까지 파괴하는 집요함을 보여 준다.

니체의 주장에 따르면 능동적 허무주의자는 수동적 허무주의자에 비해 더 위험하다. 타인뿐만 아니라 자기까지 파괴하는 집요함 때문이다.

윌리엄 버틀러 예이츠는 「재림」에서 이런 극단적인 양극화의 현상을 다음과 같이 풀어낸다.

가장 나은 인간은 신념을 모두 잃어버렸지만,

가장 나쁜 인간은 열정이 넘친다.

과잉 열정. 이게 문제의 핵심이다. 예이츠는 빈혈에 걸린 사람처럼 창백한 자유주의자와 열정'만' 충만한 근본주의자의 대립을 탁월하게 묘사했다.

무능한데 자기 확신에 차 있고, 여기에 열정까지 더해진 직장 상사를 생각해 보라! 지젝은 예이츠의 해석이 조금 부족하다고 느낀다. 그래서 한발 더 나아간다. 지젝은 IS와 같은 이슬람 근본주의자를 사이비 '가짜 근본주의자'라고 비난한다. 진짜 근본주의자에게는 원한도 시기도 없기 때문이다. 지젝은 '진짜 근본주의'의 예를 티베트 불교나 아미시(Amish) 공동체에서 찾는다. 근원으로 돌아가는 열정과 헌신. 이것이 근본주의의 참모습이다.

테러리스트가 보여 준 '과잉 열정'은 오히려 그에게 진짜 확신이 없다는 사실을 반증하는 것이다. 죄인과 싸우는 사람은 사실 자기 자신이 느끼는 유혹과 싸우고 있기 때문이다. 이런 모습은 유독 이슬람 근본주의자에게만 해당되는 것은 아니다.

기독교 근본주의는 예외인가? 이슬람 근본주의와 기독교 근본주의는 스스로가 우월하다고 주장하지만 결국 지독한 자기 확신의 결여, 혹은 열등감을 겪고 있는 공통점이 있다.

유대인 근본주의는 어떤가? 흔히 시오니즘이라고 불리는 유대인 근본주의에는 '근본주의'라는 꼬리표가 따로 존재하지 않는다. 시오니즘 자체가 유대인 근본주의와 동의어로 해석되기 때문이다. 하지만 자신들만이 유일하게 신에 의해 선택된 민족이라는 생각은, 그래서 팔레스타인 땅에서 팔레스타인 사람들을 몰아내는 일이 정당하다고 믿는 그들의 생각은 진정한 근본주의자의 자기 확신이 아니라 지독한 독선과 망상에 가깝다.

결국, 사이비 가짜 근본주의는 과잉 열정 혹은 열등감의 다른 이름이고, '은폐된 폭력'을 보는 눈, 가짜 근본주의자를 판별하는 안목이 필요한 이유이기도 하다.

근본주의자(fundamentalist)와 극단주의자(extremist)는 '근본적'으로 다르다.

어느 젊은 검사의 죽음과 모욕감

지난 2016년 5월 19일, 서른세 살의 젊은 검사가 자택에서 스스로 목을 매 숨졌다. 대부분 뉴스에서는 지나친 업무 스트레스로 고민하던 젊은 검사가 안타까운 선택을 했다고 단신 처리했고 또 그렇게 대중들의 기억에서 잊혀져 가는 듯했다.

그런데, 사건 발생 한 달여가 지난 6월, 자살한 故 김 모 검사의 아버지가 아들의 죽음이 단순한 업무 스트레스에 의한 자살이 아니라, 상관의 폭언과 폭행이 그 원인이었다는 탄원서를 아들이 근무하던 서울남부지법에 제출하면서 이 사건은 새로운 국면을 맞게 됐다. 탄원서와 함께 故 김 모 검사가 자살 전 지인들과 나눈 카톡 내용도 언론에 공개됐는데, 그 내용을 보면, 당시 직속상관이었던 김 모 부장 검사의 폭언과 인격 모독적인 행동들이 자세히 나와 있다.

업무 실적에 대한 질책은 둘째 치고, 술자리 시중과 동료들 앞에서의 공개적인 면박, 그리고 쌍욕을 동반한 각종 폭언은 젊은 검사의 패기만으로 감당하기 어려웠을 것이다. 특히 면전에서 서류를 집어던지거나 결재판으로 옆구리를 찌르는 행위 등은 고인이 '참기 힘든 모욕'이라고 지적한 내용 가운데 하나이다.

혹자는 '이 정도'의 일들은 보통의 월급쟁이들이 일상적으로 겪는 일이라며, 자살한 젊은 검사의 멘탈을 비난할지도 모르겠다. 그러나 개인이 느끼는 '모욕감'은 타인이 감정하기 불가능한 매우 주관적인 것이다. 특히 그것이 '죽을 만큼'의 큰 고통이었다면 더더욱 그러하다.

생각해 보면, 피의자 신분으로 검찰에 소환된 이후 자살이라는 극단적인 선택을 한 사람들이 유독 많았던 것 같다. 통계를 좋아하는 그 누군가 있다면, 한번 구체적인 통계를 내어 보아도 유의미한 사회학적 자료가 나오지 않을까도 싶다. 그런데, 많은 사람들이 증언하길, 검찰 조사에서 매우 '고압적이고', '살 떨리는' 모욕감을 느꼈다고 한다.

검찰에 불려 간 자리가 단순한 환담의 자리는 아니겠지만, 유독 대한민국 검찰의 자세가 고압적이라는 점, 그리고 피의자에게 모욕감을 주는 것으로 악명이 높다는 점에는 이의가 없는 것 같다. 문제는 이것이 검찰의 권위로 이어지지 않는다는 점이다. 반대로 검찰은 공포와 혐오의 대상이 되어 가고 있다.

한솥밥을 먹던 검사의 죽음이 이러할진대, '빽' 없고 힘없는 일반인들이야말로 이 무시무시한 검찰 앞에서 얼마나 '살 떨리는' 모욕감을 느끼겠는가? 조금 오래된 사건이지만, 검찰 심문 과정의 문제점을 보여 주는 또 다른 사례가 있어 소개한다.

> 2011년 3월 4일, 00 시청의 과장 김 모 씨가 뇌물수수 혐의로 00 지검에서 조사를 받던 중 유서를 남기고 목을 맸다. 김 씨는 유서에서 "검찰청에 갔더니 검사가 개새끼, 소새끼 등 욕설을 하고 자기가 요구하는 답을 하지 않으면 손찌검을 했다. 뺨을 세 번이나 맞을 때는 혀를 깨물고 싶은 심정이었고, 주먹으로 가슴을 맞을 때는 숨이 멈추는 것 같았다"라고 말했다.[1]

피의자로 조사를 받던 중 자살을 한 김 모 과장은 당시 56세였고, 유서에 거론된 검사는 35세였다. 이 사건 직후 소설가 김훈은 "검찰은 공포와 혐오의 대상"이라고 일갈했다. 언제부터인지는 모르지만, 대한민국 검사들은 나이와 상관없이 '영감님'이라고 불려 왔다. 20대 새파란 초임 검사가 아버지뻘 되는 경찰이나 공무원에게 반말하거나 하대하는 것이 당연하게 여기던 시절도 있었다. 부패한 경찰 이야기만큼이나 부패하고 오만한 검찰의 이야기가 우리나라 영화의 단골 소재인 데는 다 이유가 있다.

2016년 개봉한 영화 〈검사외전〉에도 피의자에게 손찌검을 일삼던 다혈질 검사 변재욱(황정민)의 이야기가 나온다. 검사 변재욱은 피의자의 자백을 '효율적'으로 받아 내는 유능한 검사인 동시에 피의자의 인권을 무시하고 공권력을 남용한 무능한 검사이기도 하다. 영화 〈내부자들〉과 〈부당거래〉에 등장하는 검사의 모습도 별로 담고 싶은 모습은 아니다.

2012년 8월 4일 자 한겨레신문에 실린 경북대 김두식 교수와 1991년 이른바 대필사건에 연루돼 개인사가 초토화된 강기훈 씨의 대담 기사를 보면 대한민국 검찰의 또 다른 자화상이 여실히 드러난다. 대한민국 검찰에 대해 어떻게 생각하느냐는 김두식 교수의 질문에 대한 강기훈 씨의 답변을 먼저 들어 보자.

> 주치의가 퇴근하면 레지던트가 '밤의 권력'인데, 문제는 얘들이 대단히 공명심에 불타는, 그래서 뭔가를 하고 싶어 안달이 난 얘들이란 점이에요. (중략)
>
> 얘들(레지던트)은 무조건 정해진 프로토콜대로 움직이죠. 환자의 상태는 애초부터 관심이 없어요. 그런데, 검사들도 똑같아요. 대한민국에서 '사'자 붙은 직업 중 가장 뭔가를 하고 싶어 하는 얘들, 공명심에 불타는 얘들이 바로 검사들이에요.
>
> 여자 검사들도 있지만, 여전히 거기는 수컷 세상인데, 수컷들은 권력을 쥐면 휘두르고 싶어 안달이거든요. 그게 메커니즘이죠. 검사들이 정치권력의 눈치를 본다구요? 아니에요. 걔들은 '자기 논리'대로 움직이죠. 자기 조직의 논리가 자기 논리이기도 하죠. 그 논리를 가지고 일을 저

지르면 조직 안에서 누구도 뭐라고 하지 않아요. 실존적으로 고민해 봐야 소용없고요, 개들을 움직이는 건 딱 한 가지에요. 뭐라도 하겠다는 공명심…2

이 '뭐라도 하겠다'는 공명심이 사람을 잡는다. 검찰의 논리가 더 이상 '정의'가 아닌 자기만의 논리, 조직의 논리, 그리고 기계적인 프로토콜의 논리로 대변된다는 사실은 과거나 지금이나 다르지 않다. 이런 논리에서는 겸손이나 타인에 대한 예의가 쉽게 우러나오지 않는다.

글을 맺는 김두식 교수의 결론은 오늘날 우리 사회에서 힘깨나 쓰는 집단들의 실체를 여실히 보여 준다.

강기훈 씨의 통찰처럼, 어쩌면 판검사, 의사, 언론인처럼 힘깨나 쓰는 전문가들의 공통된 문제가 인간 개개인에 대한 깊은 관심의 결여인지도 모릅니다.

압도적인 권력을 업고 타인에게 가하는 무차별적인 무례와 모욕, 결국 인간 개개인에 대한 깊은 관심의 결여에서 온 비극이 아닐 수 없다.

2023년 5월 1일. 정부 과천청사.

이날 정부과천청사에서는 2023년 신임 검사 임관식이 열렸다. 이 자리에 참석한 한동훈 법무장관은 신임 검사들에게 배우 한석규의 말을 인용해 “상대방에게 모욕감을 주지 말자”는 특별한 당부를 했다고 전해진다.

이날 한동훈 장관의 이야기는 많은 언론이 기사화하면서 화제가 되기도 했다. 함께 참석한 이원석 검찰총장도 “범죄자에게 책임을 묻고 공동체의 질서를 세우기 위해 액셀을 밟아야 하지만, 주변을 끊임없이 살펴보고 제때 브레이크도 밟아 줘야 한다”고 말했다. 역시 반갑고 의미 있는 당부라고 생각한다.

오는 11월이면 일선 검찰청에 배치될 신임 검사들이 ‘모욕감’의 의미도 알고, ‘제때 브레이크도 밟을 줄 아는’ 상식적이고 균형감 있는 율사(律士)로 성장하길 기대한다. ‘살 떨리는 모욕감’은 검찰의 명예에도 치명적인 모욕이 될 수 있기 때문이다.

통증은 평등한가

미인의 기준이 시대와 지역에 따라 다르듯, 통증도 시대와 지역에 따라 그 의미가 달랐을까? 놀랍지만 중세에는 죄인의 고통과 신의 은총을 받은 자의 고통은 완전히 다른 것이었다. 신성재판(trial by ordeal)은 중세 초 유럽에서 범죄 혐의자의 유죄 여부를 결정할 수 없을 때 실시한 재판을 말하는데, 신성재판으로 나타나는 통증은 죄인을 처벌하는 동시에 유죄를 판가름하는 수단이었다.

신성재판에서 용의자는 불에 달군 쇠를 맨손으로 들거나 벌건 숯불 위를 걷기도 하고, 펄펄 끓는 물에 손을 담그기도 하는 등의 고통스러운 시험을 통과해야 스스로의 무죄를 입증할 수 있었다. 통증을 느낀다면 신의 가호를 받지 못하는 것이고 이것은 곧 죄가 있음을 의미한다는 것이다.

그렇다면 '죄가 없다고 자처하는' 귀족이나 '신의 가호를 받았다고 주장하는' 교황을 똑같은 방식으로 '고문'하면 어떤 결과가 나왔을까? 이러한 질문은 신성재판의 효용성을 믿는 것만큼이나 어리석은 질문이 될지도 모르겠다. 귀족이든 교황이든 잔인한 고문 앞에서는 고통의 비명을 질렀을 테니 말이다.

믿기지 않겠지만 19세기 중엽 본격적인 마취법이 도입되기 전까지 대부분의 의료적인 시술은 맨정신 상태에서 이뤄졌다. 지금도 사람들이 가장 가기 두려워하는 치과의 경우도 예외는 아니었다. 19세기 중엽 미국인 치과의사가 에테르 기체를 이용한 마취법을 개발했을 때 미국 치과의사협회에서는 "통증을 방해하는 것은 하나님의 뜻을 거스르는 사탄의 활동이기에 반대한다"는 성명서를 발표하기도 했다. 특히 무통분만의 경우 "수고하고 자식을 낳으라"(『창세기』 3장 16절)는 신의 명령을 거역한다는 이유로 논란에 휩싸이기도 했다. 이렇듯 통증을 '신이 부여한 고난'과 '인간의 원죄' 등 종교적 은유로 쓰이던 시절에는 통증을 인간의 생리적 실체로 인정하지 않았다.

실제로 통증의 어원은 '처벌'을 뜻하는 라틴어 '포이나(poena)', '갚다'를 뜻하는 그리스어 '포이네(poine)', 혹은 "지옥에 떨어진 영혼이 겪어야 하는 처벌과 고통"을 뜻하는 고대 프랑스어 '펜(peine)'에서 유래했다.[3]

어원에서 알 수 있듯이 통증은 신이 '죄'를 지은 인간에게 내리는 '처벌' 혹은 신에게 갚아야 하는 '부채'와 같은 것으로 이해되었던 것이다.

중세 말 무렵과 르네상스 후에 이른바 구원신학은 그리스도가 치른 것과 같은 무게의 고통을 통해 죄인들이 속죄하는 테마를 즐겨 사용했다. 역사가들에 따르면, 19세기 중에 모르핀이 발견되었는데도 의사들은 통증을 덜어 주기 위해 모르핀의 도움을 빌리는 것을 주저했다. 신의 역사에 인간이 개입하는 것이 온당치 않다고 믿었기 때문이다.

종합해 보면, 인간은 피할 수 있는 상황에서도 의도적으로 통증을 받아들이는 어리석음을 저질렀다. 구약성서 『욥기』에 등장하는 욥의 고통은 종종 죄의 결과인 동시에 인간이 헤아릴 수 없는 '신의 뜻'으로 인용되지만 현대 의학적인 관점에서 본다면 욥의 증상은 심각한 피부질환 혹은 괴질일 가능성이 높다. 실제로 욥에게 필요한 것은 회개가 아니라 깨끗한 환경과 적절한 치료였을지 모른다.

그렇다면, (영화에 종종 나오는 것처럼) 사자 우리에서 사지가 갈가리 찢겨 나가면서도 신을 찬양하며 죽어 가는 순교자나, 힌두교 축제인 타이푸삼에 참가한 순례자들이 낚시 바늘로 온몸을 꿰거나 바늘로 혀를 관통하는 행위를 하면서도 통증을 호소하지 않는 경우는 어떻게 해석해야 할까?

전문가들은 일종의 트랜스 상태에서 일시적으로 통증을 망각하거나 몸이 다른 형태의 에너지로 받아들인다는 해석을 내놓긴 하지만 여전히 이해하기는 어렵다.

드문 경우이기는 하지만, 통증을 쾌락의 한 형태로 받아들이는 경우도 있다. 극한의 상황으로 자신을 밀어붙일 때 운동선수가 느끼는 희열이나(대표적으로 runner's high), 입술 피어싱, 전신 문신 등도 이에 해당한다. 18세기 말 마르퀴즈 드 사드 는 "고통보다 더 통렬한 느낌은 없다. 그것의 증상은 명확하다. 고통은 절대 우리를 속이지 않는다"라고 말했다.

물론 생리학적 무통증 환자의 경우처럼, 통증을 참는 것이 아니라 글자 그대로 못느끼는 경우도 있겠지만 기본적으로 통증 앞에 초연할 수 있는 사람은 그렇게 많지 않다. 통증을 참는 것을 신에 대한 속죄의 의미가 아니라 인간의 용기나 불굴의 정신으로 해석하는 경우도 있다. 탈레랑의 예가 대표적이다.

탈레랑은 이미 잘 아는 바와 같이, 프랑스 대혁명 때 국회의원과 외무부 장관 등을 역임한 다재다능한 인물이다. 장 피에르 페터는 그의 저서 『통증에 관하여』라는 책에서 탄저병이 생겨 긴급 수술을 하게 된 탈레랑의 사례를 소개한다. 이 책에 의하면 탈레랑은 악명 높은 무마취 수술을 받아들였고, 수술 중에는 그 어떤 소리도 지르지 않았으며, 수술이 끝난 후에는 의연한 목소리로 수술을 집도한 의사에게 다음과 같은 농담 한마디를 던졌다고 한다.

의사 양반, 당신이 나를 매우 아프게 했다는 사실을 알고 있소?[4]

***

인간의 통각 수용기는 물리적 자극이나 화학적 자극을 받으면 세포 손상에 대한 경고를 통증의 형태로 알려 준다. 예를 들어, 인간의 몸은 약 42도의 열에서 통증을 느낀다고 하는데, 그보다 온도가 낮은 물에서는 따뜻한 느낌을 받지만 42도 이상의 온도에서는 이를 통증으로 간주하게 된다는 것이다. 이는 우리가 목욕탕에서 열탕이나 온탕에서 쉽게 경험하는 일이기도 하다.

일상적인 통증과 마찬가지로 만성통증과 급성통증은 종종 화재경보기에 비유된다. 급성통증은 정상적으로 위험을 알리는 경보기로, 불이 꺼지면 경보도 멈춘다. 반면에 만성통증은 시도 때도 없이 울려 대는 경보기로, 자기가 고장 났다는 사실만을 알려 준다. 도난 경보기가 처음에는 고양이가 움직이기만 해도 작동하더니 나중에는 바람만 불어도, 급기야는 아무런 이유가 없는데도 제멋대로 울려 대는 것이다.

두꺼운 피부 혹은 날카로운 송곳니와 같은 자기방어 수단이 부재한 인간을 지켜 주는 것은 고도의 경계 태세를 갖춘 신경계와 통증으로부터 공포와 불안 등 부정적인 연상과 정서를 이끌어 내는 특별한 능력이다. 통증을 느끼려면 의식이 있어야 한다. 무척추동물의 중추신경계에 통증을 일으키는 부위가 없는 이유는 뇌에 생각하는 부위가 없어서 위험을 회상하여 나중에 이 위험을 피하는 능력이 없기 때문이다.

하지만 최근 방송된 넷플릭스 다큐 〈나의 문어 선생님〉에 따르면, 문어와 같은 무척추 두족류들도 통증을 느끼고 이에 반응한다는 내용을 담은 새로운 연구 보고서들이 속속들이 나오고 있다고 한다. 심지어 영국과 스위스, 노르웨이 등 일부 국가에서는 실험동물 보호 규정에서 동물들이 느끼는 통증의 의미를 재조정해야 한다는 주장과 함께 문어의 안락사를 권고하는 안도 나왔다고 하니, 이래저래 통증의 문제는 인간과 동물 모두에게 중차대한 문제가 아닐 수 없다.

암튼, 당분간 문어숙회나 낙지탕탕이를 느긋한 마음으로 먹기는 쉽지 않을 듯싶다.

통증은 시대와 장소를 초월해 누구에게나 평등하다. 가난한 사람의 통증과 부자의 통증이 다르지 않을 것이고, 권력자의 통증과 힘없는 자의 통증이 다르지 않을 것이다. 그래서 '아프다'는 말속에는 권력이나 차별이 존재하지 않는다. 동정을 뜻하는 단어 'compassion'은 "고통 혹은 통증을 함께 나눈다"는 의미로 예수님의 사랑을 가장 응축해서 보여 주는 단어이기도 하다.

영화 〈Passion of Christ〉가 국내에 소개됐을 때, '예수의 열정'이라는 엉터리 번역을 본 적이 있는데, 여기서 말하는 passion은 열정뿐만 아니라 고뇌, 고통, 통증을 의미하는 단어다. 예수님은 십자가에 못 박혀 매달려 있는 가혹한 형벌을 당하셨다. 당연히 예수님 또한 엄청난 통증을 경험했을 것이다. 신의 아들인 그도 온몸을 짓누르는 통증 앞에 "어찌하여 나를 버리시나이까"라고 탄식하시지 않았겠는가.

20세기 중반이 돼서, 교황 비오 12세가 통증에 관한 가톨릭 교회의 전향적인 입장을 밝혔을 때 사람들은 환호했다. 교황 비오 12세는 "통증은 그 자체로는 (신앙적인) 의미가 없으며, 종종 파괴적이기까지 하므로 그런 때는 단호하게 물리쳐야만 한다"고 선언했기 때문이다. 통증을 신의 처벌이나 속죄의 의미로 받아들이던 무지의 시대는 지나갔다. 욥이 현대에 살았다면, 기도와 함께 당장 병원을 방문해야 한다는 이야기다.

빅터 플랭클의 말처럼 삶은 고통에도 '불구하고' 살 가치가 있는 것이지 고통이 삶의 필수 조건은 아니다. 특히 통증이 삶을 풍부하게 만든다고 주장하는 누군가 있다면, 그는 가학적 변태일 가능성이 높다.

통증은 누구에게나 공평하지만 자비롭지는 않다.

대학살의 신

로만 폴란스키 감독의 영화 〈대학살의 신〉은 들불처럼 번지며 폭발하는 분노에 관한 이야기다. 제목만 보아서는 전쟁이나 테러를 소재로 한 것 같지만, 사실 이 영화는 사소한 오해, 상처 주는 말과 행동, 그리고 종국에는 주체할 수 없는 분노로 이어지는 인간의 감정을 세밀하게 묘사하고 있다. 영화의 줄거리를 요약하면 대략 다음과 같다.

어느 날 오후, 초등학교 앞 공원. 11살 재커리는 친구들과 다툼 중 막대기를 휘둘러 이턴의 앞니 두 개를 부러뜨린다. 아이들 싸움의 원만한 해결을 위해 한 거실에 모인 앨런, 낸시 부부와 마이클, 페넬로페 부부. 그러나 교양과 이성으로 포장된 채 시작된 이들의 만남은 말꼬리 잡기, 비꼬기, 지난 얘기 또 꺼내 시비 걸기 등 유치찬란한 말싸움으로 이어지고 결국에는 엉뚱하게도 같은 편 배우자를 향해 분노가 폭발하며 급기야 난장판 육탄전까지 벌어진다. 아름다운 거실에서 벌어지는 우아한 부부들의 인생 최악의 오후![5]

영화는 상영 내내 거실이라는 제한된 공간에 2쌍 4명의 부부가 돌아가며 벌이는 일종의 리턴매치를 보는 느낌을 준다. 앨런과 마이클, 엘런과 페넬로페, 그리고 낸시와 마이클, 낸시와 페넬로페까지. 여기서 끝이 아니다. 이들의 말다툼은 결국 같은 편으로 대형을 유지하던 각각의 부부싸움으로 번진다.

아이들의 작은 싸움에서 시작된 나름 고상한 이 부부들의 갈등 상황은 교양과 이성으로 포장한 인간의 민낯이 한순간의 감정 폭발로 얼마나 초라하고 유치찬란하게 돌변할 수 있는지를 잘 보여 준다.

그런데 영화제목이 왜 〈대학살의 신〉일까?

혹시나 해서 영화 원제를 찾아보니 'Carnage', 우리말로 번역하면 글자 그대로 '대학살', '살육'이라는 무시무시한 단어가 뜬다. 여러 가지 영화 관련 리뷰를 살펴봤지만, 저마다 다른 해석을 하고 있고 딱히 고개가 끄덕여지는 분석은 없다.

그래서 내가 내린 다소 주관적인 결론은 대학살의 신은 바로 '분노'의 다른 이름이라는 것이다.

***

분노는 통제 불가능하고 휘발성이 강해 쉽게 옮겨붙는다. '헝그리 사회'에서 '앵그리 사회'로라는 이야기도 있지만 현대인은 모두 크고 작은 문제로 늘 화가 나 있다. 분노는 언제 어디서 터질지 모르는 시한폭탄과도 같다.

당장 같은 사무실을 사용하는 동료들의 얼굴을 살펴보라. 웃고 있는 사람이 있다면 숏폼 콘텐츠를 보고 있거나 그날 저녁 애인과의 약속이 잡혔을 가능성이 크다. 그것도 아니라면, 웃고 있는 사람은 실없는 사람과 동급으로 취급당하기 쉽다. 거리를 걸어도, 엘리베이터를 타도, 지하철을 타도 온통 무표정하고 화난 얼굴의 사람들뿐이다.

불교에서는 욕심내고(貪), 분노하고(瞋), 어리석은(痴) 것을 삼독(三毒)이라 해서 중생의 마음에 번뇌를 일으키는 주요 요인으로 꼽는다. 한창 열정적으로 일하던 30대, 이것저것 부딪히는 일이 많다 보니 매일매일 끓어오르는 분노를 주체하기가 힘들었다. 마음을 가라앉힐 요량으로, 사무실 책상 맞은편 시선이 닿는 곳에 큼지막한 글씨로 '진(瞋)'이라는 한자를 써붙여 놓았다.

사람들이 오며 가며 저마다 아는 체를 하는데, 정작 그 의미를 제대로 아는 사람은 없었다. 그런데, 분노를 의미하는 한자 진(瞋)을 자세히 살펴보니, 특이한 점이 하나 있다. 눈 목(目)에 참 진(眞)이 더해져 분노(瞋)라는 의미의 글자가 만들어진 것이다. "(내가) 보는 것이 참이라 생각했는데, 그것이 부정당했을 때" 혹은 "내가 보는 것이 참이라 생각하는 그 생각 자체"가 분노의 원인이란 의미일까? 분노의 원인 가운데 '보는' 행위 자체가 굉장히 중요하다는 의미인데, 여기서 '본다'는 것은 단순한 시각적 의미를 떠나서 세상을 바라보는 '견해'까지도 포함하는 개념이다.

> 마땅히 노여워할 일에 대해서, 마땅히 노여워할 사람에 대해서, 나아가 마땅한 방식으로, 마땅한 때, 적당한 시간 동안 노여워하는 사람은 훌륭하다.
>
> - 아리스토텔레스, 『니코마코스 윤리학』 중

'분노 조절 장애'라는 말이 유행처럼 번지고 있다. 사실 분노는 쉽게 조절되거나 통제되지 않는 감정 중에 하나다. 아리스토텔레스가 『니코마코스 윤리학』에서 말한 것처럼 '적당한 시간'에 당연히 노여워할 대상에 대해, 그것도 '마땅한 방식'으로 노여워할 줄 안다면 그건 더 이상 분노가 아닐지도 모른다.

사전적으로도 분노는 "폭발적으로 솟구치는 감정"이라고 정의돼 있기 때문이다. 그래서 아리스토텔레스 또한 이걸 조절할 수 있으면 '훌륭한 사람'이라는 단서를 달기는 했다.

『화내지 않는 연습』의 저자인 코이케 유노스케는 화가 불같이 일어날 때 불이 제1공장에서 제2공장으로 번지는 과정을 미리 차단하는 것이 중요하다고 말한다. 일단 일어난 불은 어쩔 수 없다고 해도 불이 번지는 '길목'을 막으면 피해도 최소화하고 조기에 진화할 수도 있다는 이야기다.

이 책의 저자 류노스케는 승려이기도 하다. 그래서인지 그는 불교에서 화를 바라보는 관점을 누구보다 잘 이해하고 있다. 흔히 '마음 챙김'이라는 말을 많이 사용하는데, 불이 번지는 길목에 서서 '불이 났고 또 번지려 하는구나'를 자각하는 것이 '마음 챙김'의 핵심이다.

내가 화가 났다는 사실을 '알아차리는 것'과 감정의 불길대로 따라가는 것은 근본적으로 다르고 그에 따른 대응 방식과 결과도 완전히 달라진다는 것이다. 전자가 자각이라면 후자는 방조 혹은 방관이다. 불이 번지는 길목에 서 있다는 이야기는 망연자실 불이 번지는 것을 멍하니 바라만 보는 것이 아니다.

분노는 불이 났다는 사실조차 망각하게 만든다. 그래서 불이 났다는 사실을 알아차리는 것이 분노를 가라앉히는 첫걸음이 된다. 불이 났다는 사실을 자각하는 순간, 물을 퍼와서 뿌릴 것인지, 모래를 뿌릴 것인지, 전기를 차단하고 사람들을 대피시킬 것이지 등을 판단할 수 있는 것이다.

우리 말 '마음 챙김'의 영어 번역은 'mindfulness'이다. 아니, 영어 'mindfulness'를 우리말로 번역한 것이 '마음 챙김'이라고 말하는 것이 더 정확한지도 모르겠다. 암튼 분노가 일어날 때, 잠깐 멈춰서 '분노하는 나'를 돌아보는 것만으로도, 분노가 들불처럼 번지는 것을 막을 수 있는 첫걸음이 된다는 사실을 명심하자.

살이 부드럽고 고소한 맛으로 인기 있는 삼치의 학명은 'Scombero-morus niphonius'다. 라틴어에서 유래한 'scomber'는 고등어를 의미하고 그리스어에서 유래한 'morus'는 어리석다는 의미이다.

그러니까 삼치의 학명이 뜻하는 바는 한마디로 '어리석은 고등어' 정도가 되겠다. 삼치 입장에서 보면 꽤 억울할 것 같은 이름이다. 생김새는 얼추 고등어를 닮았는데, (고등어와는 다르게?) 굉장히 어리석다는 의미니까 말이다. 학자들은 삼치의 타고난 성질에서 이 단어의 의미를 유추 해석하기도 한다.

이미 잘 알려진 사실이지만, 삼치는 성격이 너무 급해서 아무 미끼나 덥석 무는 성향이 있고 무엇보다 뭍으로 올라오면 제 성질을 못 이겨 금세 죽고 만다. 삼치가 횟감으로 적합하지 않은 이유이기도 하다. 어리석은 생선의 이야기지만 제 분을 삭이지 못해 명을 단축하는 인간의 모습과 많이 닮아 있다는 생각이 든다.

불가(佛家)에서 말하는 삼독(三毒) 가운데, 어리석음을 의미하는 치(痴)와 화를 의미하는 진(瞋)은 그런 의미에서 동의어라 할만하다.

결국 대학살의 신이 노리는 첫 번째 희생자는 분노하는 자신이고, 이 사실을 '알아 챙기는' 것이 분노의 노예가 되지 않는 첫걸음이다.

자신에게도 진실을 말하지 않는 인간이란 존재

신독(愼獨)과 자기기만

어느 후배가 자기 스스로 어떤 사람인지 정확히 아는 방법은 타인의 평가가 아니라 혼자 있을 때 스스로 행실을 돌아보는 것이라고 했다. 불쑥 왜 이 말이 나왔는지 당시의 전체적인 맥락은 기억나지 않지만, 사람들은 대체로 속물적이며 저마다의 가면을 쓰고 산다는 이야기에서 시작됐을 것이다.

이쯤에서 누군가는 고등학교 윤리 교과서에 등장했던 신독(愼獨)이란 단어를 떠올릴 것이다. 고등학교 윤리 시험 때 이 신독(愼獨)이란 단어가 무려 3점짜리 주관식 문제였고, 삼갈 신(愼) 대신에 몸 신(身)을 써서 낭패를 봤던 기억도 선명하다.

신독(愼獨)이란 "남이 보지 않는 곳에서도 도리에 어긋나지 않게 말과 행동을 삼가는 것"을 뜻하는 단어로 이는 『대학(大學)』에 "이른바 성의(誠意)라는 것은 자기를 속이지 않는 것이다. 마치 악취를 싫어하고 미인을 좋아하듯 하는 것이니, 이를 스스로 만족한다고 한다. 그러므로 군자는 반드시 홀로 있는 데서 삼간다"라고 한 것과 『중용(中庸)』에 "감춘 것보다 잘 보이는 것이 없고, 조그마한 것보다 잘 드러나는 것이 없다. 그러므로 군자는 홀로 있는 데서 삼간다"라고 한 것에서 비롯된 말이다. 출처가 『대학』이나 『중용』인 만큼 어렵게 느껴지지만 의외로 그 의미는 간단하다.

"아무도 안 볼 때 가래침 안 뱉어요?

혼자 있을 때 음란 동영상 안 봐요?

그럼, 신독(愼獨)의 도(道)를 터득하셨군요!"

***

타인의 시선으로부터 완전하게 차단된 상황에서 나는 과연 어떤 생각과 행동을 하는가?

어릴 때 누구나 한 번쯤은 투명 인간이 되는 꿈을 꿔봤을 것이다. 비록 상상이지만, 투명 인간이 되면 이른바 도덕적인 행위를 하는 경우보다는, 대체로 금지된 행위들을 할 가능성이 높다. 그리고 금지된 행위는 부도덕한 행위로 취급된다. 예를 들어, 시험 답안지를 훔친다거나,

여탕을 들어가서 구경하고 매장에서 값비싼 물건을 들고 나올 수도 있으며, 그동안 나를 괴롭혔던 녀석의 뒤통수를 후려갈길 수도 있다. 사실, 이런 투명 망토의 상상력에 대해서는 이미 오래전에 철학자 플라톤이 언급한 적이 있다. 플라톤은 그의 저서 『국가』 2권에서 기게스의 반지(Ring of Gyges)에 관해 이야기하는데, 이 마법의 반지를 끼면, 누구의 눈에도 띄지 않게 된다고 한다.

전설에 따르면 기게스는 리디아의 왕 칸다울레스를 섬기는 목동이었다. 기게스가 양을 치고 있던 어느 날 갑자기 커다란 지진이 일어났다. 지진이 일어난 자리에는 땅이 갈라져 동굴이 생겼고, 기게스는 호기심이 생겨 갈라진 동굴 속으로 들어가게 된다. 동굴 안에서 기게스는 거인의 시체가 놓여 있는 것을 발견한다.

시체의 손가락에는 금반지가 끼워져 있었고 기게스는 거인의 손가락에서 반지를 빼들고 밖으로 나왔다. 양치기 기게스는 우연히 자신이 끼고 있는 반지의 흠집 난 곳을 안으로 돌리면 투명 인간이 되고 밖으로 돌리면 다시 원래의 모습으로 나타난다는 사실을 알게 된다. 이제 '보이지 않는 힘'을 갖게 된 기게스는 나쁜 마음을 먹게 되었다. 가축의 상태를 왕에게 보고하는 전령으로서 궁전에 들어간 기게스는 자신의 새로운 힘인 마법 반지를 이용하여 투명하게 된 후, 왕비를 간통하고, 칸다울레스 왕을 암살하여 왕위를 찬탈하고 스스로 리디아의 왕이 된다.

플라톤은 『국가』에서 기게스의 반지 이야기를 통해 일반인이 만약 그 자신의 행동에 대한 결과를 책임질 필요가 없다면 어떻게 행동할 것인가에 대해 묻고 있다.

투명 망토나 기게스의 반지처럼 완벽하게 시선으로부터 자유로운, 그래서 결국 '책임으로부터 자유로운 상황'이 있을 수도 있다. 하지만 19세기의 작가 랄프 에머슨(Ralph Emerson)이 "한밤의 가장 유능한 경찰은 가스등"이라고 말한 것처럼, 타인의 시선은 때론 도덕성을 보장하는 유용한 수단이 되기도 한다.

공리주의 철학자이자 법학자인 제레미 벤담(Jeremy Bentham)도 같은 맥락에서 360도 감시가 가능한 '팬옵티콘'을 고안해 냈다. 실제로 공중화장실에서 볼일을 보고 나서 혼자 있을 때보다 다른 사람들이 있을 때 더 자주 손을 씻는다거나, 외진 곳이거나 감시 카메라가 부재한 곳일수록 기물 파손의 정도가 심해지고 조명이 어두울수록 부정의 빈도가 높아진다는 등의, 인간 행동을 억제하거나 자극하는 타인의 시선과 관련된 흥미로운 연구 보고서도 많이 있다.

자기기만, 혹은 '자기 자신에 대한 불성실'

"누군가 지켜보고 있다"에서 그 누군가가 인간이 아닌 신적 존재가 될 때는 도덕적, 철학적 문제와는 다른 종교적 문제로 바뀔 수도 있다. 이탈리아 수도사인 베네딕트는 수도원 생활에 관한 규칙을 담은 안내서에서 다음과 같이 말하고 있다.

성스러운 열망으로 영원한 삶을 간절히 바라라. 날마다 자신이 죽을 수 밖에 없는 존재라는 사실을 떠올려라. 매시간 당신의 행동을 주의 깊게 살펴라. 어디에 있든 하느님의 눈길은 항상 당신을 향해 있다.

이슬람의 경전인 『코란』도 예외는 아니다. 마호메트의 언행을 해설한 『하디스(Hadith)』에 의하면, 인간의 모든 행위는 천국의 책에 세세히 기록된다. 영혼이 육체를 떠날 때 그 책은 당신의 목에 단단히 고정되고 심판의 날이 되면 알라는 그 기록을 근거로 판단을 내리는데, 의인은 오른손에, 심판을 받을 죄인은 왼손에 자신의 책을 돌려받는다고 한다. 누가 천국으로 가는지, 또 누가 지옥을 갈지 더 이상의 설명은 필요하지 않을 것이다.

그러나 철저히 타인으로부터 격리된 상황에서도 나를 지켜보는 '또 다른 나'를 느낀다면? 앞서 언급한 종교적 의미의 신을 제외하고 말이다. 이는 『대학』이나 『중용』에서 말했던 신독(愼獨)의 도(道)일 수도 있고 프로이트가 말한 에고(ego)를 통제하는 슈퍼에고(super-ego)일 수도 있다.

하지만 어떤 경우이든 간에 완전한 맨얼굴의 인간은 상상하기 어렵다. 그래서 누구나 이런저런 다양한 가면을 쓰고 살아간다.

가면을 쓴 비굴과 위선을 혐오하는 사람들은 가면을 벗고 자신의 본래 모습을 드러내며 사는 것이 행복하다고 주장한다.

물론 진심을 속이는 위선적인 가면은 인간을 행복하게 만들 수는 없다. 스트레스다. 그렇다고 가면을 벗고 맨얼굴을 그대로 드러낸다고 해서 행복해지는 것은 아니다.

가면은 이중적이다. 뭔가를 감추기도 하면서 동시에 뭔가를 드러내는 효과가 있다.

가면을 써서 맨얼굴을 숨기지만 동시에 가면을 쓸 때 거리낌 없이 내면의 본능을 분출하기도 한다. 가면무도회에 가는 이유는 가면을 쓰고 억눌렀던 감정을 분출하기 위함이 아니었던가?[6]

가면은 뭔가를 감추면서 동시에 뭔가를 드러내는 이중성을 가지고 있다. 자기기만이란 결국 가면 뒤에 숨겨진 자기 자신마저 속이는 것으로 '자기 자신에 대한 불성실'이라고 볼 수도 있다. 이것이 실존주의 철학자 사르트르가 자기기만을 보는 관점이다. 사르트르는 자기기만을 '모베즈 푸아(mauvaise foi)', 영어식으로 번역하면 'bad faith', 즉 '나쁜 믿음'이라고 보았다.

좀 더 쉽게 설명해 보자. 사실 나는 a를 하고 싶은데, 이런저런 이유로 결국 b를 하게 됐을 때, 그것이 옳은 판단이었다고 스스로 변명하며 종국에는 그것이 옳은 것이라고 믿어 버리는 것, 그것이 자기기만이다. 흔히 우리 주변에서 볼 수 있는 변절자의 배신, 정치인의 말 바꾸기, 현실을 받아들이지 못하는 정신 승리자 등에서 쉽게 찾아볼 수 있는 현상이다.

이는 사르트르의 "인간은 자유롭도록 선고받았다"라는 핵심 명제에도 부합하지 않는 것이다. 실존의 불안은 바로 이런 자유를 선고받았기 때문인데, 사르트르가 보기에 이런 자유를 실천할 능력이 없어서 여러 가지 핑계를 댄다면, 이는 불안을 외면하고자 하는 자기기만일 뿐이라는 것이다.

> 인간들이란 게 다 그렇지 뭐. 자기 자신에도 진실을 인정하지 않잖소. 약하기 때문에 거짓말을 하는 거죠.

〈라쇼몽〉은 일본의 구로사와 아키라(黑澤明) 감독이 1950년에 발표한 영화다. 어느 살인 사건을 두고 벌어진 목격자들의 엇갈린 진술을 통해 인간의 자기 위주의 주관성과 이기심 따위를 드러낸 영화다. 1951년 베니스 국제 영화제 황금사자상, 1952년 아카데미상 특별상을 수상하기도 했다.

2020년 한국영화 〈기생충〉이 아시아 최초로 아카데미 작품상 수상의 쾌거를 이뤘지만, 사실 이보다 70년 앞서 〈라쇼몽〉이 아카데미 특별상을 수상했다는 사실 또한 아시아 영화사의 중대한 이정표로 기억되고 있다.

영화 〈라쇼몽〉은 일본의 천재적인 소설가 아쿠타가와 유노스케의 동명 소설 「라쇼몽」과 「덤불 속」 두 편의 작품을 원작으로 하고 있다. 소설 「라쇼몽」은 10페이지 분량의 극히 짧은 단편인데, 소설 「라쇼몽」만

읽으면 영화 〈라쇼몽〉을 온전히 이해할 수 없다. 오히려 스토리 전체의 핵심 내용은 소설 「덤불 속」에 들어 있다고 해도 과언이 아니다.

다시 말해, 구로사와 아키라 감독은 유노스케의 소설 「라쇼몽」의 틀에 「덤불 속」을 끼워 넣은, 매우 독특한 액자 형식의 영화를 만든 것이다.

영화 제목인 라쇼몽, 즉 나생문(羅生門)은 헤이안 시대 수도 교토의 성문(城門)을 이르는 말이다. 영화는 갑자기 폭우가 쏟아지면서 폐허가 된 '라쇼몽' 간판 아래 모인 3명의 대화로 시작된다. 스님과 노인이 아주 무서운 사건이 일어났다면서 겁에 질려 있고 이를 본 나그네가 대체 무슨 일이냐고 묻는다. 흥미로운 이야기는 이렇게 시작된다.

어느 날 산길에서 한 사나이의 시신이 발견된다. 관련자들이 줄줄이 관아(官衙)로 끌려와 자신이 보고 겪은 일을 진술한다. 그런데 사건의 진술이 제각각 다르다. 도적과 죽은 사무라이의 부인, 주검을 처음 발견한 나무꾼, 그리고 죽은 사무라이를 대신해 말하는 무당에 이르기까지 '한 가지 사건'을 두고 각기 다른 주장을 펼친다. 사무라이의 죽음을 둘러싼 각자 다른 주장 가운데 과연 어느 것이 진실인지 관객은 끝까지 가늠하기 어렵다.

진실을 향한 퍼즐을 맞춰 가는 것 같은 이 이야기에서 한 가지 공통점이 있다. 사건의 진술자 모두가 자신에게 불리한 점, 자신의 약점을 드러내는 부분에 대해서만큼은 진실을 말하지 않는다는 점이다.

당시 교토지방에서 악명 높던 도둑 타조마루가 정작 칼을 제대로 쓸 줄 모르는 겁쟁이였다는 사실은 이 사건을 숨어서 지켜보던 나무꾼에 의해 '드러난다'. 아울러 정조를 지키지 못하고 도둑이 겁탈하는 순간 오히려 이를 즐기고, 심지어 남편을 죽여 달라고 애원하는 여인이나, 사건 현장에서 값나가는 단도를 몰래 숨긴 나그네 모두 치명적인 '약점'을 지니고 있다. 이러한 인간적인 약점은 자연스레 타인은 물론 자신마저 속이는 거짓말로 이어진다.

> 인간들이란 게 다 그렇지 뭐. 자기 자신에도 진실을 인정하지 않잖소. 약하기 때문에 거짓말을 하는 거죠.

라쇼몽의 등장인물들처럼 "객관적인 사실을 주관적으로 해석하거나 증언하는 것"을 '라쇼몽 효과(Rashomon effect)'라고도 하는데, 영화의 대사처럼(원작 소설에는 이런 내용이 없다) 인간은 '나약하기 때문에' 진실을 인정하지 않으며 거짓말을 밥 먹듯이 하고 심지어 자신마저도 속인다. 철저한 자기기만이다.

인간의 사악함이 아니라 인간의 나약함이 진실을 가린다는 말은 언뜻 보아 인간을 옹호하는 것처럼 들리지만, 사실 인간의 치명적인 약점과 치부를 동시에 드러내는 결정타이다.

생각해 보면, 얼마나 많은 사람들이 타인을 속이고 또 자신을 속이고 있는가?

자기기만은 진실의 명경대(明鏡臺) 앞에 서서 당당히 자기 자신을 직시할 자신이 없는, 그래서 결국 자신에게조차 진실을 고백하지 못하는 인간의 나약함이 나은 부산물이다.

그 순간 바람이 불지 않았다면… 그런 일은 없었을 것이다.

변명처럼 들리는 도적의 이 말에는 일말의 진실도 없다. 그렇게 믿기로 결심한 도적의 자기기만만이 존재할 뿐이다.

이곳 라쇼몽(나생문)에 살던 도깨비도 인간이 무서워서 떠났어!

어쩌면 이 말에 모든 진실이 담겨 있을지 모른다. 자신마저 속일 수 있는 인간이란 존재. 인간은 나약한 존재인 동시에 무서운 존재이기 때문이다.

03

욕망,
잠들지 않는

폭포처럼 내뱉은 밥알은 욕망의 발산이 아니다

에곤 실레(Egon Schiele)의 〈꿈에서 본 여인〉이라는 작품을 보면 성적 흥분보다는 묘한 당혹감을 느끼게 된다.

흔히 외설과 예술의 경계를 논할 때 구스타프 쿠르베(Gustave Courbet)의 〈세상의 근원〉과 함께 자주 등장하는 이 작품 속 여인은 과감하게 다리를 벌리고 침대에 누워 자신의 성기(性器)를 아주 과감하고 친절하게(?) 보여 주고 있다.

그런데 이 그림 속 여인의 표정이 압권이다. 약을 먹은 사람처럼 혼미해 보이기도 하고 그림을 바라보는 사람들을 향해 "이게 그렇게 당신이 보고 싶어 난리를 치던 거야? 그럼, 실컷 봐!"라고 조롱하는 것 같기도 하다.

욕망의 대상에 지나치게 가까이 다가서면 에로틱한 매혹은 맨살의 실재에 대한 혐오감으로 바뀐다.[1]

슬라보예 지젝(Slavoj Zizek)은 성(性)의 실재를 향한 욕망이 그 실재에 다다른 순간 욕망의 해체를 초래한다고 보았다. 사실 그렇게 열망하던 성기의 실재는 매우 눅눅하고 음습한 붉은 살덩이에 불과하다. 그것이 '맨살의 실재'다. 그런데 쿠르베의 작품 제목처럼 인간 모두는 그 '음습한' 곳에서 태어났고 또 죽을 때까지 '그곳'을 열망한다.

그렇다면 사정(射精) 후에 밀려오는 고독감처럼 욕망은 이렇게 허무하게 해체되는 것일까? 욕망, 특히 성적 욕망 그 자체는 지젝의 말처럼 쉽게 채워지거나 해체되지 않는다. '맨살의 실재에 대한 혐오감'은 욕망의 해체와 동의어는 아니기 때문이다. 화수분처럼 끊임없이 솟아나고 또다시 채워지길 바라는 욕망은 그래서 인간 고통의 근원이기도 하다.

혐오감은 욕망의 중단이 아니라 '더욱더' 매혹적인 실재를 향한 열정의 또 다른 표현이다. 이 점에서 피터 브룩스가 『육체와 예술』에서 설명했던 바 여주인공이 옷을 벗고 나체가 되는 것으로 대단원의 막을 내리는 18세기 통속소설과는 성격이 크게 다르다. 포르노 중독자에게 절대적인 명제는 욕망이 멈추지 않고 계속해서 지속되어야 한다는 강박증적 요구이다. 여성의 실체를 향한 욕망을 통해서 자신의 성적(性的) 정체성을 구성하는 주체이기 때문이다.[2]

2013년 칸 영화제 황금 종려상을 수상한 〈가장 따뜻한 색 블루〉는 기본적으로 인간의 다양한 '욕망'에 관한 이야기를 담고 있다.

식욕, 성욕, 탐욕.

영화에는 유독 먹는 장면이 많이 등장하는데, 특히 아델의 식탐은 유별나다. 아델이 집에서 스파게티를 먹는 장면은 '일반적인' 여배우의 모습이 아니라 한국의 먹방 유튜버를 능가한다. 게걸스럽기까지 한 그녀의 식욕은 잠재된 성욕의 또 다른 모습일까? 특히 잘 때 입을 벌리고 침을 흘리는 아델의 '원초적인' 모습은 또 다른 '맨살의 실재'일까? 그런데, 놀라운 식탐을 자랑하는 아델도 굴을 즐겨 먹는 엠마를 쉽게 이해하지 못한다. 아델에게 굴은 그저 '물컹거리는 콧물' 같기 때문이다.

"내 쾌락(욕망)은 당신의 그것과 다르다"는 영화 중 대사는 욕망에는 남자의 것과 여자의 것, 혹은 동성애자와 이성애자의 것이 따로 있을 수 없으며, 다만 개인적인 차이 혹은 드러나는 양태(樣態)가 다를 뿐이라는 의미로 해석된다.

또 다른 장면을 살펴보자. 미술을 전공하는 엠마의 집에서 열린 파티. 주로 여자의 누드화가 전부인 엠마의 작품을 보면서 친구들은 에곤 쉴레와 클림트의 작품을 비교한다. "나는 꽃으로 치장한 클림트의 작품이 뭔가 숨기는 것 같다"는 친구의 말에 엠마는 발끈한다. 앞에 언급한 것처럼, 에곤 쉴레의 작품에 등장하는 여성은 대부분 성기를 아주 '노골적'으로 드러낸다. 보는 이가 당혹스러울 정도로. 반면에 클림트의 작품은 대부분 은밀한 부분을 꽃으로 가리고 있다. 과연 어느 것이 더 관능적인가?

역설적이지만, 하드코어 포르노는 가장 등급이 낮은 자극제다. 다 드러내고 무엇을 열망하라는 말인가? 개인적인 경험이지만, 대학교 근처 여관방에서 동기생들과 숨죽이며 함께 지켜본 인생 최초의 포르노는 글자 그대로 '구토 유발자'였다. 섹스 기계들이 벌이는 강도 높은 노동. 그 이상도 그 이하도 아니다. 차라리 무한한 상상력을 키워 주던 〈애마부인〉이나 〈채털리 부인의 사랑〉이 100배는 더 관능적이다!

임창정, 하지원 주연의 영화 〈색즉시공〉에서 수컷들 사이에서 오랫동안 회자(膾炙)되는 유명한 장면도 있다. 대학 구내식당에서 우연히 하지원의 맞은편 자리에 앉은 임창정. 식탁 아래로 짧은 미니스커트를 입은 하지원의 하체를 은밀하게 감상한다. 이를 눈치챈 하지원. 뭔가 결심한 듯 '과감하게' 다리를 활짝 벌려 준다. 그때 임창정의 반응은?

대충 예상했겠지만, 먹던 밥알을 폭포처럼 내뿜으며 당황한다. 어릴 적 남자아이들이 여자아이들의 치마를 들추고 도망가는 일명 '아이스께끼'는 결국 치마 안의 팬티, 그리고 더 나아가 팬티 안에 은밀하게 숨어 있는 성기를 보겠다는 욕망을 놀이 형태로 전환 혹은 위장한 것이다. 임창정이 폭포처럼 내뿜은 밥알은 욕망의 발산이 아니라 억눌린 욕망에 가해진 일격이다. 그래서 더 허망하다. 사정 후 축 늘어진 성기처럼.

때론 욕망을 '중화'시킴으로써 욕망에 따른 불안과 금기에 도전하는 양심의 가책을 덜어 내기도 한다. 무설탕 음료나 무알콜 맥주, 카페인 없는 커피 혹은 지방을 걷어 낸 무지방 우유 등은 끊임없이 자극하고 충동하는 소비사회에서 인간이 개발한 자기와의 타협 혹은 자기기만에 속한다. 급기야 인간은 매독에 걸리지 않고, 매음하지 않으며, 간통에도 걸리지 않는 사이버 섹스에 열광하게 될지도 모른다.

어떤 것이 유토피아고 또 어떤 것이 디스토피아인지는 모르겠지만, 분명한 사실 하나는 무알콜 맥주는 원래 맥주보다 맛이 없다는 것이다.

성적 욕망도 분명 다르지 않을 것이다.

자위를 위한 변명

성욕(性慾)과 관련해서 가장 호들갑스러운 반성문을 쓴 사람이라면 단연 아우구스티누스 아우렐리우스(Augustinus, Aurelius)를 빼놓을 수 없다. 4세기 신학자이자 철학자로 초대교회 교부(教父) 중 한 명인 그는 『고백록(The Coffession)』에서 "불결한 욕망에 타올라 부패하고 어두운 충동에 이끌렸다"라고 말하고 있다. 실제로 그는 갓 성인이 된 16세부터 카사노바 뺨치는 여성 편력을 자랑하는데, 유부녀와 미성년자를 가리지 않았다. 그의 성적 욕망의 파노라마는 그 희열만큼이나 강렬한 죄의식을 불러왔는데, 그가 나중에 성인(聖人)의 반열에 올라 금욕과 절제의 미덕을 당당히 외치기 전까지 그는 욕망의 정점에 올라 늘 기도와 반성을 밥 먹듯 반복했다.

"주님, 순결을 주소서, 그러나 아직은 마소서(Lord, give me chastity,

but not yet)"라고….

유교문화가 뿌리 깊게 자리 잡았던 우리나라는 물론이고 과학혁명과 18세기 계몽철학을 거친 유럽에서조차 자위행위에 대한 공포가 19세기 중반까지 이어졌다. 예를 들어, 18세기 프랑스의 계몽 사상가 가운데 한 사람인 디드로의 『백과전서』에는 수음(手淫)을 '오염'과 '범죄'로 규정하고 있고, 티소(S.A Tissot)라는 의사는 1758년 『오나니즘(Onanism)』이라는 책을 통해 자위행위를 정신 이상과 불임, 시각 손상 따위를 불러일으키는 주요 원인으로 지목하고 있다.

또 청교도주의가 강력한 영향력을 발휘하던 1800년대 미국에서는 자위행위를 하다가 발각되면 정신병원에 강제로 감금되는 사태까지 발생했다고 한다.[3]

위에서 언급한 오나니즘(onanism)은 『창세기』에 등장하는 유다의 둘째 아들 오난(Onan)의 이름에서 유래한 말이다. 유다의 맏아들 에르가가 자식이 없이 죽자, 유다는 둘째 아들 오난에게 형수인 다말과 결혼하여 후손을 낳으라 명한다. 오늘날의 상식으로는 쉽게 이해가 되지 않지만, 『신명기』를 비롯한 구약성서의 기록에 따르면, 당시로서는 흔한 풍습 중 하나였던 것으로 보인다. 그런데 정작 당사자인 오난이 이런 결정을 탐탁지 않아 했던 모양이다. 관습과 아버지의 명에 따라 형수와 동침하게 된 오난이 자신의 정액을 일부러 땅에 흘려 임신을 피하려 했기 때문이다. 이런 이유로 오나니즘(onanism)은 오늘날 자위의 의미와 함께 의도적인 피임의 의미로도 사용된다.

암튼, '자손을 번성'시키기 위한 원래의 기획 의도는 야훼의 명령이기도 하였으니, 오난은 매우 의도적으로 신의 뜻을 거스른 것이다. 그 '죄'의 결과는 당연히 죽음이었다.

오늘날 자위에 대한 부정적 인식의 근거가 성경에 나타난 오난의 이야기에서 비롯됐다고 확언하기는 어렵지만, 후대의 사람들, 특히 기독교의 영향을 받은 서구인들의 사고에 부정적인 영향을 미쳤을 가능성은 커보인다.

그런데 가만히 살펴보면, 오난의 행위에 야훼가 분노한 '진짜' 이유는 자위행위 그 자체에 있는 것이 아니라 자위의 결과, 즉 소중한 생명의 씨앗을 낭비함으로써 자손 번식의 의무를 어긴 것, 그것도 매우 고의적인 기망(欺罔) 행위로 신의 뜻을 어겼다는 점에 있다. 『출애굽기』 20장 14절에는 "간음하지 말지니라"라는 하느님의 제7계명이 있다. 이 밖에도 성경에서는 음행하는 자들과 간음하는 자들 모두 하나님의 심판을 피할 수 없다고 말한다. 그렇다면 성(性)적 상상의 결과인 자위는 어떨까? 상상하는 것만으로도 죄가 된다고?

성경의 말씀은 성적인 상상도 음행이나 간음에 버금가는 죄악의 뿌리로 본다.

나는 너희에게 이르노니 음욕(淫慾)을 품고 여자를 보는 자마다 마음에 이미 간음하였느니라.

-『마태복음』5장 28절

불가의 계율에도 사음(思淫)은 경계해야 할 대상이다. 그러나 불교에서 사음을 금하는 것은 집착이 고통의 근원이기 때문이지 부처나 초월적인 그 어떤 존재가 벌을 주기 때문은 아니다. 이런 이유로 성(性)을 넘어서 무애행(無碍行)을 하는 선사(禪師)들의 이야기가 적지 않은데, 특히 술을 즐겨 마시고 여자를 취하는 일을 마다하지 않던 경허선사(鏡虛禪師)의 이야기는 "부처를 만나면 부처를 죽이고, 선사(禪師)를 만나면 선사를 때려죽이는" 것만큼이나 파격적이다.

끓어오르는 욕망의 불꽃 중에 으뜸이 색욕(色慾)이요, 색욕은 번뇌의 으뜸이라. 그 경계조차 허물 수 있다면, 이미 그가 부처이니, 평범한 중생들은 꿈조차 꾸기 어려운 경지이다.

그러나 지나치지 않다면 자위는 보건학적으로 오히려 건강에 이롭다는 주장도 있다. 종교인들, 특히 기독교인들은 자위가 신의 뜻을 거역하는 사특한 행위이며 정신 건강에 해롭다고 주장하고 있지만 종교가 만들어 낸 죄의식과 공포, 이것이야말로 정신 건강에 더 해로운 바이러스일지 모른다.

2006년 8월 6일, 런던에서는 영국 최초의 '자위 마라톤'이 열렸다.

세상에 별 희한하고 '변태스러운' 대회가 있다고 해도 할 말은 없겠지만, 그래도 근본 취지는 있을지니, 이 대회를 주최한 캐럴 퀸 박사의 이야기를 들어 보자.

> 우리 사회에서 성적 표현은 언제나 법으로 규제되고 제한받아 왔으며 순수한 쾌감을 추구하는 행위는 흔히 이기적이거나 유치하다는 비난을 받아왔습니다. (중략)
>
> 자위행위는 우리가 최초로 경험하는 성적 활동이며, 평생동안 쾌감을 즐기게 해주는 자연적 근원이고 독창적인 형태의 창조적 자기표현입니다.

자위를 "독창적인 형태의 창조적 자기표현"이라는 주장에 얼마나 동의할지는 각각의 판단에 맡기겠다. 하지만 감시와 처벌이 무서워서가 아니라 스스로의 판단에 따라 성욕을 조절할 수는 있다는 주장도 있다. 이럴 때는 종교적인 금기가 아니라 오히려 칸트의 윤리론이 더 적합할지도 모르겠다.

칸트가 말하는 윤리는 벌칙과 강제성이 없더라도 또는 누가 보지 않더라도 이성을 발휘할 수 있는 능력을 말하는데, 그 이유는 인간에게는 '자율 의지'가 있기 때문이다. 욕망을 길들이는 것은 자율 의지의 주요 기능이지만 본래의 의무는 아니라는 점에서 원초적으로 봉쇄된 종교적 금기와는 차원이 다르다.

더욱이 인간은 이성과 욕망이 뒤엉킨 존재라는 점에서 욕망이 배제된 이성 혹은 이성이 배제된 욕망처럼 양자가 서로 적대적으로 대립하거나 공존할 수 없다고 주장하는 것 자체가 인간의 존재에 대한 억지 주장이자 위선이다.

남성은 하루에 수백 번 이상의 성적인 상상(想像)을 한다고 한다.
실제로 저명한 미국의 진화심리학자인 도널드 시먼스(Donald Symons)의 연구에 따르면, "지금까지 얼마나 많은 이성과의 섹스를 상상해 봤는가?"라는 질문에 남성은 32%가 1,000명 이상(분명 100명이 아니라 1,000명이다!)이라고 답했지만, 그와 비슷한 답변을 한 여성의 비율은 8% 정도에 그쳤다.[4]

당신은 과연 상위 몇 퍼센트에 속하는가? 확언컨대, 대부분의 수컷은 특별하지 않다. 특히 억압이 제도화되고 내면화된 사회라면, 그 비율은 더더욱 높을 것이다. 우리가 에로티시즘의 철학자라고 알고 있는 바타유는 "금기(禁忌)가 없다면 에로티시즘도 없다"고 주장하지 않았는가.
우리의 욕망은, 특히 성적 욕망은 금기와 억압으로부터 한층 강화되기 때문이다. 당신의 남편이 혹은 남자 친구가 '순결한' 초식남 계열이라고 해도, 나이를 불문하고 성적 판타지는 쉽게 사그라들지는 않을 것이다. 횃불처럼 타오를지, 성냥불처럼 타다 말지는 어디까지나 개인의 차이, 혹은 개인의 취향일 테지만 말이다.

아울러 자위를 '죄와 벌'의 관점에서만 볼 필요는 없다. 과도한 죄의식으로부터 자유로울 수 있다면, 그리고 즐기되 집착하지 않는 자유의지의 주체가 될 수 있다면 말이다.

본능과 욕망을 부정하고, 금기와 위선에 갇혀 절망하는 영혼과 비교한다면 어떨까?

누가 더 병든 인간인가?

내 욕망은 내 욕망이 아니라고?

나는 무엇을 바라고 무엇을 원하는가?

라캉(Jacques Lacan)은 "인간의 욕망은 타자(他者)의 욕망이다"라고 주장했다. 사랑이란 것도 결국 타자의 욕망을 욕망하는 것이라고 했는데, 말장난 같기도 한 이 아리송한 라캉의 욕망 이론은 그래서 더 이해하기 어렵다. 그렇다면 이 지점에서 라캉의 이론을 가장 단순화한 예를 하나 들어 보자. 이 이야기는 실제로 프로이트가 그의 어린 딸을 관찰하고 기록한 내용을 라캉이 재해석하고 분석한 것이다.

어린 딸은 케이크를 원한다.

하지만 케이크는 없다.

그래서 아이는 케이크에 대한 환상을 갖는다.

위의 상황은 일반적으로 생각하는 욕망의 환각적 만족, 예를 들면 당장 가까이 없는 먹음직스러운 케이크를 먹는 장면을 상상하는 것으로 생각하기 쉽다. 하지만 라캉은 아이가 케이크에 대한 욕망을 갖는 것은 케이크를 먹는 동안 엄마, 아빠가 만족스럽게 보고 있었다는 사실을 아이가 상기한다는 점을 강조한다.

다시 말해 케이크를 먹는 환상은 실제로 '부모가 준 케이크를 맛있게 먹는 아이와의' 동일성을 형성하려는 시도에 관한 것으로, 그것은 부모를 만족시켜서 자신을 그들의 욕망의 '대상'으로 만들어 준다는 것이다.

더 쉽게 이야기하자면 아이가 케이크를 열망하는 것은 자신의 욕망 이전에 부모의 기쁨(욕망) 때문이라는 것이다. 하지만 아무리 쉽게 설명해도 역시 라캉의 욕망 이론을 온전히 이해하거나 받아들이기는 쉽지 않다. 어째서 나의 욕망이 타인의 욕망이란 말인가?

아들 녀석을 키우면서 아내와 자주 갈등을 겪었던 부분이 바로 아이의 식사 문제였다. 아내는 아이가 먹기 싫거나 배가 부르면 분명하고도 강렬하게 아이 스스로 거부한다고 주장한다. 그래서 아이가 분명한 거부 의사를 표할 때까지 자주 그리고 많이 먹인다. 많이 먹이고 쑥쑥 크기를 바라는 아내의 강렬한 '욕망'이 작용한 탓이다.

그러나 가만히 살펴보면 아이는 먹기 싫은 경우에도 엄마의 호소하는 듯한 눈빛과 밥을 먹을 때마다 손뼉을 치며 기뻐하는 주변의 반응에 특별히 반응하는 경우가 많다. 이럴 때 아이의 행동을 유심히 살펴보면 주변, 특히 엄마의 반응을 먼저 살피고 큰 결심이라도 하듯 덥석 받아먹는다. 적어도 내가 보기에는 그렇다. 이 경우라면 라캉의 욕망 이론이 절반은 맞는 셈이다.

종종 대학교에서 특강을 하거나 본의 아니게 청소년들의 진로 상담을 하는 경우가 있다. 내가 만난 청소년들 대부분 불확실한 미래를 걱정하며 과연 어떤 직업을 선택해야 할지, 혹은 어떤 대학에서 어떤 전공을 해야 할지 등에 관해서 물어 온다.

물론 나 또한 그런 질문에 명쾌한 정답을 제공할 만한 위치에 있지 않지만 대체로 이렇게 그들에게 반문한다. 네가 정말로 "하고 싶은 것"이 무엇인지 자신에게 물어보라고 말이다. 마치 나는 내가 원하는 것이 무엇인지 잘 알고 있다는 듯이.

그런데 곰곰이 생각해 보면, 나이 50 중반을 맞은 지금 이 순간에도 나 또한 정말 내가 하고 싶은 것이 무엇인지 아직도 잘 모르겠다. 굳이 몇 가지를 대라면, 세계여행이나 중년 남성들의 로망이라는 전원생활 정도? 그렇다면 우리는 정말 우리가 무엇을 원하는지 잘 알고 있는 것일까?

경제학자 존 갤브레이스(John Kenneth Galbraith, 1908~2006)는 그의 주요 저서 가운데 하나인『풍요한 사회』에서 현대인은 자신이 무엇을 하고 싶은지 스스로 의식할 수 없게 되었다고 주장한다. 광고와 세일즈맨의 말에 이끌려 처음으로 자신의 욕망을 확인한다는 것이다. 어찌 보면 이 말은 라캉의 "자신의 욕망은 타인의 욕망"이라는 철학적 주장의 경제학적 버전 정도로 보인다.

수요가 있고 이에 따른 공급이 존재한다는 것이 일반적인 경제법칙이지만 갤브레이스는 풍요한 사회, 즉 고도의 소비사회에서는 공급이 수요를 앞선다고 말한다. 아니, 좀 더 정확히 말하자면 공급하는 쪽이 수요를 만들어 내는 것이다. 생산자가 소비자에게 "당신이 원하는 것은 이것입니다"라고 친절하게 권하고 소비자는 이것이 자신의 욕망이라고 '착각'하고 물건을 사게 되는 것이다.

경제학적인 관점이 아닌 문화산업의 관점에서도 이러한 분석은 유효하다. 문화산업에 관한 방대한 연구 가운데 가장 유명한 것으로 막스 호르크하이머(Max Horkheimer, 1895~1973)와 아도르노(Theodor Wiesengrund Adorno, 1903~1969)가 1947년에 펴낸『계몽의 변증법』이 있다.

호르크하이머와 아도르노는 이 책에서 현대에는 문화산업이 지배적인 성격을 드러내며, 제작 프로덕션이 소비자의 감성 그 자체를 먼저 지배한다고 말한다. 최근 우리나라 젊은이들 사이에 유행하고 있는 테니스는 좋은 예다. 특히 20대 여성들 사이에서 폭발적인 호응을 얻고 있다고 하는데, 테니스 라켓을 비롯한 관련 용품 판매량이 수십 배가 늘었고, 실내 테니스장도 곳곳에 생길 정도라고 하니, 가히 유행의 바람을 탔다고 할만하다.

전문가들은 테니스의 인기 비결이 스포츠가 주는 전통적인 의미의 보상에 있기보다는 그 이면에 있는 요소들, 그러니까 테니스 의상이 주는 패션감, 테니스 라켓의 그립감, 선수들의 경쾌한 몸동작, 심지어 스트로크할 때 나는 경쾌한 소리에도 숨어 있다고 말한다.

호르크하이머와 아도르노가 말한 제작 프로덕션이 소비자의 감성을 자극하고 지배하는 경우는 테니스 이외에도 등산, 자전거, 여행산업 전반에 걸쳐 광범위하게 발견된다. 인기 연예인이 드라마에서 착용하고 있던 귀걸이와 신고 있던 신발, 팔에 걸치고 있던 가방 등은 없어서 못 팔 정도이니 두말할 필요도 없다.

문제는 우리가 욕망을 억압하면서 동시에 끊임없이 자극하는 극단적인 소비사회에 살고 있다는 점이다. 끊임없이 다이어트를 강요하면서 동시에 게걸스럽게 포식하는 먹방이 대유행하는 사회, 금기와 충동 사이를 미친 듯이 헤매는 사회에서는 진정 내가 원하는 것이 무엇인지 바로보기가 불가능에 가까울지 모른다.

이쯤에서 다시 자신에게 물어본다.

내가 평소 원하고 바라는 것은 정말로 내가 원하는 것인가?

나는 과연 무엇을 바라고 원하는가?

대웅전 단청(丹靑) 뒤에 숨겨진 탐욕의 그늘

지난해 조계종 총무원장을 지낸 자승스님의 사망 사건은 불교계뿐만 아니라 우리 사회에 커다란 충격을 안겨 줬다. 소신공양(燒身供養)이라는 조계종의 공식 입장과는 달리 자승스님의 죽음을 둘러싼 의혹과 비판의 목소리도 만만치 않았다.

조계종 총무원 기획국장을 지낸 진우스님은 지난해 12월, 오마이뉴스와 가진 인터뷰에서 자승스님의 죽음은 소신공양이 아니라 명백한 방화 사건이며, 조계종 상층부는 혀 깨물고 반성해야 한다며 일갈했다.[5]

자승스님 죽음에 대한 평가는 다를 수 있다. 분명한 사실 하나는 불교계가 '혀 깨물고 반성해야' 할 정도의 위기에 놓여 있다는 점이다.

불법을 빙자하여 자기 권위를 내세우기에 연연하는가 하면 명예와 이익의 길에 구차히 헤매고 있습니다. 그리고 속진(俗塵)에 골몰한 채 도덕(道德)은 닦지 않고 호의호식만을 탐하고 있으니 출가한들 무슨 공덕이 있겠습니까?

윗글은 고려시대 보조국사 지눌(1158~1210)이 교단의 쇄신 운동을 제창하면서 그 취지를 적은 『정혜결사문(定慧結社文)』의 일부다. 무려 800년 전의 일이다. 보조국사 지눌이 누구이던가? 그는 돈오점수(頓悟漸修)를 주장한 불교계의 고승이자 조계종의 창시자로 우리나라 불교 역사에서 결코 빼놓을 수 없는 인물이다.

지눌이 활동한 시기는 고려 중기에 해당하며, 이 당시 불교는 점차 세속화되고 권력화하면서 그 폐해가 심각해지기 시작한 무렵이다. 바로 이때, 타락한 불교의 개혁을 강조하며 결사 운동을 주도한 것이 바로 지눌이었다. 지눌이 주창한 불교 개혁의 핵심은 석가모니의 정신을 따라 불경을 읽고 참선을 행하며, 실천하는 삶으로 돌아가는 것이었다. 그리고 그 결과물 가운데 하나가 현재 한국불교의 커다란 기둥으로 자리 잡은 조계종(曹溪宗)의 탄생이다.

800여 년 전, 지눌이 한탄해 마지않던 불교계의 혼란과 악습은 여전히 현재 진행형이다. 이른바 '조계종 사태'와 총무원장 선출을 둘러싼 각종 갈등과 혼란, 잊을 만하면 터지는 불교계 내부의 비리 문제는 사부대중(四部大衆)에게 커다란 충격을 안겨 주기에 충분했다.

이 밖에도 교단 내에서조차 차마 입에 담지 못할 각종 비리와 은처(隱妻) 문제가 불거지면서 한국 불교계는 또 다른 위기에 처하게 된다.

지난 2015년, 이른바 '용주사 사태'라고 불리는 문제로 불교계가 떠들썩했을 당시, 대한불교조계종 전국선원수좌회가 성명서를 발표했는데, 먼저 그 내용을 조금 읽어 보자.

> 한국 선(禪)의 종가(宗家)를 표방하고 있는 용주사의 주지(住持)가 은처(隱妻) 의혹에 휩싸여 유전자 검사를 종용받고 있는 전대미문의 희극을 연출하고 있다.
>
> 그런데 이보다 더 심각한 현실은 이 의혹의 당사자들을 정파적 이익과 호적상 독신임을 주장하며 끝까지 비호하고 있는 종단 집행부의 비승가적 태도이다.
>
> 의혹의 당사자는 이것이 사실이면 지금 즉시 승복을 벗고 집으로 돌아가는 것이 가장과 아버지로서의 양심을 지키는 일이며, 만약 무고에 의한 명예훼손이라면 즉각적인 법적조치로 명예를 회복하고 제기자들을 무고죄로 죄값을 치르게 해야 할 것이다.

용주사의 주지인 성월스님이 숨겨 둔 처(隱妻)와 자식이 있고, 이를 알고도 묵인. 방조하는 조계종단을 비판하는 것이 이 성명서의 요지이다. 얼핏 보면 종단 내부의 계율 문제, 특히 은처(隱妻)를 비롯한 범계

(犯戒)의 문제로만 한정해서 볼 수 있지만, 사실 수좌회가 비판한 핵심은 우리 불교계의 고질적인 병폐를 향해 있다.

> 지금 조계종은 종단 수뇌부를 중심으로 한 일부 범계자들이 화려한 대웅전의 단청 뒤에 숨어 은처, 도박, 절도, 간통, 술집 출입, 파당 형성, 나눠 먹기 등 온갖 말법의 폐풍을 연출하고 있다. 이러한 범계 행위가 만연하여 종단이 그 근간으로부터 흔들리고 있음에도, 감히 누가 주인이 되어 파사현정의 당간을 세우려고 하지 않고 침묵으로 일관하고 있다.

불가(佛家)와는 어울릴 것 같지 않은 은처, 도박, 절도, 간통, 파당 형성이라는 단어들이 등장한다. 하지만 이러한 범계, 아니 범죄 행위가 '대웅전 단청 뒤에 숨겨진 채', 은밀하게, 그러나 광범위하게 자행되고 있다는 것이 수좌회의 주장이다. 그러나 이러한 내용은 불교계 내부를 조금이라도 알고 있는 사람이라면 모두 고개를 끄덕일 만한 내용이다.

1978년 김성동이 쓴 소설 『만다라』에도 한국 불교계의 비리와 병폐를 꼬집는 유명한 문구가 나온다.

> 모두들 마시고 먹고 살을 탐하고 살에 살을 비벼 넣고 있지. 극히 적은 율사(律師)를 제하면 말이지. 숨어서 하고 있지. 은밀한 곳에서, 햇빛이 비치지 않는 곳에서, 장삼과 가사로 커튼을 드리우고, 그 어두운 밀실

에서 술을 마시고 고기를 먹고 여자와 살을 섞는 거지. 그리하여 그들이 밀실을 나와 태양 아래 섰을 때 그때는 가장 근엄한, 가장 자비로운, 가장 구도자다운 승려가 되는 거지.

지킬과 하이드요, 야누스의 얼굴이요, 동전의 양면(兩面)인 거야. 배일성(背日性)의 습지식물인 그들은 그러나 아무것도 모르는 신도들에게 추앙되고 존경되고 봉존되어 주지를 하고 닭벼슬만도 못한 중벼슬을 자랑하고….

멋진 선글라스를 끼고 자가용 기사가 딸린 최고급 세단 뒷좌석에 앉아 사찰의 신도들이 챙겨 준 돈 봉투를 세고 있는 절간 주지를 상상해 보라. 대한민국 곳곳에서 색색으로 단청 입히고 기와 올리는 요란한 불사(佛事)는 어떠한가?

가는 곳마다 어김없이 불사(佛事)를 하고 있었다. 법당을 짓고, 선방을 짓고, 종각(鐘閣)을 짓고, 산신(山神), 칠성(七星), 독성(獨聖)각을 짓고, 종을 만들고, 단창을 하고, 전기공사를 하고, 그리고 법당 안의 목불(木佛), 철불(鐵佛)에 번쩍이는 금으로 옷을 입히고 있었다. 신(神)들은 번창하시고, 그 신을 만든 인간들은 자꾸 참혹하게 찌그러들고 있었다. (중략)

불사(佛事). 좋은 말이었다. 그러나 나는 회의하는 것이었다.

그리고 묻고 싶은 것이었다. 지금 이 시간에는 원만히 불사를 회향(廻

向)하신 어떤 주지 스님의 장삼 속 깊숙한 곳에 은닉된 예금통장에는 또 얼마의 예금액이 기입될 것인가를.

부처님의 오랜 지혜를 담은 『금강경(金剛經)』에는 다음과 같은 문구가 있다.

爾時 世尊 食時 着衣持鉢 入舍衛大城 乞食於其城中.

이때에, 세존께서는 식사 때가 되어, 의발을 갖추시고, 사위성에 입성하여 그곳에서 걸식을 하시었다.

부처는 기원정사(祇園精舍)에서 새벽같이 일어나 단출한 의상과 밥그릇을 챙겨 제자들을 따라 사위성(舍衛城)으로 향한다. 그리고 그곳에서 밥을 빌러 제자들과 함께 식사를 하셨다.

글자 그대로 밥을 빌어먹는 '걸식(乞食)'이라 했다. 요즘 스님들도 걸식을 하라는 이야기가 아니다. 텃밭 일구고 노동해서 스스로 밥 짓고 나누는 스님들도 적지 않지만, 공양주 보살이 알뜰살뜰 챙겨 주는 식사를 너무나 당연한 것으로 받아들이는 최근의 절간 문화는 부처의 가르침과는 거리가 멀다. 부처가 걸식을 하고 제자들에 섞여 거친 음식을 함께 나눈 이유는 후세의 비구들이 욕심을 내 재물을 쌓아 두지 못하게 하려는 데 있었다.

현금 한국의 대부분의 스님은 소승(小乘)이다. 따라서 한국불교는 소승불교다. 왜냐? 그들은 법당에 앉아 있는 스님이고 절간에 들락이는 신도들은 스님 아닌 보살이라고 생각하기 때문이다. 스님이 스님이라는 아상(我相)을 버리고 있지 않기 때문이다. 밥 먹을 때도 따로 먹어야 하고, 수도할 때도 따로 결제를 해야하고, 옷도 따로 입어야 하고, 방석조차도 다른 방석에 앉아야 하고, 모든 진리의 척도가 그들 중심이 되어 있는 것이다. 공양주 보살은 당연히 공양을 바쳐야 할 아랫것들이고, 자기들은 당연히 공양을 받아먹어야 할 윗것들이라고 생각하기 때문이다. 한국의 스님들이 자신을 보살이라고 생각하고 자신을 보살이라고 부르는 것을 보지 못했다. (중략)

현재의 스님과 보살의 개념이 바뀌어야 한다! 부엌간의 공양주 보살이야말로 스님이요, 요사채의 자신이야말로 보살이 되어야 하는 것이다. 그래야 비로소 대승(大乘)이 되는 것이다.[6]

도올 선생의 주장은 단순히 대승, 소승의 우열 관계를 말하는 것이 아니다. 혁명운동으로서의 대승정신, 그 핵심인 '보살 정신'의 부활을 말하는 것이다. 이것이야말로 쇠락한 한국불교의 진정한 정신 회복 운동의 첫걸음이 될 것이다.

지금, 한국불교는 '혀를 깨무는' 수준이 아니라 자신을 불태우는 소신공양(燒身供養)의 자세로 대오각성(大悟覺醒)할 준비가 되어 있는가?

욕(辱)은 또 다른 욕(慾)이다

사람은 그의 입으로 들어가는 것을 통해 더럽혀지는 것이 아니라
그로부터 나오는 것을 통해 더럽혀진다.
-『마태복음』15장 18절

버스를 타고 출근하다 뒷좌석에 앉은 두 명의 여학생이 나누는 대화를 우연히 듣게 됐다. 그런데 그 대화라는 것이 "존나"로 시작해 "존나"로 마무리되는, 참으로 특이한 구성이다. 귀를 막고 싶지만 들려오는 소음을 막을 방도가 없다.

문맥으로 살펴보면, 수없이 반복되는 '존나'는 '매우'라는 강조의 뜻으로 사용된다고 볼 수 있겠는데, 정작 이 단어를 습관처럼 사용하는 당사자는 그 뜻을 제대로 알고 있는지 모르겠다.

'좆'을 국어사전에서 찾아보면 "남성의 성기(性器)를 비속하게 이르는 말"이라고 정의되어 있다. 반대로 '씹'은 "여성의 성기(性器)를 비속하게 이르는 말"이라고 정의돼 있다.

'존나'는 '좆이 나오게' 혹은 '좆이 나올 정도로'라는 의미로, 말이 안 되는 상황 혹은 '매우', '정말로'라는 강조의 의미로 사용되기도 한다. 그러니까 '존나 크다'는 '매우 크다'의 의미로, '존나 어이없다'는 '정말로 이해가 안 된다' 정도로 해석하면 되는 것이다.

존나와 함께 빈번하게 사용되는 욕설이 바로 '좆 빠지게'인데, 역시 비슷한 의미지만 원래는 여성보다 남성이 주로 사용하던 표현이다. 좆이 없는 여성의 입장에서는 좆이 '생겨 솟아 나오는' 좆나(좆나게)를, 좆이 있는 남성은 '좆 빠지게'를 사용한다는 이치인데, 논리상 그러하다는 의미일 뿐, 쓰임에 있어 큰 차이는 없는 것 같다.

성적 코드가 숨어 있는 존나는 최근 진화를 거듭해 '존예(매우 이쁘다)', '존맛(매우 맛있다)' 등의 의미로 변신하면서 아예 신종어로서의 위상까지 갖추게 된 모양이다. 최근 모 방송에서 친절하게 자막으로까지 나오는 것을 보면서 뜨악함을 감출 수 없었다. 제대로 알았다면, 이런 대형 방송사고를 칠 엄두를 못 냈을 것이다.

한자를 사용하던 양반들은 남성 성기를 양물(陽物), 여성 성기를 음문(陰門)이라고 불렀다. 음양오행설(陰陽五行說)에 근거한 표현이다. 하늘인 남자는 건조(乾燥)하고 땅인 여자는 습(濕)하다. 우리말의 욕과 관련해 다양한 자료를 모아 온 송상호 선생은 그의 저서 『욕도 못하는 세상 무슨 재민겨』에서 건조의 조(燥)에서 '좆'이 탄생했고, 습(濕)이 변해 '씹'이 됐다고 말한다.[7]

매우 흥미로운 설명이다.

가장 빈번하게 사용되는 욕설에는 예외 없이 성(性)적인 코드가 숨어 있다. 한국 가요의 8할이 사랑과 이별을 소재로 한다면, 우리 욕의 8할은 성과 관련돼 있다고 해도 과언이 아니다. 좀 더 정확하게 말하자면, 욕은 남녀의 성기와 그들 사이의 성행위를 포함한 모든 성적 활동을 주요 소재로 삼고 있다.

욕은 카타르시스의 순기능이 있지만, 우리가 사용하는 욕의 내면에는 은밀한 성적 차별과 혐오도 숨어 있다. 몸을 '몸뚱이'로 비하하는 것처럼, 성을 즐기면서도 성과 그 도구인 성기(性器)를 부정(不淨)시하는 것, 특히 여성의 성을 조롱하고 깎아내리는 사례는 생각보다 많다.

"남자는 머리가 둘이라 머리가 좋고, 여자는 입이 둘이라 말이 많다"와 같은 여성 비하적인 표현은 그야말로 빙산의 일각일 뿐이다. 특히 여성의 월경에 대한 부정은 우리 문화에 뿌리가 깊다. 여성의 월경 기간 중에는 모든 것이 멈춘다. 제사도, 축제도 그리고 합방까지도. 부정을 타기 때문이다.

한국학의 거두인 김열규 선생의 주장에 따르면, 우리 단군신화에서 웅녀가 100일 동안 굴속에 갇혀서 쑥과 마늘을 먹은 것은, 격리를 통해 부정한 것을 정화(淨化)하는 전형적인 과정을 의미한다는 것이다.

독한 쑥과 마늘을 먹고 부정한 기운을 쑥 빼내라는 것이다.

한국 사회의 가부장적, 남성중심적 사고는 욕을 통해 드러나기도 하고, 욕을 통해 왜곡되기도 한다. 여성의 성을 폄훼하거나 심지어 악마화할 경우는 '거세 공포증'으로까지 이어지는데, 물론 이는 우리 문화에만 국한된 이야기는 아니다.

욕에 드러나는 성 관념에는 동서양에 큰 차이가 없다. 미국인이 가장 많이 사용하는 욕인 'fuck'도 남녀의 성관계를 의미한다. 실제로 미국인들은 이 'fuck'이란 단어를 우리의 '존나', '씨발'만큼이나 입에 달고 산다. 내가 보기엔 남녀노소, 어른, 아이 가릴 것 없이 거의 습관에 가까운 것 같다.

'four letter words'라는 우회적인 표현도 있지만 '뻑'만큼 찰지고 실감 나지 않는다. 미국에서도 당연히 이 '뻑'이란 단어의 기원과 관련해 이런저런 이야기들이 떠돈다.

대표적으로 'f.u.c.k'이란 단어가 'Fornication Under Consent of the King'의 약자라는 것인데, 중세에 결혼하려면 왕에게 가서 "섹스를 해도 된다"는 허락을 받은 데서 유래했다는 주장이다. 결론부터 말하자면, 매우 그럴싸하게 들리기는 하지만 사실은 아니라고 한다. 대체로 어원학자들은 fuck이란 단어가 '때리다', '치다', '공격하다'를 뜻하는 중세 네덜란드어에서 비롯됐다는 데 의견을 같이하고 있다.

하지만 '때리다' 혹은 '공격하다'는 의미에서 어떻게 성적인 의미를 획득하고 변화됐는가에 대한 시원한 설명은 아직 찾아보지 못했다. 순전히 개인적인 생각이지만, 때리고 치고 공격하는 행위도 따지고 보면 성적인 행위만큼이나 사회적으로 금지된 행위다. 당연히 억압된 감정에서 분출한 폭력적 행위는 이 '빽'이란 강렬한 단어와 함께 상승 작용했을 것이다.

실제로 어떤 사태에 직면해 욕이 즉각적으로 튀어나오는 것은 진화론적으로 매우 오래된 일종의 반사작용이라고 한다. 욕할 때 아드레날린이 분비되고 수족 말단으로 피를 흐르게 하면 분노나 공포 같은 불안전한 감정들을 견디기 쉽게 만들기 때문이다.

암튼 욕은 억압되고 농축된 욕망의 덩어리, 그 무엇인가를 밖으로 끄집어내는 역을 맡고 있다. 내장에 쌓인 불순물와 함께 배출되는 똥처럼, 생존에 필요하지만 환영받지는 못하는 존재.

그 이유는 무엇일까? 김열규 선생의 저서 『욕, 그 카타르시스의 미학』에서 일말의 해답을 찾아보자.

> 우리에 가두어 두고 싶었던 만큼, 성(性)은 야성을 굽히지 않았다. 미화하고 승화시키고 싶었던 만큼, 성은 개망나니 짓을 서슴지 않았다. 성은 질서이기보다는 반항이었다. 무엇보다 이 괴물스러움, 정체가 잡히지 않는 그 변덕스러움에 대한 혐오감이 작용해서 사람들은 성을 욕지거리의 앞장에 세웠을 것이다.[8]

성(性)은 강렬한 욕망인 동시에 금기(禁忌)이다. 그리고 욕망과 금기는 억압될수록 강렬해지는 역설을 담고 있다. 그래서 저자는 성을 '괴물스러움'과 '변덕스러움'으로 표현하고 있는 것이다. 욕이 성을 즐겨 사용하는 것은 그 성의 억압에 대한 반발이다. 억누를 수 없는 것을 억눌림하는 것에 대한 일종의 반격인 셈이다.

아마도 버스 안에서 줄창 "존나"를 외치던 이 여학생들에게 '성의 억압'이니 하는 따위의 이야기를 하면 무슨 '개소리'인가 싶겠지만 적어도 사회적으로 환영받지 못하는 표현이라는 점, 그래서 일종의 심리적인 반발심이 작용하고 있다는 점은 어렴풋하게나마 설명이 가능할 것 같다.

그들이 부모나 선생님 앞에서는 이런 단어를 사용하지 않지만 주로 그들을 대상으로 던지는 단어라는 점은 이를 강력히 반증한다.

욕은 짧고 강렬하지만 사실 많은 것을 이야기하고 있다.

그래서 욕(辱)은 또 다른 욕(慾)이다.

04

인간적인,
너무나 인간적인

인간 니체를 위한 변명

'망치를 든 철학자' 니체는 초인(超人)을 꿈꿨지만, 그 또한 결국 지상에 단단히 발을 붙이고 사는 나약한 한 명의 인간에 불과했다.

니체는 평생 독신으로 살았고 여성에 대한 편견도 심했다. 하지만 연애 한 번 못 해본 '모태 솔로'는 아니었다. 놀랍게도 니체가 두 번이나 청혼한 여인이 있는데, 그녀의 이름은 루 살로메(Lou Andreas Salome). 러시아 귀족 집안 출신의 살로메는 독립적이며 개방적인 사고를 지닌 여인이었고, 그녀의 독특한 매력은 당대 많은 남성의 시선을 사로잡았다. 살로메의 많은 연인 가운데 가장 유명한 사람으로는 시인 라이너 마리아 릴케가 있다. 니체도 살로메의 연애 명단에 가까스로 이름은 올렸지만, 엄밀히 말해 쌍방의 연애가 아니라 니체의 일방적인 짝사랑에 가까웠다.

아이러니하게도 니체의 연애를 더 복잡하게 만든 사람은 그의 절친 파울 레였는데, 파울 레 또한 살로메를 마음에 품고 있었기 때문이다. 요즘 말로 하면, 세 사람은 삼각관계에 빠진 셈인데, 더 놀라운 것은 이들이 상호 동의하에 '작업 공동체' 혹은 '계약 동거' 비슷한 생활을 했다는 점이다.

물론 이들의 기묘한 동거는 매우 짧은 기간으로 끝이 나기는 했지만, 이들의 공동체 생활은 성적 접촉이 배제된, 그야말로 '정신적 교류'가 주요 목적이었다고 한다. 니체의 모습이 담긴 흔하지 않은 사진 가운데, 이 세 사람이 함께 등장하는 사진이 있다. 마차에 탄 살로메가 채찍을 휘두르며 두 사람을 마소처럼 부리고 있는 사진인데, 선택권을 거머쥔 살로메의 의기양양한 모습과 선택을 기다리는 경직된 두 남자의 표정이 다소 엽기적으로까지 보인다.

더욱 놀라운 것은 이 장면을 제안하고 직접 연출까지 한 사람이 바로 니체라는 사실이다. 니체는 어쩌면 이 어색한 삼각관계 속에서 절묘한 권력관계, 그리고 '권력의지'를 발견했는지 모른다. 실제로 살로메와의 관계가 파탄 난 직후, 니체의 걸작 『차라투스트라는 이렇게 말했다』가 탄생한 것은 결코 우연이 아니다.

니체의 처음이자 마지막 연애는 이렇게 허무하게 마무리됐다. 하지만 그가 남긴 뒤끝은 글자 그대로 지질함의 끝판왕이다. 레와 살로메가 떠난 뒤, 니체는 지인인 말비다 폰 마이젠부크에게 보낸 편지에서 "레와 살로메 같은 인간들은 내 구두 밑창을 핥을 자격조차 없다"며 저주에 가까운 욕설을 퍼붓고 있다. 그리고 그의 여성관은 편견의 범주를 한참 벗어나 화난 어린아이처럼 한껏 삐뚤어지기 시작한다.

> 여인에게는 우정의 능력이 없다. 여인은 여전히 고양이며 새다.
> 기껏해야 암소 정도다.
> – 니체, 『차라투스트라는 이렇게 말했다』, 제1부 「벗에 대하여」 중

위에서 말하는 고양이나 새, 혹은 암소가 니체에게 이별의 아픔을 안겨 준 살로메를 지칭하는지는 명확하지 않지만, 대체로 그럴 가능성이 높은 것으로 전문가들은 보고 있다. 어쨌거나 살로메는 니체에게 고통의 근원인 동시에 불꽃같은 창작의 원동력을 제공한 모순된 존재였다.

니체는 매우 고독한 사람이었다. 어쩌면 그는 고독이 넘쳐흘러서 스스로 주체하기 어려워했는지 모른다. "고독, 이것이 니체가 사람의 마음을 사로잡는 최초의 강한 인상이었다"라고 니체와의 첫 만남을 증언하는 살로메의 예지가 돋보인다. 그러나 고독한 사람일수록 자신이 고독하다는 그 엄중한 사실을 인정하려 하지 않는다. 센 척하고, 도발하며 때론 극도의 분노를 통해 고독을 승화하려 하지만, 그러면 그럴수록 고독은 더 강렬히 그를 옭아맨다.

살다 보면, 도덕적 이유로 혹은 양심이란 이름으로 겉과 속이 다른 말과 행동을 하는 경우가 많다. 니체에겐 용납되지 않는 이야기다. 그

는 속의 말을 온전히 다 내뱉었다. 어찌 보면, 니체는 겉과 속이 투명하게 다 비치는 해파리 같은 존재였다.

만약 니체가 지금 살아 있다면, 그가 가장 많이 했을 단어는 아마도 "이 찌질이들아!"일 것이다. 그가 직장 상사라면, 직원들은 견디기 힘든 모욕을 시도 때도 없이 느꼈을 것이고 특히 당신이 가난하고 힘없는 사람이라면, "억울하면 너도 출세하든가"라는 비아냥을 귀에 박히게 들었을 것이다. 요즘 말로 권위주의적 갑질을 서슴지 않는 엄청난 '꼰대'였을 가능성이 매우 크다.

무엇보다 니체는 힘없고 가난한 자들의 '징징거림'을 신물 나게 혐오했다. 그는 이런 감정을 '원한(르상티망, ressentiment)'이라고 명명했고, 강하고 위대한 정신의 전진과 발전에 방해가 되는 가장 큰 장애물로 보았다. 그는 완고한 마초였고, 민주주의를 증오하는 권위주의자였으며, 노예제를 옹호하며 인권이란 개념을 조롱하고, 쓰레기통에 처박는 데 주저함이 없는 사람이었다. 니체는 자신 안에 활화산처럼 불타오르는 야수성을 굳이 감추려 하지 않았다.

1차 세계대전이 진행 중이던 시기에 전선으로 향하는 독일 병사의 손에는 니체의 대표적 저서인 『차라투스트라는 이렇게 말했다』가 들려 있었다. 전장에서의 호전성과 적에 대한 적개심을 고취하기에 적합한 책으로 독일 정부가 판단했기 때문이다. 그리고 2차 세계대전 중 히틀러가 이탈리아의 파시스트 지도자 무솔리니에게 '권력의지' 고양을 위해 〈니체 전집〉을 선물한 것도 잘 알려진 사실이다. 니체의 본 의지와 상관없이, 니체의 사상이 파시즘의 촉매제로 사용되고 또 활용됐다는 점은 부인할 수 없는 사실이다.

니체를 이해하려면, 니체라는 인간 존재의 '원액'을 마셔야 한다. 하지만 잘못하면 심각한 손상을 입을 수 있다. 그래서 혹자는 원액이 아닌 희석을 원하지만, 불가피하게 왜곡이 뒤따른다.

하이데거는 자신의 철학적 틀 안에서 니체를 '소비'했고 질 들뢰즈는 지나친 호의에 매몰돼 니체가 버린 오물을 '세탁'하기에 급급했다. 누구도 니체의 생각을 객관적으로 읽어 냈다고 말할 수 없는 이유다. 그나마 야스퍼스의 니체 평가는 어느 정도의 객관성을 유지하고 있다.

유신론적 실존주의자 칼 야스퍼스(Karl Theodor Jaspers)는 니체를 이해하는 데 있어, 두 가지 요소를 전제해야 한다고 주장한다. 첫째는 니체의 저서들이 오랫동안 정신적 질병의 그림자 속에서 창작되었다는 점에서 무조건적 수용은 위험하다는 입장이다. 두 번째는, 앞의 사실에도 불구하고 니체의 사상이나 저서 자체를 '병적 의식의 산물'로 간주하여 폄훼하는 것은 더 위험하다는 주장이다. 이렇게 이해하는 데도 특별한 노력과 전제조건이 필요한 철학자는 어쩌면 니체가 유일할지도 모른다.

니체의 정신과 육체가 본격적으로 붕괴되기 직전인 1889년 1월의 어느 날. 니체는 그가 머물던 이탈리아 토리노의 하숙집을 나와 광장을 가로질러 걷다가 마부가 휘두른 채찍질에 고통스러워하는 말의 모습을 발견하게 된다. 그때 니체는 미친 듯이 달려가 말의 목을 끌어안고 오열한다. 그리고 끝내 정신을 잃고 쓰러진다. 니체가 그토록 증오하고 한심해 마지않던 '나약하고', '동정하는' 인간의 모습을 니체 스스로가 가장 극적으로 보여 준 장면이다. 고목이 한 번에 '쿵' 하고 쓰러지듯이, 그가 쌓아 올린 견고하고 단단한 초인의 호기와 맹수 같은 의지의 상아탑은 그렇게 힘없이 무너져 내렸다.

그렇다면 니체는 실패한 철학자일까?

다시 한 번 말하지만, '인간 니체'를 이해하기 위해서는 니체라는 '원액'을 마실 마음의 준비를 단단히 해야 한다. 독하지만 그만큼 치명적인 매력을 가진, 니체란 사내를 만나고 싶다면.

체 게바라,
별이 없는 꿈은 잊혀진 꿈이다

영웅이 부재한 시대를 살고 있다. 한때 영웅이었던 인물도 마지막 순간에는 범부(凡夫)로 전락하는 경우가 허다하다. 마오쩌둥은 영웅이 되길 원했지만, 황제로 살다 죽었고, 스탈린은 혁명가가 되길 원했지만, 최악의 독재자로 살다 죽었다.

그리고 여기 가장 영웅적인 삶을 살고, 또 가장 영웅적인 죽음을 맞이한 사람이 있다. 바로 체 게바라다. 『체 게바라 평전』을 쓴 장 코르미에(Jean Cormier)의 책 중간중간에는 체 게바라에 대한 다양한 사람들의 다양한 인물평이 담겨 있다. 그중 한 대목을 살펴보자.

> 의사이며 고고학자, 작가, 언론인, 사진가, 시인, 체스선수, 거기에 운동까지 열심히 했던 그는 머지않아 게릴라, 국립은행 총재, 그리고 대사

직까지 수행하게 될 것이었다.

체가 다면적인 인물이었다는 사실은 이견의 여지가 없다. 다만 그의 '나'는 명료하고 집요하게 바로 '우리'를 향하고 있었다. 그는 각각의 면이 다른 쪽으로 향하고 있는 마치 만화경 같은 인물이었다.[1]

장 코르미에가 말한 '다면적인 인간'에는 단순히 '여러 가지 직업을 거친 다재다능한'이라는 의미를 넘어선 무언가가 있다. 그는 "생각하는 인간으로 행동하되 행동하는 인간으로 생각하라"는 베르그송의 말에 가장 부합하는 인생을 산 인물이기 때문이다. 여기서 가장 중요한 것은 '행동' 즉 실천하는 인간으로서의 의지이다. 쿠바 국립은행의 총재이던 레히노 보티는 이런 이야기를 한 적이 있다.

체는 그야말로 스스로 연마된 다이아몬드와 같았다.

스스로 연마된 다이아몬드 같은 사람. 참 멋진 말이다. 아마 이런 평가를 받을 수 있는 인물은 지구상에 예수와 석가밖에 없을지 모른다. 단순한 과대평가나 우상숭배가 아니다. 그의 삶을 자세히 들여다볼 기회가 있다면, 이 표현이 과장된 것이 아님을 알 수 있을 것이다. 보통 한 사람에 대한 평가는 다면적이기 마련이다. 좋아하는 사람이 있다면 싫어하는 사람도 있기 때문이다.

물론 체에게도 적은 있었다. 독재자 바티스타가 그랬고, 중미의 공산화를 우려했던 쿠바의 자본가 계급과 미국의 CIA가 그의 적이었다. 하지만 적과 동료 모두에게 그는 존경을 받았다. 심지어 정글에서 체포돼 총살을 앞둔 시점에도 그는 당당했다. 체는 바들바들 떨고 있는 볼리비아 하사관에게 말한다.

"자, 떨지 말고 어서 방아쇠를 당기게."

범인(凡人)과 위인(偉人)의 차이는 삶 전체를 관통하는 인생의 궤적에도 드러나지만, 무엇보다 가장 극명하게 구분되는 시점은 바로 '위기의 순간'이다. 체가 가장 빛나는 순간은 바로 이 위기의 순간이었다.

마오쩌둥이 결국 영웅이 될 수 없는 이유는 분명하다. 그는 영웅적으로 투쟁했지만 50년대 대약진운동과 60년대 문화대혁명 등 독재자의 광기로 수백만의 인민을 헤어날 수 없는 도탄에 빠트렸기 때문이다.

반면에 체 게바라는 위기의 순간에나 그 위기를 넘어서 권력의 정점에 선 순간에도 변치 않는 모습을 유지했다. 그래서 그는 진정한 영웅이 될 수 있었다. 체가 보기에 성경에 나온 인물 가운데 모세만이 유일하게 권력을 스스로 내려놓은 사람이었다. 그 또한 그랬다. 그는 모든 권력을 내려놓고 다시 아프리카의 밀림 속으로 홀연히 걸어 들어갔다.

사실 쿠바혁명이 진정한 마르크스주의에 입각한 혁명이었는지에 대해서는 이견이 많다. 혁명 후 체가 그렇게 경제 교사로 모시고 싶어 했던 프랑스의 철학자이자 경제학자인 샤를르 베틀랭(Charles Bettleheim)의 평가는 냉정하다.

“나는 쿠바혁명이 채택한 방식에 대해 내심 의혹을 갖고 있습니다. 애초부터 마르크스주의 법칙에 대한 이해가 없는 이 나라의 지도자들이 이 법칙을 과연 제대로 따를 수 있을지에 대한 회의였지요.”
하지만 마르크스주의 혁명만이 진정한 혁명이라는 전제는 어폐가 있지 않을까?

베틀랭의 주장처럼 쿠바혁명의 주역인 카스트로나 체 게바라가 사회주의와 혁명에 대한 든든한 이론적 배경을 가지고 있었다고 말하기는 어렵다. 심지어 카스트로는 쿠바 대지주의 아들이었고, 혁명 이후 권력을 잡았을 때는 마피아의 재정적 지원을 받기도 했다.

체가 안락한 권력의 자리를 마다하고 굳이 아프리카로 그리고 다시 험난한 볼리비아의 정글 숲으로 달려간 것은 카스트로와의 갈등 때문이라는 해석이 지배적이다. 순수한 혁명의 정신을 저버리고 새로운 권력을 향해 달려가는 혁명 동지들의 모습은 체 게바라에게는 작지 않은 충격이었을 것이다. 그리고 여기, 시기는 다르지만, 그의 순수한 열정을 흠모하며 한때는 ‘또 다른 혁명’을 꿈꾸던 청년 노동자 박노해가 있다.

산발한 머리칼에 철커덕, 수갑이 채워지고
병든 몸 위로 병사들의 군홧발이 난무한다

볼리비아 오지 마을 라 이게라

습하고 좁은 교실 구석에 처박힌 그가
고독한 짐승처럼 뒹굴며 피기침을 한다

이 처절한 기침 소리
폐를 찢고 가슴을 찢고
억압의 세계를 찢고
시대의 어둠을 찢는 피기침 소리

탕, 날카로운 총성이 울리고
기침 소리가 멎었다

혁명가의 최후란
시가를 문 멋진 모습도
티셔츠에 박힌 영웅의 모습도 아니었다

헝클어진 머리칼로 피기침을 토하며
짐승 같은 치욕 속에 총살당하는 것
권력도 명예도 벗어 던지고
자기 영혼의 부름을 따라
참혹한 죽음의 길을 기꺼이 걸어가는 것

체 게바라의 길에선

피기침 소리가 난다

위 시는 볼리비아 산중에서 사망한 게바라를 추모하며 노동운동가이자 시인인 박노해가 쓴 「체 게바라의 길」의 일부다.

사랑도 명예도 이름도 남김없이, 자기 영혼의 부름을 따라간 이 대책 없는 사나이. 혹자는 그것을 숙명이라 말한다. 또 혹자는 그를 몽상적인 혁명가라 말하기도 한다. 1967년 10월 9일, 볼리비아의 차꼬라는 마을에서 서른아홉 살의 젊은 나이에 사살된 직후의 체 게바라의 사진을 보면, 덥수룩한 수염에 비쩍 마른 모습이 흡사 십자가에서 생을 마감한 예수의 모습과도 닮아 있다는 생각이 든다. 1956년 멕시코에서 어머니에게 보낸 편지글을 통해서도 알 수 있듯이 어쩌면 체는 그의 이런 운명을 예견하고 있었는지도 모른다.

> 저는 예수와 다른 길을 걷고 있습니다. 저는 힘이 닿는 한 모든 무기를 동원해서 싸울 겁니다. 그리고 저들이 나를 십자가에 매달아 두게 하지도 않을 겁니다.
>
> - 체 게바라, 1956년 멕시코에서

예수와는 다른 길을 걷겠다고 했지만, 험난한 가시밭길 속에서 피운 혁명의 꿈은 결국 예수와 같은 길이다. 그리고 몽상이 됐건 환상이 됐든 여전히 꿈을 꾸고 있다는 점에서 체 게바라는 결코 눈을 감지 않았다.
체를 추모하는 장 코르미에의 글은 이렇게 끝을 맺고 있다.

별이 없는 꿈은 잊혀진 꿈이다.

그래서 별이 있는 꿈은 깨어 있는 꿈이라고 말할 수 있을 것이다.

◇◇◇◇◇◇◇◇◇◇◇

'나 또한 용서치 않으리라' - 시대와 불화했던 작가, 루쉰(魯迅)

◇◇◇◇◇◇◇◇◇◇◇

중국 근대문학의 아버지라 일컫는 작가 루쉰(魯迅)의 삶은 그가 생을 마감할 때까지 '시대와의 불화(不和)'의 연속이었다. 그가 살았던 시대는 2천 5백 년이나 지속된 중국의 봉건 체제가 무너지고 과학과 민주라는 서구 계몽주의적 가치가 중국인들에게 한 줄기 빛을 드리우는 가운데 새로운 형태로의 사회변혁을 놓고 수많은 지식인들의 관념과 방법론들이 복잡다기하게 얽혀 있던 시기였다.

그는 문학이 이러한 변혁의 최선봉에 있어야 한다고 끊임없이 주장했다. 이 과정에서 그는 당대의 논객들과 논쟁을 벌이며 적지 않은 '적(敵)'들을 만들어 냈다. 이러한 논적(論敵)들 가운데는 호적(胡適), 곽말약(郭沫若), 임어당(林語堂) 같은 중국 근대문학이 거장들도 포함돼 있다.

우리는 루쉰의 글 곳곳에서 그의 절망감을 느낄 수 있다. 루쉰 스스로 고백한 것처럼 '희망이 부재한 암흑'의 시대를 살아 낸 흔적이라 할 수 있다. 그러나 그의 글이 단순한 좌절과 절망감의 넋두리에 그쳤다면, 오늘날 그의 위대함은 부활하지 못했을 것이다.

루쉰을 이야기할 때 흔히 거론되는 '절망과 희망', '암흑과 광명', '멈춤과 전진' 등은 모두 극단의 이중적인 사회 성격이 작가에게 투영된 결과라고 할 수 있다. 그러나 자세히 살펴보면, 절망, 암흑, 멈춤 등 전자의 서술은 암울한 현실 인식의 결과이며, 희망, 광명, 전진 등 후자는 작가 의지의 소산이라고 할 수 있겠다.[2]

루쉰은 『광인 일기』에서 광인의 입을 빌려 "옛날부터 그래 왔다고 하여 그것이 언제나 옳은 일인가?"라고 되묻고 있다. 이 물음에는 중국의 과거와 현재에 대한 짙은 회의가 담겨 있다. 이러한 회의는 과거나 현재에 머물지 말고 앞으로 나아갈 것을 주문한다. 루쉰에게 전진을 가로막는 모든 것은 악습이고 곧 타파의 대상이다.

루쉰은 '식인(食人)'과 '미친개'의 비유를 통해 구습을 버리지 못하는 전통적 지배계급과 이에 동조하는 어리석은 민중을 동시에 비판한다. 먼저 「등불 아래에서 붓을 놀리며(燈下漫筆)」라는 글에 등장하는 식인(食人)의 정체를 살펴보자.

> 이른바 중국의 문명이라는 것은, 사실상 돈깨나 가진 양반들이 잡숫도록 사람고기로 가득 찬 잔칫상을 차리는 것이다. (중략)

> 사람을 잡아먹는 이런 사람들을 깨끗이 쓸어버리고, 이런 잔칫상을 뒤엎어 버리고, 이런 부엌을 때려 부수는 것, 바로 이것이 오늘날 젊은이의 사명인 것이다!

다음은 1926년 『망원』이라는 잡지에 실린 '미친개'의 의미도 살펴보자.

> 물에 빠진 미친개를 두드려 패지 않고 살려 주어 도리어 물리는 것. 이것은 사실 착한 것이 아니라 사서 고생하는 어리석은 짓이다.

위에서 '식인'과 '미친개'는 백성을 수탈하는 구체제 지배계급을 의미하고, 이런 식인과 미친개는 두드려 패야 마땅한 존재들이다. 착한 척 살려 두다가는 다시 물리게 되고 이는 가장 어리석은 일이라는 것이다.

오늘날 들어도 굉장히 과격하고 원색적인 표현이 아닐 수 없다. 하지만 그만큼의 절박감도 느껴진다. 실제로 "잔칫상을 뒤엎어 버리라!"는 루쉰의 외침은 향후 벌어지는 중국의 근대화 운동에서 젊은이들의 저항정신을 상징하는 구호가 됐다.

그리고 루쉰의 작품 가운데 저항과 반항 정신이 가장 돋보이는 작품으로 「나그네」를 꼽기도 하는데, 여기에 등장하는 나그네는 동쪽에서 왔고 서쪽을 향해 쉼 없이 나아간다. 길이 험하니 다시 동쪽으로 돌아가자는 노인의 설득에 나그네는 "안 돼, 그건 절대 안 돼!"를 외치며 저항한다. 구체제 중국으로의 회귀는 죽음보다 깊은 절망이다. 불확실한 서쪽에 무엇이 기다리고 있든지, 그건 문제가 되지 않는다. 악취 나고 진저리 처지는 과거와 현재의 구습에서 벗어나야만 한다. 이것이 루쉰이 당면한 지상과제고 시대적 소명이었다.

루쉰이 봉착한 시대와의 불화는 작가로서, 특히 혁명문학가로서의 비타협의 산물이었다. 그가 죽음을 앞두고 쓴 「반하소집(半夏小集)」에는 그의 이런 비타협적이고, 다소 독선적인 태도가 잘 녹아 있다.

> 독기를 품지 않으면 대장부가 아니다. 독기를 글로 쓰는 것은 작은 독기에 지나지 않는다. 가장 높은 수준의 멸시는 무언(無言)이다.
> 더 좋은 것은 눈동자조차 굴리지 않는 것이다.
> - 루신, 「반하소집(半夏小集)」 중

무언(無言)의 멸시를 초월해 '눈동자조차 굴리지 않는' 저 결기를 보라. 역시 임종을 앞두고 병석에서 쓴 '죽음(死)'이라는 글에서 그는 가족과 지인에게 남기는 결기에 찬 7가지 당부사항을 적고 있다.

> 첫째, 장례에 누구에게도 돈을 받지 말 것. 단, 오래된 벗들은 예외로 한다.

둘째, 속히 입관하여 매장할 것
셋째, 그 어떤 기념행사도 치르지 말 것
넷째, 나를 잊고 모두 자신들의 삶을 돌볼 것
(그렇게 하지 않으면 정말 얼빠진 사람이다)
다섯째, 아이가 커서 재능이 없으면 절대로 실속 없는 문학가나 미술가가 되게 하지 말고 다른 순수한 일을 하면서 살게 할 것
여섯째, 다른 사람이 당신에게 뭔가 주겠다고 하는 것을 곧이듣지 말 것
일곱째, 남에게 피해를 끼치고도 오히려 보복을 반대하고 관용을 주장하는 자들과는 절대 가까이하지 말 것[3]

그는 관용과 용서를 주장하는 사람들의 '위선'을 비웃는 일곱 번째 당부에 이어서 다음과 같이 글을 맺는다.

유럽인들은 임종 시에 흔히 남이 너그럽게 용서해 주기를 바라며 자신도 남을 너그럽게 용서하는 의식을 지낸다는 사실을 기억한다. 나의 적과 원수는 적지 않은데 신식 사람들이 내게 묻는다면 나는 어떻게 대답해야 하는가? 나는 생각해 보고 나서 이렇게 결심했다. 그들에게 얼마든지 증오하게 하라, 나 또한 그들을 용서치 않을 것이다.

루쉰 계몽사상과 문학세계의 핵심은 '사람을 바로 세우고(立人)', '사람을 구하는(求人)' 문제였으며 이를 통해 '새로운 사람(新人)'을 창출

하는 것이었다.

죽을 때까지 흔들리지 않은 그의 비타협과 저항정신은 때론 오만하고 독선적으로도 보이지만, 그의 시선이 향하는 종착점은 결국 사람이었다.

시대와 불화했던 작가, 차갑고 냉철해 보이지만, 루쉰을 따뜻한 피가 흐르는 인본주의자였다라고 말해도 어색하지 않은 이유이다.

공자(孔子),
인간적인 너무나 인간적인

"남이 나를 알아주지 않는 것을 걱정하지 말고, 내가 남을 알아주지 않는 것을 걱정하라(不患人之不己知, 患不知人也)"고 설파하던 공자도 "나를 알아주는 이가 아무도 없구나!(莫我知也夫)"라는 인간적인 서운함을 늘어놓는다. 다소 자기 모순적이고, 어찌 보면 허당기까지 갖춘 '인간적인' 공자 모습에 당황할 필요는 없다.

후대의 사람들은 공자를 성인(聖人)의 반열에 올려놓았지만 정작 공자 본인이 말한 성인은 요순(堯舜)시대의 요임금이나 순임금 같은 몇몇 통치자에 한정돼 있다. 기본적으로 공자는 개혁가가 아닌 복고주의자이기 때문이다. 공자는 그의 제자들에 의해 (석가나 예수와 마찬가지로) 숭배되고 미화된 측면이 적지 않다. 특히 공자 문하의 제자 가운데 공자를 성인의 반열에 올려놓으려 애를 썼던 대표적인 인물이 바로 자공(子貢)이다. 하지만 공자 본인은 스스로에 대해 절대 과대평가하지 않았다. 오히려 자신을 '집 잃은 개'와 닮았다고 하며 스스로를 낮췄다.

> 나의 관점은 아주 명확하고 또 아주 단순하다. 공자는 사랑스럽고도 불쌍한 '집 잃은 개'이지, 본래적 의미에서의 '성인'은 아니라는 것이다. 나는 그를 '인간'으로 이해하지 '성인'으로 숭배하지 않는다. 욕하려면 얼마든지 욕을 하라. 빙빙 돌려서 말할 필요는 없다.[4]

『논어, 세 번 찢다』의 저자이자 공자(孔子) 연구의 권위자인 리링 선생은 공자를 성인이 아닌 인간의 시선으로 바라봐야 제대로 이해할 수 있다고 말한다. 실제로 공자의 '인간적인' 면모는 그의 말과 행동 곳곳에서 발견된다. 공자는 가르침에 있어 제자들의 면전에서 공개적으로 창피를 주거나 면박을 주는 경우가 많았다. 제자들을 비교 평가하거나 편애하는 일도 다반사였다.

제자 가운데 안연(顏淵)을 가장 편애하고 자로(子路)에게는 늘 박했다. 속된 말로 자로는 공자의 '욕바가지'였다 해도 과언이 아니다. 공자의 인물 평가는 당사자들 앞에서 대놓고 하는 경우도 있었지만, 소위 '뒷담화'를 하는 경우도 많았다. 언뜻 생각하면 이는 군자(君子)의 도(道)에 어긋난 것처럼 보인다. 하지만 당시의 이러한 평가는 비난 자체에 방점이 있는 것이 아니라 어지러운 시기에 최적의 인물을 선택하기 위한 나름의 가이드라인이었다고 볼 수도 있을 것이다.

위진(魏晉)시대의 명사(名士)이자 죽림칠현(竹林七賢) 가운데 한 사람인 완적(阮籍)이란 인물이 있다. 그는 "입으로 인물의 좋고 나쁨을 평가하지 않는다(口不臧否人物)"고 했다. 누가 보아도 앞뒤 가리지 않고 인물 평가에 주저함이 없던 공자보다는 오히려 군자의 도에 더 가까운 듯 보인다. 하지만 리링 선생의 분석에 따르면, 완적의 이런 말은 도덕적 고고함의 표현이라기보다는 위진시대와 같이 난세에 살아남기 위한 나름의 '입조심'이라는 것이다. 난세라면 전국(戰國)시대를 살았던 공자 또한 위진시대를 살았던 완적에 못지않을 터이니, 결국 리링 선생의 분석 또한 받아들이는 사람에 따라 다르게 해석될 수 있는 여지는 있을 것이다.

공자가 스스로 '집 잃은 개'로 자평한 이유 중 하나는 그가 전국을 떠도는 주유(周遊) 생활을 했기 때문이다. 30세 이후에 주(周)나라와 제(齊)나라에 잠시 외유(外遊)한 경험을 제외하고는 줄곧 자신의 고향인 노(魯)나라에 머물면서 학문과 교육에 열중하던 공자가 본격적인 방랑길에 나선 것은 그의 나이 55세에 이르러서였다. 55세에서 68세에 이르기까지 장장 14년간 그는 줄곧 고향 노나라를 떠나 밖에서 방랑하며 떠돌았다. 물론 그가 세상을 떠돈 이유는 단순히 세상을 구경하며 풍물을 즐기는 데 있지 않았다. 그의 목적은 벼슬길에 오르는 것이었고, 공자는 이런 정치적 야심에 대해 애써 숨기려 하지도 않았다.

실제로 공자가 공식적인 벼슬길에 나선 것은 그의 나이 50세 이후의 일이다. 공자가 본격적인 주유를 시작하기 전, 그러니까 51세에서 54세가 되는 4년 동안 자신의 고향인 노나라에서 크고 작은 관직에 등용되기도 했다.

리링 선생은 공자의 나이 50세 이전과 이후를 비교하며 "공자가 즐거웠을 시기는 주로 자신이 할 수 있는 벼슬이 없고 집에서 한가하게 좋은 세월을 보냈을 때였다. 반대로 그의 고뇌는 주로 정치로 인해 생겨났다"라고 말했다.[5]

공자의 정치적 '구직활동'이 늘 성공한 것은 아니다. 제나라에 벼슬하러 갔다가 빈손으로 돌아오기도 했고, 아예 무시당하는 경우도 종종 있었다. 오늘날로 치면, 이력서 제출하고 기다리는데, 불합격 통보에 그치는 것이 아니라 아예 답변조차 받을 수 없는 경우와 비슷하다고 하겠다. 창피함을 넘어 분노를 느끼는 것이 당연하지 않겠는가?

벼슬길에 오르는데, 선택받지 못하는 문제만큼이나 '잘못된 선택'도 문제가 된다.

『논어』「양화 편」에는 관직에 나서려는 공자와 이를 만류하는 자로의 모습이 나온다.

> 자로가 말했다. "옛날에 저는 선생님으로부터 몸소 불선(不善)을 행한 사람에게 군자는 가지 않는다고 들었습니다. 필힐이 중모 땅을 근거지로 반란을 일으켰는데, 선생님께서 가려고 하시는 것은 무엇 때문입니

까?" 이에 공자께서 말씀하셨다.

"그렇다. 그런 말을 한 적이 있다. 하지만 단단하다고 하지 않느냐? 갈아도 얇아지지 않으니 말이다. 희다고 하지 않느냐? 물들여도 검어지지 않으니 말이다. 내가 어찌 뒤웅박 같겠느냐? 어찌 매달려서 먹히지 않을 수 있겠느냐?"

-『논어』「양화 편」 중

자로는 반란을 일으킨 불선(不善)한 인물의 부름을 좇아 관직에 오르려는 스승을 질타하고 있다. 자신은 스승으로부터 그런 가르침을 받지 않았기에 스승의 선택이 모순적이라고 느낀 것이다. 이에 공자는 단단한 것은 갈아도 얇아지지 않고, 흰 것은 물들어도 검어지지 않은 것처럼 자신은 벽에 걸린 조롱박같이 볼 수만 있을 뿐 먹히지 못하는 신세는 될 수 없다고 대답하고 있다.

사실 이런 모습은 요즘도 낯설지 않다. 정당을 바꿔 가며 정치적 신념을 바꾸는 철새 정치인이나 '대세'를 거스를 수 없다며 항변하는 거물 정치인의 모습이 아른거리기도 한다.

우리가 잘못 알고 있는 공자의 모습 가운데 하나는 그를 애민주의자(愛民主義者) 혹은 대중주의자로 평가하는 부분이다. 엄밀히 말하면 이는 진실과는 거리가 멀다는 것이 리닝의 지적이다. 루쉰 또한 "공자는 대중(大衆)과 거리가 멀다"라고 말한 바 있다.

예수와 붓다가 가난하고 헐벗은 군중에 둘러싸여 가르침을 설파하고 또 이들의 구원을 목적으로 했다면 공자는 기존 질서를 강조하는 복고주의자이자 엘리트주의자였다. '述而不作(술이부작)'. 즉 "서술하되 창작하지 않는다"는 공자의 가르침은 새로움, 변화, 개혁, 혹은 미래와 같은 진보적 개념과는 거리가 멀다. 『논어』에 나오는 人(인)과 民(민) 또한 엄연히 구분할 필요가 있다는 지적도 있다. 전자는 지배계층인 엘리트를, 후자는 피지배 계급인 일반 백성 혹은 소인(小人)을 지칭하기 때문이다.

공자가 살던 시대에도 '인간의 힘으로 어쩔 수 없는 것', '거스를 수 없는 그 무엇' 등에 대한 관념은 있었다. 다만 그에 대한 명칭을 오늘날 종교적 관점의 신(神)과 같은 개념이라 할 수 있을지는 명확하지 않지만, 아무튼 공자는 이를 천명(天命)이라 명했다. 공자에게 천명은 매우 중요한 개념이었다. 공자에게 천명은 순종하는 것이지 인위적으로 바꿀 수 있는 것이 아니었다.

천명을 거스를 수 없다는 것은 전형적인 귀족 혈통론이다. 공자에게는 목적이 정당해도 역성혁명은 도에 어긋난 것이다. 반면 묵자(墨子)는 공자의 이런 천명론을 비판하고 명은 바꿀 수 있는 것이라고 주장했다. 공자가 말한 천명은 사람이 장수하고 단명하는 것, 사람의 곤궁함과 영달, 화와 복등을 말하는데, 근본적으로 운명론이나 숙명론과 크게 달라 보이지 않는다.

리닝 선생의 말처럼, 공자를 제대로 보려면, 그를 우상의 반열에서 내려놓고 인간 대 인간, 즉 같은 눈높이에서 바라볼 용기가 필요하다.

성인 반열에 올려져 숭배의 대상이 되어 버린 자신의 모습을 보면서 얼굴을 붉히고 있을, 너무나도 '인간적인' 공자의 모습을 떠올리면서 말이다.

당신의 '라디오 스타'는 누구입니까?

방송국 PD로 입사해 3년 차가 되던 해인 1997년에 영화 〈접속〉이 개봉했다. 심야 음악 프로그램의 PD 역할을 맡은 한석규가 그리는 라디오 PD는 어딘가 우울하지만, 그래서 더욱 낭만적인 감성을 자극하는 뭔가가 있었다. 영화 〈접속〉의 주제곡이었던 밸벳 언더그라운드의 〈페일 블루 아이즈(pale blue eyes)〉는 당시 라디오 PD들의 주요 선곡 리스트 맨 윗자리를 차지할 정도였고 숨어 있는 보석 같은 곡으로 대중들의 사랑을 받기도 했다.

그리고 유지태, 이영애 주연의 영화 〈봄날은 간다〉와 지현우, 예지원 주연의 드라마 〈올드 미스 다이어리〉 등 수많은 영화와 드라마 속에서도 라디오는 매력적인 소재였다. 어설픈 큐 사인이라든가 다소 현실성이 떨어지는 상황 설정 등이 옥의 티였지만, 당시 영화나 미디어가 만

들어 내는 라디오의 이미지는 대중(大衆)이 어릴 적부터 품어 왔던 라디오에 대한 이미지와 적지 않은 공통분모가 있었다는 점을 보여 주기에 충분했다. 텔레비전과 같은 영상매체가 대놓고 드러내지 않는 상상력의 보고(寶庫)이자, 그 상상력을 자극하는 따뜻하고 은밀한 매력 말이다.

어린 시절 로켓 배터리를 고무줄로 칭칭 동여맨 트랜지스터 라디오를 끼고 살았던, 나름 '라디오 키드'라고 자부하는 나에게도 라디오는 현실과 영화, 그 중간 어디쯤 위치한 몽환적 상상계(想像界)였다.

80년대 초반 유년기 시절 가장 즐겨 듣던 프로그램 가운데 〈밤을 잊은 그대에게〉가 있다. 자료를 찾아보니, 1964년 5월 9일 처음 편성이 됐다고 하니, 올해로 무려 70년이 된 국내 최장수 라디오 프로그램 중 하나다.

역대 DJ도 그야말로 쟁쟁한 스타 군단이다. 먼저 1970년대를 살펴보면, 양희은(1972~1974), 서유석(1974~1975), 80년대에는 송승환(1981~1983), 전영록, 유지인(1983~1984), 영화 〈라디오 스타〉의 바로 그 주인공 배우 박중훈(1985~1986), 그리고 잉꼬부부로 소문난 최수종, 하희라(1988~1990)이름도 보인다.

90년대에는 변진섭(1990~1991), 노영심(1992~1993), 2000년대 들어서는 손미나(2001~2002), 신애라(2003~2004), 이소라(2005), 소유진(2009~2010), 유영석(2011~2013) 등등….

내가 한창 라디오를 즐겨 듣던 그 시절 〈밤을 잊은 그대에게〉의 DJ는 지금 세대가 '난타' 기획자이자 동계올림픽 총감독으로 알고 있는 송승환이었다. 특히 〈밤을 잊은 그대에게〉의 시작을 알리는 시그널 음악 〈시바의 여왕(La reina de Saba)〉은 그야말로 영혼을 울리는 소리였다. 그 잔잔하면서도 서정적인 음악 소리가 밤공기를 적시면 말로 표현할 수 없는 평온함이 도래하곤 했다. 최근에는 새로 편곡된 버전의 〈시바의 여왕〉을 시그널 음악으로 사용하고 있지만 사실 나는 폴 모리아(Paul Mauriat) 악단 연주의 오리지널 버전이 더 마음에 든다.

그 상상계가 현실이 되어 직접 노래를 선곡하고, DJ와 얼굴을 맞대고 생방송을 하는 라디오 PD로서의 생활은 가장 멋지고 또 신나는 경험이었다. 그러나 90년대 중반 이후, 라디오는 유난히 '위기'라는 말을 입에 달고 살았다. 청취율의 지속적인 하락과 새로운 경쟁 매체의 등장으로 과거 화려했던 시절은 어느덧 "아, 옛날이여…"가 되고 말았다. 물론 이 위기라는 단어는 지금 이 순간에도 여전히 유효하다. 수치로 살펴보면 위기는 현실이라는 느낌이 더 절실해진다.

라디오 수신기 보유율은 2011년 19.4%였지만, 2014년에는 그 절반 이하인 8.5%로 떨어졌고,[6] 다시 10년이 지난 지금은 구체적인 통계 자료조차 없다. '라디오'라고 하는 단일 제품을 생산하는 공장들은 대부분 셧다운됐고, 지금은 고가의 클래식 용품이나 몇몇 애호가의 수제용품으로 변신해 백화점이나 전문 매장에 전시돼 있다.

이제 라디오의 주 청취층은 40대 이상의 중장년 및 노년층으로 해마다 청취율은 하향 곡선을 그리고 있다. 참담하지만 몇몇 생존 프로그램을 제외하면, 바닥을 기고 있다는 표현이 현실에 더 가깝다. 최근 장년층의 유튜브 이용률이 높아지고 있는 추세를 고려하면 실제 장년층 이상의 라디오 방송 청취율은 더 낮을 것으로 예상된다.

박중훈이 주연을 맡은 영화 〈라디오 스타〉에서 한때 최고의 전성기를 누리던 가수왕 최곤이 지방의 한 라디오 방송 DJ를 맡게 되면서 던지는 대사는 그래서 상징적이다.

“제가 이제 이런 것까지 해야 합니까?”

누군가에게 꿈의 상상계가 누군가에겐 쇠락의 상징이 되고 말았다는 것은 슬픈 현실이 아닐 수 없다. 곰곰이 생각해 보면, 라디오만의 따스함이나 신비감은 ‘추억’이나 ‘복고’라는 이름으로 대체되고 뭔가 시대에 뒤떨어진 느낌마저 주는 듯하다. 심지어 〈라디오 스타〉라는 TV 프로그램이 등장하고 ‘진짜’ 라디오 스타는 ‘추억의 스타’라는 이름으로 대중의 기억에서 소환돼 소비되고 있는 것이다. 라디오에 소셜 미디어의 옷을 입히고, ‘보이는 라디오’를 표방하며, 쌍방향 소통이 가능한 다양한 기능을 장착하다면 우리가 알고 있는 ‘올드 미디어’ 라디오는 이대로 소멸하는 것일까?

어느 지방 대학 강의에서 라디오 PD를 지망하는 학생이 내게 질문을 한다.

"선생님, 라디오는 정말로 사라지는 건가요?"

솔직히 고백하건데, 나는 이런 종류의 질문에 대한 나름의 답변을 늘 준비하고 있다. "라디오가 곧 사라질 거란 이야기는 언제나 있어 왔습니다. TV가 등장했을 때도 그랬고, 인터넷을 비롯한 각종 뉴미디어가 등장했을 때는 더 심했죠. 하지만 라디오는 존재했고 또 앞으로도 존재할 겁니다. 사라지는 것이 아니라 새로운 모습으로 '부활'한다는 표현을 쓰고 싶군요"라고 말이다.

나름 멋진 말이라고 생각한다. 논리적으로도 흠잡을 데가 없다. 그러나 이런 답변을 하고 나면 늘 알 수 없는 찜찜함이 가슴속 한 켠에 남곤 한다. 거짓말은 아닌데, 현실을 무시한 대단한 자기 합리화 혹은 정신 승리일 수도 있다는 씁쓸함과 자괴감 때문이다. 새로운 미디어 환경과 트렌드를 반영해 조직이나 부서의 명칭에서 아예 라디오라는 명칭을 빼고 좀 더 포괄적 의미의 '오디오' 혹은 '뉴미디어' 부서로 바꾸자는 주장이 젊은 PD들 사이에서 제기된 지도 오래됐다.

라디오란 '올드'한 이름이 치열한 경쟁에서 불리하게 작용할 것이란 현실적인 판단이 작용한 듯하다. 나름 라디오 전성기의 '끝물'을 누렸던 선배 세대로서, 후배들에게 미안한 마음이 앞선다.

I'd sit alone and watch your light

난 홀로 앉아 네게서 흘러나오는 빛을 봤어

My only friend through teenage nights

십대의 밤을 함께 보낸 나의 유일한 친구

And everything I had to know I heard it on my radio

그리고 내가 알아야 할 모든 것은 라디오에서 들었지

You gave them all those old time stars

너는 옛날 스타들의 이야기와

Through wars of worlds invaded by Mars

화성인들의 침략 이야기를 들려줬지

You made 'em laugh, you made 'em cry

너는 우리를 웃게도 하고, 울게도 했어

You made us feel like we could fly (radio)

너는 우리가 날 수 있는 것 같이 느끼게도 해줬어

You had your time, you had the power

넌 전성기가 있었고, 힘이 있었지

You've yet to have your finest hour

하지만 네 최고의 순간은 아직 오지 않았어

퀸이 1984년에 발매한 싱글 앨범 〈더 워크(The Works)〉에 수록된 〈라디오 가가(Radio ga ga)〉의 가사에는 라디오의 전성기가 '아직' 오지 않았다고 말한다. 80년대에나 할만한 이야기라고 하겠지만, 그 가능성마저 부정하고 싶지는 않다. 아니, 그렇게 믿고 싶다. 비디오가 라디오 스타를 죽이고(video killed the radio star), 라디오가 화려한 영광의 뒤안길에 서 있는 것은 부인할 수 없지만, 라디오가 언제나 사람들을 웃게도 울게도 만든(You made 'em laugh, you made 'em cry) 다정한 벗이었다는 사실은 여전히 진실이다.

그리고 그 고마운 벗 라디오에게 들려주고 싶은 이야기가 있다.

"라디오, 누군가는 여전히 너를 사랑해"라고 말이다.

Radio, what's new?

라디오, 어떻게 지내니?

Radio, Someone still loves you

라디오, 누군가는 여전히 너를 사랑해

05

인생의 의미를 묻는 당신에게

삶을 변화시키는 독서

사람이 한평생 읽을 수 있는 책의 양은 얼마나 될까? 물론 책을 읽는 속도나 독서의 방법에 따른 개인차가 있겠지만, 아무리 성실한 독서가라 해도 평생 3천에서 최대 4천 권밖에 읽지 못한다고 한다. 이 대목에서 누가 이런 계산을 했는지 궁금해지기도 하는데, 그 주인공은 바로 일본의 소설가 아쿠타가와 류노스케다.

지독한 책벌레였던 류노스케는 이런 계산 결과가 나오자 그 자리에서 울음을 터뜨렸다고 한다. 세상에 보고 싶은 책은 너무 많은데, 살아생전 읽을 수 있는 책은 '고작' 4천 권에 불과해서 너무 억울했기 때문이라고 한다.

두보(杜甫)의 시(時) 중에는 '남아수독오거서(男兒須讀五車書)'란 말이 있다. 남자는 모름지기 다섯 수레의 책을 읽어야 한다는 뜻이다. 이것도 누군가 실험을 해본 모양이다. 다섯 수레에 책이 가득하면 대략 1,500~2,000권 정도의 책 분량이라고 한다. 물론 두보가 살던 당시의 수레 크기를 짐작할 수 없으니, 이 또한 오늘날 할 일 없는 호사가들의 근거 없는 어림짐작일 가능성이 높다.

'위편삼절(韋編三絶)'이란 말도 있다. 공자가 『주역』을 가죽끈이 3번이나 닳아 끊어질 정도로 읽었다는 일화에서 나온 고사이다. 그런데 도대체 몇 번이나 읽어야 책의 가죽끈이 세 번이나 끊어질까?

인생은 짧고 읽을 책은 너무 많아서, 이것이 분하고 억울해 울음을 터뜨린 책벌레 류노스케의 이야기나 가죽끈이 닳아 끊어질 정도로 책을 읽고 또 읽었다는 공자의 이야기는 요즘처럼 책을 읽지 않는 세대들에게는 쉽게 공감이 가지 않을지도 모른다. 그런데 다양한 독서의 방법 가운데, 적독(積讀)이란 게 있다. 글자 그대로 책을 읽지 않고 그냥 쌓아만 놓는 것이다. 아마도 이런 집이 허다할 것이다.

아이들 책 좀 읽으라고 세계문학 전집 시리즈부터 시작해 값비싼 백과사전에 이르기까지 기백만 원 들여 장만한 책들이 글자 그대로 쌓여만 있는 것이다. 부모의 입장에서는 속이 터질 노릇이지만, 그래도 조금 위로가 될 이야기도 있다.

일본의 작가 우쓰데 마사미는 그의 저서 『수만 가지 책 100% 활용법』에서 이렇게 책을 쌓아 놓는 것만으로도 이미 책을 읽고 있다고 역설했기 때문이다. 그냥 위로라도 하려고 한 이야기 같지만, 언제든 책을 읽을 환경이라도 만든 것은 칭찬받아 마땅하다는 것이 작가의 설명이다.

하지만 읽지 않는 책을 쌓아 두기만 하는 것은 어쩐지 허무한 느낌이 든다. 어디 명함을 내밀 정도는 아니지만 나름 다독가로 자부하는 나도 책을 습관처럼 구매하고 쌓아 두기만 하는 경우가 많다. 어느덧 서가에 더 이상 책을 꽂을 공간이 없어 방 여기저기 책들이 널려 있다. 그때 문득 든 생각은 앞으로 한 번이라도 읽을 책과 앞으로 다시 읽을 가능성이 없는 책을 가려내, 더 이상 읽지 않을 것 같은 책을 정리해야겠다는 것이었다.

이런 방식으로 책 수백 권을 '처리'했다. 집에 방문한 친척 동생들이나 지인에게 인심 쓰듯 나눠 주고 그래도 남는 책은 중고 서점에 내다 팔았다. 처음에는 오랜 연인과 헤어지는 것처럼 못내 아쉬웠지만 나중에는 묘한 희열감마저 느껴졌다. 심지어 하루 10권 할당량을 정해 학살 대상자를 고르기도 했다. 책들은 죽기 싫어 발버둥 쳤지만, 주인의 마음은 이미 '선택과 집중'에 기울었다.

일본의 천재적인 철학자 사사키 아타루는 "읽은 책의 수를 헤아리는 시점에서 진정한 독서는 끝이 났다"고 말한다. 단순한 정보로서 읽는다면 괜찮지만, 그것이 과연 '읽는다'는 이름을 붙일 만한 행위인가?라고 되물으며 말이다. 결국 사사키 아타루가 주장하는 진정한 책 읽기란 '선택'한 책을 '반복'해서 읽는 것이다.

책을 얼마나 많이 읽었는가도 의미가 있겠지만 사실 더 중요한 것은 '왜' 책을 읽는가이다. "책을 왜 읽는가?"라고 질문했을 때, "덜 비굴해지기 위해서"라고 답했다는 작가(누구였는지는 잘 기억나지 않지만)의 이야기를 듣고 고개를 끄덕인 기억은 있지만 사실 책을 읽는 이유는 저마다 다를 것이다. 어쩌면 답하는 사람의 수만큼이나 책을 읽는 이유도 다양하지 않을까 싶은데, 인조 때의 학자 조위한(趙緯韓)의 독서와 관련한 일화는 "책을 왜 읽는가?"라는 질문에 대해 다시 한 번 생각하게 한다.

어느 날 조위한이 유생들과 함께 홍문관에서 글을 읽고 있었다. 그런데, 한 유생이 느닷없이 책을 던지며 말했다.

"책을 덮기만 하면 방금 읽은 것도 머릿속에서 달아나니 책을 읽은들 무슨 소용이 있겠소?"

이를 본 조위한이 말한다.

"밥이 항상 사람의 배 속에 남아 있는 것이 아니라 똥이 되어 빠져나가고 그 정기만 남아 신체를 윤택하게 하는 것처럼 책을 읽고 당장 그 내용을 잊어버린다 해도 무엇인가 진전되는 것이 있는 법이네."[1]

누구나 책을 집어던진 홍문관 유생의 행동에 공감할 것이다. "뒤돌아서면 잊어버리는데 책을 읽어 무엇하겠는가?"라고 말이다. 조위한의 말처럼 똥이 되어 빠져나간 자리에 정기(精氣)로 남아 삶을 윤택하게 할 수도 있고, 일본의 대작가 후루이 요시키치의 말처럼 책을 읽고도 금방 잊어버리는 것은 '자연스러운 자기방어'일 수도 있다. 하지만 책을 읽는 행위의 의미는 단순히 기억하는 데 그치지 않는다.

법구경을 읽다가도 버스에서 누군가 내 발을 밟으면 살의(殺意)를 느끼는 감정이랄까. 법구경을 백만 번 읽은들, 마음의 평화를 얻지 못했다면, 그게 도대체 무슨 의미가 있겠는가. 이는 단순히 책을 덮으면 더 이상 기억하지 못하는 망각의 문제가 아니라, 책이 어떻게 사람을 변화시키는가의 문제라는 이야기다.

진정한 독서와 실천의 의미에 대해 생각하게 하는 교훈이 『장자』 「천도 편」 '수레바퀴 깎는 노인 이야기'에도 들어 있는데, 잠시 그 내용을 살펴보자.

> 齊桓公讀書於堂上 輪扁斲輪於堂下, 釋椎鑿而上 問桓公曰 敢問公之所讀者 何言邪
>
> 公曰 聖人之言也. 曰 聖人在乎 公曰 已死矣. 曰 君之所讀者 古人之糟魄已夫. 桓公曰 寡人讀書 輪人安得議乎 有說則可 無說則死.

> 어느 날 제나라의 환공(齊桓公)이 대청마루에서 책을 읽고 있었다.
>
> 마루 아래에서 수레바퀴를 깎던 윤편이란 노인이 환공에게 묻는다.
>
> "환공께서 읽고 계신 책은 무엇에 관한 것입니까?"
>
> 환공이 답하길,

"성현의 말씀이다."

그러자 윤편이 다시 묻는다.

"그 성현은 살아 있습니까?"

환공이 답한다.

"아니, 성현은 이미 돌아가셨다."

그러자 윤편이 환공에게 말한다.

"그렇다면 환공께서 읽고 계신 것은 옛사람의 찌꺼기에 불과합니다."

윤편의 말에 화가 난 환공은

"선현이 남긴 말씀을 옛사람의 찌꺼기라니, 이에 합당한 설명을 하지 못하면 네가 성치 못하리라."

輪扁曰 臣也 以臣之事觀之 斲輪徐則甘而不固 疾則苦而不入. 不徐不疾 得之於手 而應於心 口不能言. 有數存焉於其間 臣不能以喩臣之子 臣之子亦不能受之於臣, 是以行年七十而老斲輪 古之人與其不可傳也 死矣. 然則 君之所讀者 古人之糟魄已夫.

이에 윤편이 답하여 가로되,

"수레바퀴를 깎을 때 너무 많이 깎으면 굴대가 헐렁해지고, 반대로 덜 깎으면 너무 조이게 됩니다. 그러나 이는 오로지 손의 느낌으로만 터득할 수 있는 것으로, 말로 표현하기가 어렵습니다. 제 자식에게도 가르치기 어렵고, 제 자식도 배우기 어렵습니다. 이와 마찬가지로 성현들도 자신의 생각을 제대로 전하지 못하고 죽었을 것입니다. 이것이 환공께서 읽고 있는 책을 성인의 찌꺼기라고 말한 이유입니다."
-『장자』「천도 편」 중

윤편은 칠십 평생 말이 아닌 행동을 통해 수레바퀴 깎는 기술을 익히고 연마했다. 그 미세하고 정교한 기술은 아들에게 전달하기도 어렵다. 오직 아들 스스로가 자신의 손을 통해 나무의 결을 느끼고, 연마하고 익혀야 가능한 일이다. 그 과정에 수없이 베이고 상처를 입기도 할 것이고, 칭찬과 비난 속에 우쭐하기도 하고 또 좌절하기도 할 것이다. 성현의 말씀도 그냥 책 안에만 머무는 것이라면 죽은 지식이지 살아 있는 지혜가 아니다. 삶에서 실천으로 체화되지 않는 독서는 그래서 찌꺼기가 될 수밖에 없는 것이다.

책을 제대로 읽은 사람과 무작정 읽은 사람은 어떤 문제가 주어졌을 때 금세 구분된다. 문제 앞에서 허둥대며 수선만 핀다면 여태까지 그의 독서는 죽은 독서다.
상황 속에서 비로소 위력을 발휘해야 제대로 한 독서다.[2]

수만 권의 책을 읽어도 그가 실천하지 않은 지성이라면 그것은 윤편의 말처럼 활자가 찍혀 있는 찌꺼기에 불과하다. 예수와 부처가 성인으로 받들어지는 이유는 이들이 다독가이기 때문이 아니라 자신의 말을 행동으로 옮긴 실천가이기 때문이며, 루터가 종교개혁을 이끌 수 있었던 것은 『성경』을 읽고 또 읽고, 그 말씀에 따라 실천으로 이행했기 때문이다.

삶을 변화시키는 독서. 이것이 책을 읽는 진정한 의미이자 목적이라 할 것이다.

철학하는
인간

나는 철학자가 아니다. 철학을 전공하거나 전문적으로 공부해 본 경험은 더더욱 없다. 나에게 독서란, 특히 일상에서 접하는 '철학 읽기'는 하루하루 진통제를 복용하거나 만성질환에 대처하는 물리치료와 같았다.

> 철학적 내용이나 지식이 구체적인 생활 속에서 활용하지 못하고 몸에 달고 다니는 장식품에 불과한 경우가 많다. 철학은 과시적 사치품이 아니라 당연히 생활의 곡괭이가 되고, 삽이 되고, 또한 나침반이 되어야 할 것이다.

위 내용은 1983년 동녘 출판사에서 출간된 『철학 에세이』 서문에 실린 글이다. 80년대 대학을 다닌 사람이라면 『철학 에세이』라는 책이 결코 낯설지 않을 것이다. 대학교 신입생을 대상으로 하는 학회나 세미나의 단골 메뉴였고 선배들이 지정한 커리큘럼의 1~2번을 다투던 책이었으니까….

시내 대형서점을 돌아보다 『원숭이도 이해하는 자본론』이라는 책을 우연히 발견한 적이 있다. 헉, 그렇다면 이 책을 읽고도 자본론을 이해하지 못하면 정말로 원숭이만도 못 한 걸까… 80년대 후반까지 『자본론』은 물론 '노동', '혁명', '마르크스'라는 단어가 들어간 책들은 예외없이 금지 서적 목록에 올라 있었다. 심지어 사회심리학자인 E. 프롬의 『마르크스의 인간관』이란 책도 '마르크스'라는 단어가 들어갔다는 이유만으로 학교 정문에서 전경의 가방 검색에 압수당하는 수모를 겪어야 했다.

금지와 억압이 강하면 강할수록 지적 호기심과 욕구는 더 높아지기 마련이다. 그 당시 자본론을 비롯한 마르크스 관련 서적들을 몰래몰래 복사해서 돌려 읽었던 것은 '시대적 소명'이라는 거창한 명분보다는 뭐라도 해야 할 것 같은 일종의 무력감 때문이었는지도 모른다.

당시 써놓았던 대학노트들을 보면 꽤나 진지한 내용이 많다. 하지만 정말로 자본론을 제대로 이해한 것 같지는 않다. 부끄러운 이야기지만, 대학 졸업 후 자본론을 자유롭게 읽을 수 있는 분위기가 되어서는 가능하면 '쉽고' '친절하게' 풀어쓴 책들을 골라 봤다. 그래도 차마 『원숭이도 이해하는 자본론』을 집어 들지는 못하겠다. 마지막 남은 알량한

자존심 때문이었을 것이다.

90년대 초반, 구소련 붕괴 이후, 마르크스 열풍이 어느 정도 사그라들었을 때, 대학가와 식자(識者)들 사이에서는 구조주의와 포스트 모던 논쟁이 한창이었다. 나도 몇 차례 기웃거리며 탐색을 시도했지만 결국 이러한 종류의 이론들을 '만족할 만한 수준'에서 이해하는 데는 실패했다. 결국 이해하지 못했다는 이야기다.

대부분 '어느 정도' 이해했다고 스스로 위로하거나 이해했다고 '착각'하는 수준에서 책을 덮는 경우가 대부분인데, 어느 모임에서건 잘난 척할 정도의 인용구 암기는 필수적이었다. 데리다나 라캉, 들뢰즈 그리고 레비스트로스 등도 이런 지적 허영의 단골 메뉴들인데 나이 쉰을 넘긴 지금도 이런 지적 모험, 혹은 지적 허영은 여전히 계속되고 있다.

생각해 보면, 지난 시절 내게 철학이란 '과시적 사치품'이었을 뿐, 삶을 밝혀 주는 생활의 곡괭이나 나침반이 되지 못했음을 고백해야겠다. 그런 의미에서 『자본론』을 알지 못하는 원숭이보다 나을 게 없다. 원숭이에게 지적 허영이란 허용되지 않을 테니 말이다.

***

베이컨은 철학자를 세 가지 유형으로 분류한다. 첫 번째는 진리를 잘 안다고 생각하는 사람들, 다시 말해 오만한 독단론자들이고, 두 번째는 아무것도 알 수 없다고 생각하는 사람들, 즉 회의주의자 혹은 불가지론자들이고, 마지막 세 번째는 불완전한 지식을 확장시키기 위해 끊임없이 질문하는 사람들, 즉 집요한 탐구자들이다.

서양의 고대철학을 주로 연구했던 프랑스의 철학자 피에르 아도(Pierre Hadot)도 이런 분류 놀이에 기꺼이 동참한다. 그는 철학자를 '강단 철학자'와 '실천 철학자'로 분류하는데, 전자는 철학을 업으로 하는 사람 혹은 연구자들이고, 후자는 삶의 스승을 말한다. 영국의 베이컨이나 프랑스의 피에르 아도가 자신들을 어떤 철학자로 분류할지는 모르겠지만, 두 사람의 이야기를 핵심만 엮어 보면, '끊임없이 질문하며 실천하는 삶의 스승'이 진정한 철학자라 하겠다.

강단 철학자와 실천 철학자 이야기가 나왔으니, 떠오르는 이름들이 있다. 철학자 하이데거는 깊은 사유를 할 때 자신만의 오두막에 장기간 칩거하는 것을 좋아했다. 이 기간 동안에 하이데거는 모든 인간적 관계를 차단하고, 완벽한 자가 격리를 시연했다. 실제로 하이데거가 『존재와 시간』을 집필할 때 그의 연인이었던 한나 아렌트에게 보낸 편지에는 "나는 당신을 잊었다"라고 쓸 정도였다.

반면에 그리스 철학자 소크라테스는 방구석이 아닌 거리에서, 그리고 광장이나 시장에서 사람들과의 대화를 통해 지혜를 얻고 또 그 지혜를 다시 사람들에게 설파했다. 철학을 책에서만 찾거나 타인의 입을 통해서만 기대한다면 지식은 될 수 있을지언정, 진정한 나의 철학은 되지 못한다. 그렇다면, 삶에서 철학 하기란 어떤 의미일까?

나는 궁금하다. 짧은 두 마디 말이지만 그 안에 모든 철학의 씨앗이, 그 이상이 담겨 있다. 모든 위대한 발견과 돌파구는 이 두 마디 말에서 시작된다.

나는 궁금하다.[3]

궁금증. 다시 말해 '왜?'라는 질문이 철학의 출발점이라는 이야기다. 누구나 예상할 수 있는 이야기지만 예상외로 실천하기는 쉽지 않다. 질문을 발명하지는 않았지만, 질문하는 '방식'을 바꾼 이가 바로 소크라테스인데, 『소크라테스 익스프레스』의 저자인 에릭 와이너(Eric Weiner)는 이런 소크라테스를 본받아 질문과 씨름하지 말고 질문을 '경험'할 것을 권유한다.

그렇다면 질문을 경험한다는 것은 또 무엇인가? 쉽게 이해하기 위한 비유를 하나 들어 보자. 안경을 새로 맞출 때, 가장 명징하게 보이는 순간이 올 때까지 렌즈를 계속 갈아 끼우는 과정과 비슷하다고 할까?

질문에 대한 해답에 집착하지 말고 질문 자체를 경험하게 되면, 어느덧 시야가 밝아지고 삶의 지혜가 생긴다는 것이 에릭 와이너가 말한 질문을 '경험'하는 의미이자 철학의 존재 이유다. 비트겐슈타인도 비슷한 논지의 이야기를 했다. 철학이 할 수 있는 일은 정답을 제공하는 것이 아니라(어차피 제공할 수도 없다) 우리의 사고를 명료하게 만드는 것이다. 시야가 밝아지는 이 과정이 바로 명료화(clarification)이고 이것이 철학의 본질이라는 것이 비트겐슈타인의 주장이다.

사실 철학이 욕을 먹는 이유는 수많은 질문에 제대로 된 '정답'을 내놓지 못하기 때문이다. 아니, 애초에 정답이라는 것이 존재하기나 한 것일까? 철학을 업으로 삼거나 이 분야에 종사하는 사람들에게는 미안한 일이지만, 철학은 무료하고 따분하다. 무엇보다 간절히 원하는 답 대신 변죽만 울리는 언어의 향연처럼 보인다. 오죽하면 비트겐슈타인이 철학을 하겠다는 제자가 있으면 차라리 사업이나 공장에서 구체적인 무언가 만드는 '가치 있는 일'을 하라고 독려했겠는가?

그런데 아이러니한 일이지만, 철학이 모든 질문에 정답을 제공했다면 철학은 이미 오래전에 사라졌을 것이다. "인생의 의미가 무엇인가?"라고 물으면 "그렇다면 당신은 인생의 의미가 무엇이라고 생각하는가?"라는 질문이 메아리처럼 되돌아올 것이다.

그래서 철학자가 '정답'을 알고 있을 것이란 생각은 대단한 착각이다. 사실 그들도 모르기는 매한가지다. 알고 있다고 떠드는 자가 있다면 사실 그도 모르고 있다는 방증이다. 스스로 모른다고 고백한 최초의 사람이 바로 소크라테스였고 이런 이유로 그는 인류 최초의 진정한 철인(哲人)이 됐다.

소크라테스 이전에도 피타고라스나 데모크리토스 같은 소위 '철학자'가 존재했지만, 이들의 시선이 하늘과 우주로 향한 반면, 소크라테스는 인간 내부의 목소리에 귀를 기울였다. 로마의 정치가이자 철학자였던 키케로는 "소크라테스는 처음으로 철학을 하늘에서 끌어내려 마을에 정착시켰고, 철학을 사람들의 집으로 불러들였다"라고 말했다.[4]

철학이 어려운 이유는 '지식 되는 철학'만을 쫓기 때문이다. 프랑스 현대사상 연구가인 일본의 우치다 타츠루 교수는 선현의 가르침은 저절로 몸에 스며드는 것이라며 어렵게만 느껴지는 현대철학의 실상을 다음과 같이 고발한다.

> 요컨대 레비스트로스는 "우리 모두 사이좋게 살아요"라고 한 것이며, 롤랑 바르트는 "언어 사용이 사람을 결정한다"라고 한 것이고, 라캉은 "어른이 되어라"라고 한 것이며, 푸코는 "나는 바보가 싫다"라고 했음을 알게 된 것이지요.
>
> 뭐야, 이런 말이 하고 싶었던 거야?[5]

그렇다. 이게 다다. 지식인들이 밥 먹듯이 주절이고 인용하는 구조주의 철학자들의 주장은 이렇게 단 세 줄로 요약 가능하다. 특히 라캉 이론의 핵심이 "이제 좀 철들고, 어른이 되어라"라는 대목에서는 희미한 탄식이 흘러나온다.

다시 철학책을 집어 든다. 철학이 지적 허영을 위한 단순한 장식품이 되지 않도록, 철학이 삶의 일부가 되고 삶의 곡괭이와 나침반이 될 수 있기를 기원하면서.

의미는 무의미하다

인생이란 그림자가 걷는 것,

배우처럼 무대에서 한동안 활개 치고 안달하다

사라져 버리는 것,

(인생은) 백치가 지껄이는 이야기 같은 건데,

소음과 광기가 가득하나

의미는 전혀 없다.

- 『맥베스』, 5막 5장, 23~28행

지하철 9호선 국회의사당역 4번 출구. 매일 아침 출근 시간이면 이곳에서 "예수 믿고 천당 가세요!"를 외치는 할머니 한 분이 계셨다. 절규에 가까운 할머니의 외침에는 일종의 결연함과 함께 비장한 사명감마저 느껴진다. 연세도 많으시고 몸도 성치 않으신 것으로 보이지만, 그녀를 매일 아침 이곳으로 이끄는 강력한 힘은 아마도 종교적 열정이라고 생각된다. 종교는 혹은 신은 그녀에게 있어 중요한 '삶의 의미' 가운데 하나가 될 것이다.

한때 유행했던 말 가운데 "인간아, 너 왜 사니?"가 있다. 물론 여기에는 삶의 목적이나 존재 의미를 묻는 심오한 철학적 함의 따위는 담겨 있지 않다. "그냥 그렇게 살아서 되겠니?"라는 질타의 의미일 뿐.

만약 당신이 외국인에게 '사는 이유' 혹은 '존재 이유'에 대해 진지하게 질문을 하고 싶다면, "Why do you live?"가 아니라 "what do you live for?"를 사용해야 한다. 한 끝 차이 같지만 여기서 전치사 'for'가 가지는 의미는 막강하다. 왜냐하면 for 다음에 오는 단어가 당신의 '삶의 의미'를 규정하기 때문이다. 그래서 위의 질문에 답한다면 "I live for ______" 가 될 것이고, 빈칸에 들어갈 단어는 '가족', '사랑', '돈', '명예' 따위가 될 것이다.

100% 확신할 수는 없지만, 매일 아침 "예수 천국", "불신 지옥"을 외치는 할머니의 빈칸은 'God' 혹은 'Christ'로 채워지지 않을까 싶다.

***

인간이 동물과 구별되는 주요한 요인 중의 하나가 바로 의미를 추구한다는 점이다. 그리고 존재의 의미를 추구하는 인간은 이를 존재의 목적과 연관해서 생각하는 경향이 있다. 심지어 의미와 목적 둘을 같은 의미로 해석하기도 한다. 다시 말해, 삶의 의미를 밝히는 것은 삶의 목적을 밝히는 것과 동일한 개념으로 이해한다는 것이다. 그렇다면 인간은 언제부터, 그리고 왜 이런 생각을 하게 됐을까?

예를 들어, 여기 의자가 하나 있다고 하자. 플라톤의 본질론적 사고에 의하면, 의자의 '본질'은 '앉는 것'이다. 만약 의자가 화분이나 땔감으로 사용된다면, 이는 본질에 어긋나는 것, 다시 말해 의자를 만든 창조자의 목적에 어긋나는 것이다.

인간은 왜 모든 것에 이토록 의미를 부여하려 하는가? 사물의 존재 이유를 따지는 이런 사고의 전통은 창조자의 입장에서 바라본 본질론적 사고방식에서 비롯된 것이다. 사르트르와 같은 실존주의자들은 실존이 본질에 앞서는 까닭에 이런 의문 자체가 무의미하며, 결국 삶의 이유나 목적에 대한 답을 할 수 없다고 말한다. 왜냐하면, 본질에 앞선 실존에게 이런 질문 자체가 성립하지 않기 때문이다.

지금까지 우리가 너무나도 당연하게 생각했던 의미 찾기는 사실 이러한 본질론적인 사고방식에 그 뿌리를 두고 있다. 의자가 앉는 용도 이외에, 화분이나 땔감으로도 사용될 수 있다는 사실을 받아들인다면, 의자의 존재 이유가 아닌 존재 그 자체가 중요한 것이 된다. 인간에게 이러한 사고를 확장해 본다면, 인간의 존재 이유가 아닌, 인간의 실존 자체가 하나의 '사건'이 되는 것이다.

철학자 니체는 "인생에 절대적 의미 따위는 없다"고 선언한다. 사람이 태어나 매 순간 겪는 일체의 경험이 다 신의 뜻이라고 믿는 이들에게는 망언의 극치일 것이고, "인생에 의미가 없다고?"라며 반문하거나 허탈해할 일반인들에게는 니체의 주장이 허무주의의 원형으로 들릴지도 모르겠다. 하지만 정작 니체 자신은 대단한 현실주의자였다.

사람들은 이런 오해에서 출발해 니체를 니힐리즘의 철학자라고 비판한다. 하지만 정작 니체는 '진짜 세계' 혹은 '초월적 본질'을 찾는 플라톤주의와 기독교의 유일신 신앙이야말로 현실을 부정하는 니힐리즘이라고 반격한다. "신은 죽었다"라는 선언은 이런 니체 주장의 완결판이라고 할 수 있다.

전지전능한 종교적 신이나 영화에 등장하는 슈퍼맨은 다른 사람을 구하기 위해 힘을 쓰지만, 니체의 초인(超人)은 정작 '자기 자신'을 위해 강해지는 사람이기 때문이다.

니체에 앞서 17세기 네덜란드의 철학자 스피노자는 삶 자체를 긍정하는 법을 좀 더 현실적으로 알려 준 사람이다. 그는 인생에 어떤 숨겨진 최상의 목적이 있다거나 그 목적이 우리를 창조한 어떤 존재, 즉 신으로부터 부여받은 것으로 생각하는 것은 삶을 그 '최상의 목적'보다 열등하거나 극복되어야 할 무엇으로 인식함으로써 결과적으로는 삶 자체를 부정하고 있다고 강조했다. 삶은 살기 위해 만들어진 것이며 이 삶을 긍정하는 이성의 방식이 바로 스피노자 철학의 핵심인 것이다.

> 인생에 절대적인 의미가 존재한다는 사실이 그렇게도 반가운 것일까? 의미가 있다는 것은 내 삶에 정해진 목표와 용도가 있다는 말이다. 나에게 용도가 있으면 나는 나를 위해 존재하는 것이 아니다. 나의 인생은 나와는 상관없는 다른 무언가의 목적을 달성하기 위한 도구일 뿐이다. (중략)
> 의미 있는 인생은 존재의 무거움에서 자유로울 수 없는 인생이다. 그렇다면 '나를 위한 인생'은 인생에서 절대 의미를 뺀 후부터 가능해진다. 삶의 의미를 포기하는 순간 우리의 존재는 가벼워진다는 말이다. 하지만 가벼운 인생은 쿤데라가 표현하듯 '참을 수 없는 존재의 가벼움'을 느끼게 한다. 결국 우리 앞에 놓인 문제는, 어차피 논리적으로 불가능한 인생의 의미를 찾는 것이 아니라 의미 없는 인생에서 어떻게 살아가는가이다.[6]

물리학자인 카이스트 김대식 교수는 그의 저서 『빅퀘스천』에서 인간의 위대함이자 가장 큰 비극은 지구의 모든 존재 중 유일하게 '왜'라는 질문을 할 수 있다는 점이라고 말한다. 왜라는 질문은 필연적으로 존재의 '원인'을 찾게 되는데, 원인과 결과라는 인과관계의 끈은 결국 고대 그리스 철학 이래로 인간 존재에 관한 논쟁의 가장 정점을 차지하게 된다. 물론 누구도 그 해답을 제시하지는 못했다.

그래서 김대식 교수는 논리적으로 불가능한 인생의 의미를 힘들여 찾을 것이 아니라, 이 '의미 없는 인생'에서 '어떻게' 살 것인가를 고민하라고 제안한다. 우리는 삶의 '유일한' 목적이 무엇이냐고 물을 것이 아니라, 어떻게 해야 삶에서 의미와 가치를 찾을 수 있느냐고 물어야 한다는 것이다. 의미는 삶의 외부에 있는 것이 아니라 삶 안에 내재하기 때문이다.[7]

***

창조론의 입장에서 보면 이 세상이 만들어진 목적과 의미는 분명하다. 따라서 인간은 이 세상을 창조한 조물주의 뜻에 맞춰 살아가면 된다. 따지지 말고 묻지도 말고 그냥 그리하면 된다. 매우 심플하다. 그러나 진화론에는 진화의 목적이라든가 목적지가 따로 없다. 인간이 진화의 최종 목적지라는 주장은 진화론을 잘못 이해한 결과다.

그렇다면, 자신의 기원과 창조의 목적을 알게 된 존재라면, 상황은 달라질까?

> 나는 누구인가? 나는 어디에서 왔으며 또 어디로 가는가? 이런 질문들이 계속해서 떠올랐지만, 답을 찾을 수 없었다.[8]

위에서 자신의 존재 의미에 관한 심오한 질문을 던지고 있는 자는 위대한 철학자나 종교인이 아니다. 메리 셸리(Mary Shelly)의 소설에 나오는 프랑켄슈타인 박사에 의해 '창조'된 프랑켄슈타인이 자신에게 묻고 있는 질문이다. 프랑켄슈타인은 자신이 '왜(창조의 목적)' 만들어졌는지, 또 '어떻게(존재의 기원)' 만들어졌는지 잘 '알게' 된다.

그렇다면, 프랑켄슈타인은 자신의 존재 의미를 발견했다고 말할 수 있을까? 더글라스 애덤스(Douglas Adams)의 소설 『은하수를 여행하는 히치하이커를 위한 안내서(the hitchhiker's guide to the galaxy)』에는 삶, 우주, 그리고 모든 것에 대한 답을 얻기 위해 노력하는 인간들이 등장한다. 그들은 슈퍼컴퓨터 'deep thought'를 찾아가 도대체 삶, 우주, 그리고 모든 것의 의미는 무엇이냐고 질문한다. 그러자 'deep thought'는 750만 년 뒤에 다시 자신을 찾아 달라고 한다. 그리고 정확히 750만 년 뒤, 'deep thought'를 다시 찾은 인간이 들은 답은 과연 무엇이었을까?

삶과 우주, 그리고 모든 것에 대한 답은 42입니다.

우주의 모든 의미를 담고 있다는 숫자 '42'를 두고 수많은 추측을 낳았다. 혹자는 그가 존경했던 루이스 캐럴에 대한 오마주라는 의견에서부터, 고차원의 물리적 법칙을 내포하고 있다는 주장에 이르기까지 그야말로 다양했다. 실제로 구글에서 숫자 42를 치면, '인생의 의미'와 연관된 수없이 많은 내용들이 관련어로 줄줄이 등장한다.

그러나 더글라스 애덤스는 한 언론과 인터뷰에서 숫자 42는 그냥 '농담'이었다고 말한다. 의미 사냥꾼을 향한 '빅엿'이었을 뿐이다.

The answer to this is very simple. It was a joke. It had to be a number, an ordinary, smallish number, and I chose that one.
I sat at my desk, stared into the garden and thought '42 will do.' I typed it out. End of story.

의미를 부여하는 것은 '왜'라는 질문을 달고 사는 인간의 병이자 숙명이다.

***

신의 죽음 이후에도 꿋꿋하게 살아가는 인간에 대해 니체는 '자유로운 영혼'이라는 이름을 붙여 주었다. 도스토옙스키가 『카라마조프가의 형제들』에서 신이 없으면 모든 것이 허용될 것이라고 우려했던 것처럼 자유로운 영혼에게는 어떠한 외적 규범의 강제 없이 모든 것이 허용된다. 그러나 이것은 또 한편으로는 무거운 '책임'을 의미하기도 한다. 짐이 너무 과한 나머지 어떤 인간 영혼도 완수할 수 없는 책임이다.

그것은 신이 한때 행했던 무(無)로부터의 창조와 마찬가지로, 무로부터 행복한 의미를 구성할 책임이요, 이를 통해 무의미와 신 없는 세계의 고달픔으로부터 벗어날 책임이다. 이것은 우리 스스로가 신(神)이 되라는 요구와 다를 바가 없다.[9]

당신은 이 무거운 짐을 기꺼이 받아들일 준비가 돼 있는가? "신은 죽었다"는 선언으로 신은 유일무이한 지존의 자리에서 쓸쓸하게 퇴장했다. 하지만, 신이 있던 자리마저 사라진 것은 아니다. 신이 떠난 자리는 자본과 권력이 혹은 또 다른 '사이비 영웅들'로 채워졌다. 'live for God'은 'live for money'로 혹은 'live for power'로 바뀌었을 뿐 인간의 의미 찾기 놀이는 시시포스의 신화처럼 무한반복 재생되고 있다.

그래서 실존적 삶을 사는 인간에게는 굉장한 강단이 요구된다. 그리고 그 삶은 무척이나 외롭다. 작가 박상륭은 "신을 버린 인간의 말로는 쓸쓸하다"고 했다. 어쩌면 반어적인 의미인지도 모른다. 혹자는 존재 의미가 떠난 자리에, 그리고 신을 추방한 자리에는 감당하기 어려운 허무만이 남는다고 탄식하기도 한다.

그러나 "무소의 뿔처럼 혼자서 가라"고 외친 부처는 그 지독한 고독마저도 실존하는 개인이 짊어질 몫이라 말한다. 이런 의미에서 부처는 극강(極强)의 실존주의자다. 부처에게는 의미가 있던 자리도, 의미가 떠난 빈자리도, 아니 애초에 찾아야 할 의미 자체도 모두 무(無)다. 결국 인생이 무의미한 것은 인생의 의미를 찾기 때문이 아닌가.

현대미술과
벌거벗은 임금님

오늘 오후의 목적지는 LA 현대미술관(Museum of Contemporary Art)이다. 흔히 줄여서 'MOCA'라고 하는데, 뉴욕의 근대 미술관의 애칭 'MOMA'를 본떠서 지은 것이라 한다. 원래 미술과는, 특히 현대미술과는 별로 친하지 않지만, 그래도 LA를 대표하는 예술 장소라고 하니 한번 들려보기로 한다.

처음에는 올림픽 대로에서 728번 버스를 타고 다운타운 시빅센터 근처에서 찾아볼 생각이었는데, 얼떨결에 비슷한 방향의 28번 버스를 집어타고 말았다. 우연히 내린 곳은 Los Angeles Bl. 몇 블록을 시빅센터 방향으로 걸어가니, 생각지도 않았던 Koyto Grand 호텔이 나온다. 안내 책자에 의하면 이 주변이 'Little Tokyo'다. 아담한 일식 식당들이 모여 있는 웰러 코트(Weller Court)를 둘러보고 다시 시빅센터 방향으로 향한다. 한참을 헤매다 마침내 MOCA에 도착한다.

이번 주는 현대 미술가 〈아실 고르키(Arshile Gorky) 展〉이 진행되고 있다. 당연히(?) 누군지 모른다. 나중에 숙소로 돌아와 자료를 살펴보니 아실 고르키는 아르메니아 출신의 현대 미술가로 20세기 아방가르드의 주요 흐름 중 하나인 추상표현주의 예술의 거장이라고 한다.

고르키여, 나의 무지를 용서하시길. 그런데, 첫 작품부터 욕이 나온다. 세상에… 이걸 그림이라고? 거의 낙서 수준인데?

작품명 〈Agony(고통)〉 앞에서는 잠시 그가 느꼈을 처절한 고통을 느껴 보려 애를 쓴다. 그런데 그 자체가 고통이다. 역시 나중에 안 사실이지만, 이 작품은 고르키가 화실에서 목을 매 자살하기 얼마 전에 완성한 작품이라고 한다. 왠지 작가에게 미안한 마음이 든다.

***

전시실에 전시만을 하거나 비싼 가격에 사기를 칠 목적으로 작품을 만드는 현대 미술가들은 많지 않을 것이다. 특히 아르메니아 출신 고르키의 개인 이력을 살펴보면 더욱더 그런 확신이 든다. 터키령 아르메니아에서 태어나 10대에 '아르메니아 대학살'을 목격하고 파란만장한 삶을 산 개인적 경험이 그의 예술 속 깊숙이 녹아 있을 것이다.

하지만 작가는 그렇다 치고, 현대미술 평론가라는 사람들은 도대체 뭐지? 이스라엘의 풍자 작가이자 예술비평가인 에프라임 키숀

(Ephraim Kishon)이 쓴 『피카소의 달콤한 복수』라는 책에는 이런 이야기가 나온다.

> 침팬지에게 물감을 묻힌 붓을 준다.
>
> 침팬지가 제멋대로 붓을 휘두른다.
>
> 미술 평론가에게 보여 준다.
>
> '대단한 예술 작품'이라며 격찬한다.
>
> 심지어 '인간의 고뇌가 담긴 작품'이란 해설이 따라붙는다.

꾸며 낸 일이 아니라 실제로 있었던 일이다. 이런 웃지 못할 '과잉 해석'은 미술계에서만 벌어지는 일은 아니다. 고등학교 때 유치환의 「깃발」이란 시에서 '깃발'이 상징하는 것이 무엇이냐는 문제가 나온다. '정답'은 '자유' 혹은 '자유를 갈망하는 정신'이라고 귀가 아프도록 '배웠다'. 근데 정작 시인 유치환 선생의 진짜 생각도 그러했을까?

똑같은 질문을 고르키에게도 하고 싶다. '현대예술에 저항하는 용감한 유머리스트'라고 불리는 에프라임 키숀은 '사이비 현대 미술가'와 이들에 기생하는 현대예술 비평가들을 향해 날카로운 독설을 쏟아붓는다.

> 현대미술을 하는 친구들은 거의 100년 전부터 (남을 속이는) 기술을 갈고닦아 왔다. 그들은 다른 사람들에게 피해를 끼친다고 생각하면서도

이 우스꽝스러운 짓을 '신화'로 끌어올리고 최후의 지혜로 전환시키는 데 성공했다.[10]

고르키를 비롯한 현대미술 작품을 보면서 느낀 당혹감 혹은 배신감에 대해, 최근 방송에서 만난 아트디렉터에게 물어볼 기회가 있었다. 그녀는 너무나 익숙한 질문이라는 듯 다음과 같은 답변을 들려줬다.

미술이 어렵다고 느껴지는 이유 중 하나는 '틀릴까 봐'인데요, 사실 내가 모르는 분야는 틀려도 되거든요. 예를 들어 오펜하이머 영화를 볼 때 양자역학에 대해 몰라도 그렇게 부끄러운 게 아니잖아요. 대신 그 영화가 재밌었는지 지루했는지 그 감상은 각자 자유롭게 하죠. 내가 그 영화가 지루했다고 말한다고 부끄러워하지는 않죠.

사실 여기까지는 크게 공감하는 부분이 많다. 하지만 다음 대목에서는 생각이 조금 갈리는 부분이 있다. 그녀의 이야기를 조금만 더 들어보자.

작품에 대한 '해석'은 '전문가의 영역'이니 몰라도 되고 틀려도 되거든요. 대신 이 작품은 '좋아, 싫어'하는 식의 '감상'은 내 주관적인 생각이니까 맞고 틀리는 게 없죠.

나름 차분하고 논리적인 이 아트디렉터의 설명대로라면, 예술에서 감상과 해석은 분리될 수 있는 개념이다. 특히 해석은 '전문가의 영역'으로 남는다. 감상은 틀리는 법이 없으니 자유롭게 감상하고, 해석은 전문가의 영역으로 남기라는 이야기다. 하지만 해석에 대한 비평가의 '독점적 권위'는 여전히 받아들이기 어렵다. 그 권위는 누가 부여한 것인가?

특히 비평가의 독점적 해석이 '정답'인 것처럼 통용되는 예술계의 분위기는 유치환의 시 「깃발」의 '정답'이 오로지 자유라고 강변하는 것과 같은 맥락이다. 신화와 코미디 사이에서 벌어지는 미술계의 웃픈 해프닝이 해외에서만 일어나는 일은 아니다. 최근 국내 한 현대미술 전시회에서 벌어진 해프닝과 관련된 기사가 있어 소개한다.

> 지난 27일 오후 한 남성이 서울 리움미술관 마우리치오 카텔란 개인전 '위(WE)'에 전시된 작품 〈코미디언〉을 먹었다. 해당 작품은 바나나를 테이프로 벽에 붙인 작품이다. 남성은 이 바나나를 먹고 껍질을 붙여 놓은 것으로 전해졌다. 서울대 미학과에 재학 중인 이 남성은 KBS와의 인터뷰에서 "카텔란의 작품은 권위에 대한 반항이다. 작품을 훼손한 것도 어찌 보면 작품이 될 수 있을 것 같았다"며 "장난삼아서 붙여 놓고 나왔다"고 이야기했다. 전시회를 진행 중인 리움미술관은 남성에게 별도의 손해배상을 청구하지 않을 예정이다. 작품은 새 바나나로 교체됐다.[11]

바나나를 테이프로 벽에 붙인 '작품'을 관람객이 '먹어 치웠다'는 대목에서 '빵' 터졌다. 어쩌면 그 자체가 계획된 퍼포먼스이고 일종의 행위 예술이라고 생각하는 사람들도 있을 것이다. 암튼, 작품을 먹어 치운 관객이 다른 사람도 아니고 미학을 전공한 대학생이라는 점, 또 그가 작품을 훼손한 이유가 '작가와 작품의 권위에 대한 반항'이라고 밝힌 점은 아이러니하면서도 의미심장하다. 훼손된 작품의 가격은 한화로 약 1억 5천만 원 정도 되는 것으로 알려졌는데, 작가와 미술관의 통 큰 용서도 놀랍지만, 훼손된 바나나를 즉시 새것으로 교체한 순발력도 놀랍다. 결과적으로 손해를 본 사람은 아무도 없다. 어리둥절한 관객만 빼고.

누가 진실을 정하는가? ich,ich,ich

영화 〈작가 미상〉의 시작은 2차 세계대전 직전인 1937년 독일의 드레스덴이다. 히틀러와 나치에 열광하는 광적인 분위기가 독일을 휩쓸고 있던 시기다. 모든 예술은 히틀러와 나치의 업적을, 그리고 게르만 민족의 우수성을 알리는 프로파간다에 동원된다. 이른바 국가 사회주의 예술이다.

어린 쿠르트의 이모 엘리자베스는 순수한 예술적 감성과 영혼을 가진 아름다운 여인이다. 나치에게 있어 이런 그녀의 예술적 감성과 영혼은 패배주의, 혹은 퇴폐적 광기에 지나지 않는다. 결국 그녀는 위대한 게르만의 우생학적 우월성을 지키기 위해 가스실의 희생자가 되고 만다. 전쟁이 끝나고 드레스덴은 러시아의 간섭 아래 사회주의 동독으로 변신한다. 성인이 된 쿠르트는 미술학도가 되지만, 사회주의 동독에서 추구하는 예술은 역시 체제의 우월성과 선전 선동의 도구로 전락한 예술일 뿐이다. 이른바 '사회주의 리얼리즘'이 바로 그것이다. 아이러니하지만, 나치의 '국가 사회주의' 예술이나 이를 대체한 동독의 '사회주의 리얼리즘'은 이름만 바뀌었을 뿐 그 실체는 동일한 것이었다.

영화는 줄곧 "예술이란 무엇인가?"에 관해 묻고 있다. 1961년 쿠르트가 서독으로 망명한 후 겪게 되는 새로운 예술 세계, 특히 당대를 휩쓴 아방가르드적인 분위기의 예술은 쿠르트에게 대혼란을 야기한다. 뒤셀도르프의 예술학교에서 만난 괴짜 교수. 그는 하루 종일 지방과 펠트 반죽을 처바르는 작업을 한다. 그만이 아는 이 미스터리한 작업의 의미는 무엇일까?

전쟁 중 공군 비행사로 참전했던 그는 중앙아시아 지역에 불시착해서 사경을 헤맨다. 그를 지극 정성으로 구한 것은 그곳에 살던 타타르인 원주민이었다. 그때 그의 머리를 감싸던 이름 모를 지방 덩어리와 펠트. 그것이 오늘 그가 '예술 작품'으로 승화해 낸 작품의 의미이다. 그의 머릿속에만 존재하는 그만의, 매우 개인적인 경험이다. 교수는 쿠르트에게 누구의 시선이나 평가가 아닌 자신만의 이야기를 담으라는 메시지를 전한다.

"누가 진실을 정하냐고? ich, ich, ich."

이것이 괴짜 교수의 대답이다.

물론 예술이 절대적인 주관성만 가지는 것은 아니다. 특히 현대예술은 거대한 제도적 문화적 맥락 안에서 이해해야 한다는 것이 미국의 철학자이자 미술 평론가, 그리고 문화 이론가이기도 한 아서 단토(Arthur Danto)의 주장이다.

그의 대표적 저서인 『The Transfiguration of the Commonplace』는 국내에서 '일상적인 것의 변형'이란 제목으로 소개됐는데, 여기서 '일상적인 것'과 '변형'의 의미에 주목해야 한다. 현대예술의 대표적인 작품으로 평가받는 마르셀 뒤샹의 변기를 예로 들어 보자. 화장실에 가면 언제나 볼 수 있는 '일상적인' 변기가 어떤 과정, 어떤 맥락을 통해 예술 작품이란 지위를 획득했는가? 다시 말해 예술 작품으로 '변형'되었는가?

이 말은 예술 작품은 본질적인 미적 특성에 의해서만 정의되는 것이 아니라, 예술 작품이 만들어지고 소개되고 소비되는 전체적인 '맥락' 안에서 이해해야 한다는 말이다.

> 예술은 작가의 창의와 상상력을 생명으로 하지만, 제멋대로 상상하는 것과는 다르다. 쇼펜하우어의 예술론에 따르면, 예술가는 자신이 멋대로 상상하는 세계를 그려 내는 사람이 아니라, 개별 사물에 숨어 있는 이데아를 드러내는 사람이다. 따라서 예술적 천재의 '상상력'은 일반 사람의 '공상'과는 다른 것이다.[12]

『잃어버린 시간을 찾아서』의 작가 마르셀 프루스트는 오직 예술을 통해서만 다른 사람의 비밀스러운 우주로 들어갈 수 있다고 말한다. 타인의 우주로 진입하기 위해서는 예술이란 무한 상상력을 필요로 한다는 이야기다. 쇼펜하우어가 말한 것처럼, 이때 필요한 예술적 상상력은 개인의 공상과는 다른 것이다. 현대예술이 개인의 공상을 예술적 상상이란 이름으로 치장하고, 회의(懷疑)하는 자들에게 가차 없는 비난을 퍼붓는 것은 종교적 폭력을 닮아 있다.

"그냥 입 닥치고 작가의 양심을 믿으라"고 말이다.

현대예술은 다양한 해석을 요구한다. 그에 대한 정답이라는 것도 따로 존재하지 않는다. 대량소비 사회, 특히 미술의 상업화와 이에 동반한 거대한 '미술시장'의 등장은 현대예술에 접근하고자 하는 대중에게 더 큰 당혹감과 소외감을 심어 준다.

세계 금융자본의 중심지인 뉴욕과 런던을 중심으로 거대한 미술시장이 번성하고 있는 것은 결코 우연이 아니다. 2022년 5월 9일, 뉴욕 크리스티 경매에서 20세기 미술품 경매 사상 최고가가 경신됐다. 팝아트의 선구자 앤디 워홀의 작품 〈샷 세이지 블루 마릴린(Shot Sage Blue Marilyn)〉이 1억 9,500만 달러, 우리 돈으로 약 2,470억 원에 낙찰된 것이다. 앤디 워홀을 사기꾼이라고 비판하거나, 그의 작품이 왜 이렇게 비싸야만 하는지 의문을 제기하는 순간, 당신은 예술의 예(藝) 자도 모르는 무식쟁이가 될 각오를 해야 한다.

키슌은 현대예술이 저지르는 최대의 죄악은 관객을 무시하거나 심지어 경멸하는 것이라고 말한다. 그리고 현대예술계가 가하는 전 세계적인 겁주기와 테러의 무거운 짐은 평범한 관객들의 빈약한 어깨 위에 놓여 있다고 말한다.

벌거벗은 임금님이 거리를 행진할 때, 환호하는 자들은 이미 진실을 알고 있다. 다만 그 진실을 말할 용기가 부족할 뿐이다.

◇◇◇◇◇◇◇◇◇◇◇◇

허상이지만 너무나 리얼해

◇◇◇◇◇◇◇◇◇◇◇◇

이창동 감독의 영화 〈버닝〉은 무라카미 하루키의 단편소설 「헛간을 태우다」를 각색해 감독 스스로가 각본을 완성했다고 한다. 직접 보기 전에는 이 영화의 장르를 단순한 스릴러 혹은 공포 영화 정도로 알고 있었다. 각종 매스컴에서 보여 준 예고 영상은 기괴할 정도의 음산한 분위기를 전해 주고 있었기 때문이다. 어떤 비평가는 이 영화의 핵심 키워드를 '불안'과 '존재의 허상'이라고 지적하고 있다.

'불안'은 알겠는데, '존재의 허상'은 뭐지?

episode#1:

영화 〈버닝〉에는 다양한 메타포가 등장한다. 주인공 종수의 직업이 작가라는 설정과 무관해 보이지 않는다. 영화 초반에 종수는 초등학교

동창 해미를 우연히 만나 함께 술을 마시게 된다. 이 자리에서 해미는 귤을 먹는 마임을 보여 주면서 다음과 같은 의미심장한 말을 한다.

> 여기에 귤이 있다고 생각하지 말고 여기에 귤이 없다는 사실을 잊으면 돼. 중요한 건 진짜 먹고 싶다고 생각하는 거야.

실존과 허상. 그리고 존재하는 것과 존재하지 않는 것 사이의 경계. 해미는 아프리카 여행을 떠나기 전에 종수에게 자신이 기르는 고양이를 돌봐 달라고 말한다. 그러나 종수가 해미의 집에서 발견한 것은 고양이의 '흔적'일 뿐 실제로 고양이를 본 적은 없다.

해미가 어릴 적 빠졌다는 집 앞 우물의 존재 또한 불확실하다. 해미의 가족은 그런 우물은 존재한 적 없다고 말하지만, 16년 만에 만난 종수의 엄마는 분명히 우물이 존재했다고 말한다. 누가 진실을 말하는 걸까? 혹은 누가 허상을 보았던 것일까?

episode#2:

밀라레빠는 티베트 불교 역사에서 가장 중요한 인물 가운데 한 명이다. 그는 출가 직후 초기의 부처가 수행한 것처럼 혹독한 고행을 마다하지 않았다. 특히 그는 깊은 동굴 속에서 홀로 수행한 곳으로 유명한데, 수행 과정 중에 수많은 마귀들이 나타나 그의 수행을 방해했다.

마귀의 방해는 아주 다양한 형태로 펼쳐지는데, 색(色)으로 유혹하는 여인에서부터 세상의 부와 명예로 그의 기를 꺾으려 하기도 했다. 하지만 무엇보다 힘든 방해는 무지에서 비롯된 '공포'였다.

어느 날 사나운 맹수로 둔갑한 마귀가 나타나 밀라레빠를 집어삼키려 했다. 이때 밀라레빠는 주저하지 않고 자신의 머리를 맹수의 아가리에 집어넣었다. 그 이후의 이야기는 어찌 됐을까? 밀라레빠가 죽었다면 무모함의 결과로 결국 아무런 교훈도 없었을 것이다. 다행히 공포의 허상은 사라지고 밀라레빠는 깨달음을 얻었다.

어찌 됐든 해피엔딩이다.

episode#3:

영화 〈레스큐 던(Rescue Dawn)〉은 베트남전 중 베트콩에 포로가 된 미군 장교의 탈출 실화를 바탕으로 한 영화다. 주인공을 맡은 배우 크리스찬 베일의 연기가 돋보였는데, 살기 위해 정글에서 거머리, 뱀, 벌레 등 닥치는 대로 잡아먹는 장면은 실제가 아닐까 하는 생각이 들 정도다. 암튼, 기적같이 탈출해 생환한 베일(뎅글러 중위)에게 다음과 같은 질문이 쏟아진다.

> 기자: "생존비결이 무엇인가요? 주님과 국가에 대한 믿음 덕분인가요?"
>
> 뎅글러: "저는 스테이크를 믿어요."

실망한 기자가 다시 묻는다.

기자: "악조건에서도 살아남은 지혜에 대해, 전우에게 전하고 싶은 말이 있나요?"

뎅글러: "꽉 채운 건 비운다. 비어 있는 건 다시 채운다. 가려우면 긁는다. 그게 전부입니다."

영국 성공회 주교이자 철학자인 조지 버클리(Bishop Berkely)가 "모든 만물은 마음이 만들어 낸 허상"이라고 말했을 때, 동시대에 살았던 영국의 시인이자 수필가인 사무엘 존슨(Samuel Johnson)은 다음과 같이 응수했다. "바위를 발로 세게 걷어차 보라. 그래도 바위가 허상이라고 우길 것인가?"라고 말이다.

버클리의 주장이 불교의 무상(無常)과는 많이 다르다고 하여도 바위를 발로 걷어 찾을 때 느끼는 '실존하는' 통증을 허상이라 말할 수 있는 사람이 얼마나 될까? 영화 〈메트릭스〉에서 싸이퍼는 핏빛이 도는 스테이크를 먹으며 "스테이크는 허상인데 너무 현실적이다"라고 말한다. 우리 앞에 놓인 빨간 알약과 파란 알약 가운데, 어느 것을 선택할지는 여전히 고민이다. 허상 같은 현실을 좇을지, 아니면 현실 같은 허상을 좇을지 말이다.

하지만 싸이퍼의 경우처럼, 눈앞에 육즙이 흐르는 스테이크를 포기하기는 쉽지만은 않을 듯싶다.

허상이지만 너무 리얼하지 않은가.

06

역사의 승자를 누가 심판하는가?

◇◇◇◇◇◇◇◇◇◇◇◇

동상이몽(同床異夢), 동상(銅像) 수난사

◇◇◇◇◇◇◇◇◇◇◇◇

지난 한 해만큼 사람이 아닌 동상(銅像)이 화제의 중심에 섰던 적은 없었던 것 같다. 동상도 사람을 본떠 만든 것이니, 결국 사람의 문제라고 해야 맞겠지만, 동상을 옮기고 철거하는 문제가 정치적 쟁점이 되고 이념 갈등으로까지 번진 것은 뭔가 씁쓸한 뒷맛을 남긴다.

육사에 설치된 홍범도 장군의 흉상 이전 문제로 촉발된 갈등은 윤석열 대통령이 반복적으로 언급한 '반국가세력'과 '이념 투쟁'이라는 텍스트 안에서 살펴봐야 사태의 본질이 더 잘 보인다. 비슷한 시기에 광주 남구 양림동 정율성 거리에 설치된 정율성 동상이 강제 철거된 것도 같은 맥락에서 발생한 사건이다.

당시 정율성 흉상은 약 1m 높이의 기단에서 완전히 분리된 채 땅바닥에 방치된 모습으로 발견됐는데, 한 보수 성향 시민운동가의 소행으로 밝혀졌다. 경찰에 소환된 그에게 철거 이유를 묻자 "정율성 흉상이 중국의 공산주의 사상을 심어 놓은 상징이기 때문"이란 답변이 돌아왔다.

정율성은 일제 강점기 항일 군정 대학 정치부 선전과 화북 조선 혁명 청년학교 등에 소속되어 항일운동을 전개한 독립운동가이자 음악가이다. 흉상을 강제 철거한 사람이 주장한 '중국의 공산주의 사상'이란 정율성이 중국 공산당에 가입한 이력과 그가 중국인민군의 행진곡을 작곡하며 중국의 3대 음악가로 평가받는 것을 두고 하는 말로 보인다.

윤석열 정부 출범 이후 박민식 보훈부 장관은 '이적 행위'를 한 정율성을 광주광역시에서 기념하는 것을 공개 비판하면서 정율성 기념사업에 국가 예산을 절대 지원할 수 없다는 입장을 밝혀 논란이 되기도 했다.

내려지는 동상이 있다면 새로 건립되거나 세워지는 동상도 있다. 홍범도 장군 흉상 이전 문제가 첨예하게 대두되던 비슷한 시기에 경북 칠곡군 가산면 다부동 전적 기념관에서 백선엽 장군 동상 제막식이 열려 묘한 대조를 이뤘다. 이날 제막식에는 이종섭 국방장관과 박민식 보훈부 장관, 그리고 여당 원내대표를 포함한 다수의 보수 인사들이 대거 참석해 행사의 무게감을 더했다.

'6·25 전쟁 영웅'으로 알려진 백선엽 장군은 일본 만주군 소속으로 독립군 토벌에 참여해 '친일파'라는 비난을 받아 온 '문제적 인물'이기도 하다. 보훈부는 이 시기 백선엽 장군의 국립현충원 안장 기록에서

'친일반민족행위자'라는 표현을 삭제하기도 했는데, 백선엽 장군의 '명예 회복'에 가장 적극적인 입장을 보이고 있는 박민식 보훈부 장관은 그의 개인 SNS에 "대한민국을 구한 영웅에게 친일파 낙인을 찍어 모욕하는 것이 우리 미래 세대에게 물려줄 대한민국의 모습은 아니다"라고 적기도 했다.

대한민국 초대 대통령을 지낸 이승만 대통령의 경우는 더 극적이다. 1956년 탑골 공원에 세워졌던 25m 높이의 이승만 대통령 동상은 4·19혁명 때 성난 시위대에 의해 끌어 내려져 거리에 끌려다니는 수모를 겪었다. 이승만 동상의 수난은 여기서 끝나지 않는다. 지난 1979년 인하대학교 교정에 세워졌다가 건립 5년 만인 1984년 또다시 강제 철거됐기 때문이다. 그런데 최근 이승만 동상의 복원 문제가 다시 거론되고 있는 것이다.

인하대학교에 이승만 동상이 건립된 것은 학교 설립에 그의 역할이 컸기 때문인데, 1952년 하와이 이주 50주년 기념사업의 하나로 이승만 대통령이 인하대학교의 건립을 추진했고, 이것이 오늘날의 인하대가 개교한 배경이기도 하다. 인하대라는 이름도 인천의 인(仁)과 하와이의 하(荷)에서 따온 말이라고 한다. 1984년 당시 인하대 학생들은 이승만 대통령의 독재와 친일 행적을 문제 삼아 민주화 시위 중 그의 동상을 밧줄로 묶어 끌어 내렸다. 철거된 동상은 처음에는 교내 창고에 보관되다가 이전 과정을 거쳐 경기 파주에 있는 ㈜한진 소유의 창고에 보관돼 왔다.[1]

40년 가까이 창고 깊숙이 잠들어 있던 그의 동상이 다시 관심을 받게 된 것은 최근 국가 보훈부가 이승만 대통령 기념관 건립을 추진하면서부터이다. 2024년 개교 70주년을 맞이하는 인하대 내부에서도 재학생과 졸업생 사이에 이승만 동상의 복원을 둘러싼 찬반 논쟁이 뜨겁다고 한다.

공산주의 활동 경력 등 이념 문제만큼이나 친일 경력 혹은 왜색 논란을 둘러싼 문제도 동상철거의 주요 쟁점이 됐다. 광화문 한복판에 들어서 있는 이순신 장군 동상이 대표적이다.

광화문의 이순신 동상은 지난 1968년, 서울시가 서울대 미대학장을 거쳐 국립현대미술관장을 지낸 故 김세중 교수에게 의뢰해 만든 작품이다. 그런데 김세중 교수가 동상 제작에 참고한 이당 김은호 화백의 충무공 영정에 충무공이 일본도를 차고 중국 갑옷을 입었다는 주장이 제기되면서 본의 아니게 충무공 동상에도 왜색 논란의 불꽃이 튀었던 것이다. 오늘날 이런 사실을 아는 이도 드물겠지만 안다고 해도 당장 이순신 장군 동상을 철거하자는 주장으로 이어지기는 어려울 것 같다.

해외에서도 동상철거나 이전을 둘러싸고 사회적 이슈가 되기도 했다. 몇 가지 예를 살펴보자.

지난 2017년 미국 로스앤젤레스 시의회는 콜럼버스의 아메리카 대륙 도착을 기념하기 위해 제정한 '콜럼버스 데이(Colombus Day)'를 '원주민의 날(Indigenous Peoples Day)'로 바꾼다.

신항로 개척과 탐험이라는 미명 아래에 숨겨진 백인들의 수탈, 그리고 이로 인한 원주민 인디언들의 고통을 기억하기 위해서였다. 이후 뉴욕 센트럴 파크에 세워진 콜럼버스 동상이 훼손되는 일이 발생했고, 2020년 6월에는 매사추세츠주 콜럼버스 공원에 있는 콜럼버스 동상의 머리 부분이 파손된 채 발견되는 사건이 발생하기도 했다.

미국의 연방 대법관을 지낸 로저 B. 터니의 동상도 철거의 수모를 겪었다. 그는 "흑인은 너무 열등해서 백인이 누리는 권리를 누릴 수 없다"는 판결을 내린 전형적인 인종차별주의자로 링컨의 대통령 당선과 노예해방 운동에 불을 지핀 당사자이기도 하다. 이른바 '드레드 스콧 사건'으로 알려진 이 판결은 미국 사법사상 가장 수치스러운 판결의 하나로 기억되고 있다. 터니의 동상 철거는 매릴랜드주 의회에서 결정됐지만, 터니의 후손조차도 이에 반대하지 않았다. 심지어 터니의 후손은 당시 판결로 상처 입은 흑인들에게 공식 사과하고 판결의 피해자인 드레드 스콧의 후손과도 화해했다.

캐나다에서도 로저 터니만큼이나 인종주의적인 행적으로 동상 철거가 논의되고 있는 인물이 있다. 캐나다의 초대 총리를 지낸 존 맥도날드가 바로 그 주인공이다. 그는 원주민 문명화라는 명분을 내세워 인디언 기숙학교 설립을 추진했는데, 어린 원주민 아이들을 부모로부터 강제 분리해 수용하는 반인륜적인 만행을 저질렀다. 최근 이 원주민 기숙사 주변 공터에서 수백 구의 원주민 아이들 유골이 발굴되면서 캐나다 사회는 그야말로 발칵 뒤집어졌다.

특히 학대가 의심되는 정황이 속속들이 밝혀지면서 존 맥도날드에 대한 비난의 목소리도 함께 높아지고 있다. 최근 존 맥도날드의 동상이 있는 캐나다 샬럿 타운 시의회는 그의 동상철거를 공식 의결한 것으로 전해진다.

세계 어느 도시를 가든지 그 나라나 도시를 상징하는 대표적 조형물 혹은 동상과 마주치게 된다. 뉴욕의 자유의 여신상이나 브라질 리우데자네이루의 거대 예수상, 혹은 중국이나 태국에 있는 거대 불상을 떠올릴 수도 있다.

파키스탄의 바미안 석불(石佛) 같은 찬란한 인류의 문화유산이 무지한 탈레반에 의해 폭파된 어처구니없는 악몽이 떠오르긴 하지만 이러한 기념비적 조형물들이 역사적 평가에 따라 혹은 종교적, 이념적 신념에 따라 철거되거나 이전되는 것은 상상하기 힘들다.

그러나 우리나라처럼 정권이 바뀌면, 특히 진보에서 보수로 혹은 보수에서 진보로 이념의 축이 바뀌면 역사를 바라보는 사관(史觀) 자체까지 바뀌는 극단적 사례는 세계 어디에서도 찾아보기 힘든 것 같다.

한때, 독립의 영웅으로 칭송받던 인물이 공산주의자라는 프레임 속에 퇴출되고, 반대로 친일파 독재자로 비난받던 인물이 구국의 영웅으로 귀환하는 모습은 어쩐지 씁쓸함을 넘어 당혹감을 불러일으킨다.

특히 논란의 중심이 된 인물이 항일독립운동의 영웅 홍범도 장군이었기에 파장은 더 컸다. 불과 1년 전에 그의 유해가 대한민국 공군의 호위를 받으며 고국으로 돌아왔을 때만 해도 이런 놀라운 반전이 일어날 거라고 생각한 사람은 그리 많지 않았기 때문이다.

동상이 갖는 의미는 역사적 평가와 함께 권력과 권위의 문제 또한 포함하는데, 수없이 많은 독재자와 권력자들이 거의 예외 없이 자신의 형상을 딴 동상을 세웠다는 사실은 동상이 단순한 예술적 결과물임을 넘어 권위와 권력의 상징이기도 했다는 것을 의미한다. 실제로 평양에 있는 어마어마한 규모의 김일성, 김정일 동상을 본 사람들은 그 크기에 한 번 놀라고, 북한 주민들이 느끼는 경외감과 위압감에 두 번 놀란다고 한다. 혹자는 김일성 일가의 동상이 끌어 내려지는 날이 북한 정권의 종말을 고하는 가장 상징적인 장면이 될 것이라고 말한다.

4세기 안디옥 시민들이 로마제국이 부과한 과도한 세금 문제로 폭동을 일으킨 후 가장 먼저 한 행동은 테오도시우스 황제의 동상을 무너뜨리는 것이었다. 황제는 분노했고 이에 대한 보복을 다짐했다. 무너진 것은 단순한 청동 쪼가리가 아니라 근엄한 황제의 권위 그 자체였기 때문이다.

후세인 정권 몰락 후 성난 군중들에 의해 끌어 내려지는 후세인 동상이나 구소련 붕괴 이후 철거되는 레닌의 동상은 그 권력과 권위가 다했음을 알리는 일종의 상징이자 의식이었다.

미술사학자인 조은정 고려대 초빙교수는 "동상은 정치적 도구이자 심리적 억압의 도구로 작동"될 수 있다며 "기억해야 할 일, 존경해야 할 인물에 대한 동상 제작은 그 시대의 관념이다. 지배자의 권력을 수호하기 위해서이든, 학교를 건립한 이에 대한 존경과 감사의 마음이든 동상은 인간의 형태를 통해 시대의 생각을 기록한다"라고 말한다.[2]

그렇다면 우리는 인간의 형태를 통해 시대의 생각을 충실하게 기록하고 있는가? 아니면 이념과 편견의 굴레에 갇혀 시대의 생각을 왜곡하고 있는가?

때아닌 동상의 수난 시대는 우리에게 많은 것을 시사하고 있다.

◇◇◇◇◇◇◇◇◇◇◇◇

서울의 봄,
그리고 산티아고의 봄

◇◇◇◇◇◇◇◇◇◇◇◇

영화 〈서울의 봄〉 열풍이 마치 나비효과처럼 지구 정반대 편에 있는 칠레라는 나라의 현대사를 소환한 것은 결코 우연이 아니다. 소수 정치군인이 주동한 군사 쿠데타, 좌절된 민주화의 꿈, 그리고 이어진 군사정권의 잔인하고 폭압적인 인권탄압의 역사는 두 나라가 데칼코마니처럼 닮았다.

탱크와 장갑차를 앞세워 수도 서울로 진격하던 12·12 군사 반란 세력의 모습은 산티아고의 대통령궁을 향해 진격하는 칠레 군부의 모습과 정확히 겹치며, 특전사령관을 체포하려던 반란군에 맞서 싸우다 순직한 故 김오랑 소령의 모습은 쿠데타군에 맞서 대통령궁을 사수하다 사망한 아옌데 대통령의 경호부대와 참모들의 모습과도 겹친다.

1979년 12월 12일 대한민국 수도 서울과 1973년 9월11일 칠레의 수도 산티아고, 1980년 5월 광주 민주화 운동과 1973년 10월의 산티아고 민주화 운동, 그리고 이어지는 잔인한 탄압과 길고 긴 군사독재. 서울의 봄은 차가운 겨울이 됐고, 산티아고의 거리에는 쓸쓸한 빗줄기가 내렸다.

1970년대 칠레의 정치 상황과 군사 쿠데타의 배경을 살펴보려면 시계를 돌려 1964년으로 돌아가야 한다. 1964년 11월에 치러진 칠레 대선에서는 우익진영과 중도파의 지지를 받은 기민당의 에두아르도 후레이 몬딸바가 대통령에 당선되는데, 당시 미국의 기업들이 후레이를 당선시키기 위해 상당한 액수의 자금을 지원한 사실이 드러나 정치적 쟁점이 되기도 했다.

1959년 쿠바 혁명을 눈앞에서 목격한 미국의 입장에서는 중남미의 강력한 동맹국 칠레에 또다시 사회주의 정권이 등장하는 것을 그냥 지켜보고만 있을 수 없었을 것이다. 당시 좌파 진영의 살바도르 아옌데 후보는 대농장의 수용 및 분배, 동광(銅鑛)의 국유화, 모든 공기업의 수용 등 급진적인 사회개혁 정책을 주장한 반면, 온건 보수 기민당의 후레이 후보는 보수주의자들의 현상 유지 요구를 받아들인 이른바 '자유 속의 혁명(revolution in liberty)'이라는 개량적인 변화를 주장했다.

당시 칠레의 대농장주들은 농지소유주의 4%에 불과했지만, 전체 농지의 75%를 차지할 만큼 극심한 불평등 상태로 농민들의 불만은 극에 달했다.

결과적으로 후레이의 소극적인 개혁정치는 좌파와 우파 그 어느 쪽도 만족시키지는 못했다. 드디어 1970년에 치러진 대선에서는 기민당 후보가 27.8%, 미국이 지원하는 우파진영의 호르헤 알레한드리 후보가 34.9%, 그리고 공산당과 연합한 인민연합의 살바도르 아옌데 후보가 36.3%를 획득하며, 결국 결선 투표에서 살바도르 아옌데가 대통령에 당선된다.

이는 중남미는 물론 전 세계에서 최초로 쿠데타나 혁명이 아닌, 민주적 선거를 통해 집권한 사회주의 정부라는 새로운 역사의 첫 장이 되기도 한다.

아옌데는 집권 후 6백만 헥타르의 농지를 수용하고 국내와 외국계 은행 대부분을 국유화하는 급진적 개혁정치를 시행한다. 노동자와 소작 농민들에게는 반가운 소식이지만 자본가와 지주들에겐 참을 수 없는 재앙이었다. 미국 정부도 긴장했다. 헨리 키신저 당시 백악관 국가안전 보좌관은 아옌데가 미국에 위협이 될 수 있는 위험한 인물이라고 공공연히 떠들고 다녔다. 닉슨 대통령과 리처드 헬름스 CIA 국장은 칠레 사회주의 정부의 전복을 미국의 중요한 대외전략 목표로 상정했다.

불안전한 칠레의 대외 환경만큼이나 아옌데의 국내 개혁정치 상황도 순탄한 것만은 아니었다. 국유화와 외국 회사들의 수용과정에서 보상 문제로 마찰을 빚기도 했고, 미국의 본격적인 경제 봉쇄정책이 시작되면서 칠레 경제는 침체 위기를 겪게 된다. 아옌데 정권은 노동자들의 적극적인 지지를 기반으로 탄생했지만, 집권 1년 차인 71년부터 자본가와 지주들의 저항이 본격화되고, 국민당과 기민당 등 보수 성향의 야당 정치공세가 본격화되면서 정치적 위기를 맞게 된다.

〈칠레 전투〉는 1973년 3월부터 쿠데타가 발생한 9월 11일까지 6개월간의 상황을 기록한 다큐멘터리 영화다. 영화 초반부는 73년 3월에 치러질 의회 선거를 앞두고 '채널 13' 기자가 후보 가운데 누구를 뽑을 것인지를 묻는 장면으로 시작한다. 아옌데의 개혁정치에 힘을 실어 주기 위해 여당을 지지한다는 사람도 있었지만, 아옌데의 정치 실험에 신물이 난다며 그를 탄핵하기 위해서는 보수 야당에 표를 몰아줘야 한다는 목소리도 만만치 않다.

"현 정부는 제국주의자와 지주, 은행가 그리고 봉건 과두체제와 싸우고 있습니다."

아옌데는 사회주의 정부를 성공시키기 위해서는 기득권의 저항을 뿌리 뽑아야 한다고 주장하며 과감한 개혁 법안들을 줄줄이 내놓지만, 야당인 기민당과 국민당은 인민연합 정부의 개혁 법안들을 차례로 무력화시켰다.

야당의 반대로 경제사범 처벌법이 부결되고, 양성평등을 기반으로 한 가족부 창설 법안도 부결됐으며, 노동자 임금인상과 재교육 관련 법안은 지지부진 미뤄졌다. 의회에서 다수를 점한 야당의 개혁 발목잡기는 의회 밖에서도 진행됐다. '조국과 자유'라는 이름의 파시스트 그룹이 동원돼 좌파 정부의 개혁을 방해하고 폭력과 사회 혼란을 부추겼다.

1974년 전직 미 국무부 관리가 밝힌 자료에 따르면, 당시 칠레에는 40여 명의 정예 CIA 요원이 상주하고 있었으며, 이들 대부분은 파시스트 우파그룹인 '조국과 자유'의 교관이었다. 아옌데 정부를 흔들고 사회 불안을 조장하는 것이 이들의 제1목표였음은 주지의 사실이다.

1973년 대통령 선거를 전후로 미국의 CIA가 비밀리에 진행한 이른바 '칠레 퓨벨트' 작전은 대표적이다. 1973년 4월. 인민연합 정부가 구(舊) 교육체계의 민주화를 위한 교육 개혁 법안을 내놓자, 위협을 느낀 보수 야당은 학생 시위대를 동원해 대규모 반대 시위에 나선다. 위기에 몰린 인민연합 정부를 지지하기 위해 이번에는 노동자들이 거리로 나서면서 산티아고 도심은 최루탄 가스와 혼란으로 글자 그대로 아비규환이었다.

4월 27일. 노동자 시위대가 기독교민주당 당사 앞을 지나는 순간 당사 건물 창가에서 누군가 쏜 총격으로 노동자 1명이 사망하고 6명이 중상을 입는 불상사가 발생하면서, 사태는 걷잡을 수 없는 지경으로 번진다.

자본가와 부유층이 파업 노동자를 후원하고 반대로 아옌데를 지지하는 노동운동 세력은 파업을 저지하기 위해 근로 투쟁에 나선다. 우리가 상식으로 알고 있는 일반적인 파업의 상황과는 정반대의 상황이다. 물론 자본가들이 파업을 지지하는 이유는 분명하다. 아옌데 정권을 흔들기 위해서다.

칠레 군부와 미국의 끈끈한 관계는 오래된 역사를 지니고 있다. 미국은 60년대 중반부터 연평균 800만 달러의 군사원조를 제공했으며 이 액수는 라틴아메리카 각국이 미국으로부터 얻고 있던 액수 중에서 최고의 액수였다.

아옌데가 집권 후 사회주의 정부에 대한 지원은 중단됐지만, 이와는 별개로 미국은 칠레 군부에 대한 지원은 끊지 않았다. 나중에 밝혀진 미 국무부 자료에 따르면, 1971년에 500만 달러, 1972년에 800만 달러, 쿠데타가 발생한 1973년에는 무려 1천만 달러가 칠레 군부에 지원됐다. 이것만이 아니다.

전통적으로 많은 고위급 칠레군 장교들이 양국 간 군사 교류의 명분으로 장기간 미국에 거주하며 미국식 전략과 사고를 익히고 본국으로 돌아갔다. 퇴역 후에는 미국기업에 취업하는 특혜도 톡톡히 누렸다. 이러한 미국의 든든한 지원 아래, 1970년 들어서 사회 혼란이 걷잡을 수 없는 상황에 이르자 군부는 서서히 자신의 때가 왔음을 직감했다.

1973년 6월 29일 오전 9시. 6대의 탱크와 여러 대의 수송 차량에 나눠 탄 칠레 제2연대 병력이 모네다궁을 공격한다. 의회와 야당은 침묵했고, 혼란을 수습하기 위해 참모총장으로 임명된 아우구스토 피노체트는 자신을 임명한 아옌데 대통령과 국민을 배신하고 마침내 그해 9월 11일 본격적인 쿠데타를 감행하기에 이른다.

1973년 9월11일 오전 9시. 아옌데 대통령은 모네다궁이 폭격당하는 급박한 상황에서 라디오를 통한 마지막 대국민 연설을 한다. 그의 목소리는 분노로 가득했지만 동시에 흔들림 없이 비장하고 결연했다.

> "저들은 힘이 있고 우리를 굴복시킬 수 있지만 어떤 범죄와 무력으로도 사회의 진보를 막을 수는 없습니다. 역사는 우리의 것이고 그 역사는 우리들이 만들어 갈 것입니다.
> 칠레여 영원하라! (viva Chile!)
> 국민들이여 영원하라! (viva el pueblo!)
> 노동자들이여 영원하라! (viva los trabajadores!)"
> 그리고 그의 마지막 말은 "동지여, 전진합시다"였다.

아옌데는 망명이나 투항 그 어떤 것도 아닌 저항을 선택했다. 자신의 최측근 참모와 경호 병력에게는 "나를 여기에 남겨 두고 투항하라"고 권했지만, 이들도 아옌데와 최후를 같이하겠다는 뜻을 굽히지 않았다.

검은 뿔테 안경을 쓴 학자 출신의 아옌데는 총을 잡아 본 경험이 없다. 하지만 이 운명의 날, 그는 쿠바의 카스토르가 선물로 준 반자동소총으로 중무장한 반란군과 교전을 벌인다. 이 과정에서 아옌데를 포함한 그의 경호 부대원 대부분이 사망했다.

아옌데의 시신이 반란군에 의해서 들려 나오는 모습은 전 세계에 생중계됐는데, 그의 죽음이 교전 중 사망인지 아니면 스스로 선택한 자살인지는 정확히 밝혀지지 않았다.

쿠데타에 저항하다 사망한 국가원수라는 기록은 그가 선거에 의해 선출된 세계 최초의 사회주의 정부 수반이라는 기록만큼이나 진귀하다. 이로써, 작전명 '산티아고에 비가 내린다'는 완료됐고, 칠레 민주화는 암흑기에 들어선다.

피노체트 집권 기간 중 살해된 사람은 공식적으로 2천 명이 넘는 것으로 전해진다. 여기에 실종자와 고문 피해자까지 더해지면, 인권 관련 피해자는 수만 명이 넘을 것으로 추산된다. 유엔 인권위원회가 칠레 정부의 인권탄압 행위에 대해 모두 15차례에 걸쳐 공식 항의할 정도로 피노체트 치하의 인권탄압은 상상을 초월하는 것이었다.

민정 이양 이후 이뤄진 대규모 인권탄압 실태 조사 가운데 가장 충격적인 것은, 지난 1991년 9월 산티아고 공동묘지 '파티오 29'에서 발견된 불법 매장 시신들이다. 모두 130여 구에 이르는 시신 대부분에서는 총상이나 불에 탄 흔적, 손과 발에 철사줄이 감겨 있는 등, 가혹한 고문의 흔적이 발견됐다.[3]

조사위원회의 조사 과정에서 당시 비밀경찰과 국가정보부 책임자는 '좌익과의 내전 중 일어난 불가피한 선택'이었다며 사과는커녕 불편한 심기를 드러냈으며, 심지어 피노체트는 TV 방송에 출연해 "내가 무슨 말을 하기를 바라는가. 내가 무덤을 향해 애걸이라도 하라는 말인가?"라며 그 어떤 사과도 하지 않았다.

이는 1989년 광주 청문회에서 우리가 지켜봤던 전두환의 말과 태도를 쏙 빼닮아 있다.

1989년 대통령 선거에서 파트리시오 아일윈이 민선 대통령으로 당선됨으로써 17년간의 군사정권은 막을 내렸다. 하지만 피노체트의 시대가 완전히 끝난 것은 아니었다. 그는 대통령직에서는 물러났지만, 헌법에 의해 1997년까지 3군 총사령관의 직책을 보장받은 것이다. 민선 대통령의 당선으로 권력은 이양됐지만, 군의 실권은 여전히 그의 손아귀에 남아 있었던 것이다. 실제로 피노체트는 퇴임 이후에도 군 요직에 자신의 사람을 심어 아일윈을 견제했고 자신이 처벌되는 상황을 미연에 방지했다.

피노체트는 1998년 디스크 치료차 런던을 방문 중 스페인 국민 살해 문제로 영국에서 체포됐지만, 치매라는 건강상의 이유로 석방돼 칠레로 귀국 후 2006년 사망 때까지 그는 그 어떤 사법적 대가도 치르지 않았다. 그리고 2006년 12월10일. 독재자 아우구스토 피노체트는 그의 가족들이 지켜보는 가운데, 91세의 나이로 사망한다.

기억을 잃어버리는 질병인 치매를 앓았다는 피노체트가 생전에 한 유명한 말이 있다.

기억은 안 나지만 사실은 아니다.

기억은 안 나는데, 사실이 아님을 어떻게 알 수 있었을까? 그의 선택적 망각 속에는 그 어떤 후회나 사죄는 없었다.

영화 〈서울의 봄〉을 보면서 70~80년대 칠레의 군사독재가 떠오른 것은 묘한 기시감 때문이다. 소수 정치군인에 의해 짓밟힌 민주화의 꿈, 심판받지 않은 권력, 그리고 전 재산이 29만 원에 불과하며, 광주 학살은 불가피한 선택이었다고 말했던, 그리고 끝내 사과 한마디 없이 떠난 쿠데타의 주인공 말이다.

'서울의 봄'과 '산티아고의 봄'은 서로를 바라보는 자화상이다.

'그들'이 온 이후

지난해 10월 국내 개봉한 영화 〈플라워 킬링 문〉은 1920년대 토착 인디언들의 강제 이주와 토지 보상 문제 그리고 그 과정에 드러난 백인들의 추악한 만행과 음모를 사실적으로 그려 낸 작품이다. 특히 마틴 스콜세이지 감독과 로버트 드니로 그리고 레오나르도 디카프리오라는 걸출한 배우의 조합만으로도 화제가 되기에 충분했고, 영화가 던지는 메시지 또한 묵직하고 진지하다.

영화의 배경은 1920년대 미국의 오클라호마. 백인의 회유와 협박으로 오클라호마로 이주한 인디언 원주민 오세이지(Osage)족은 그들이 거주하는 지역에서 우연히 석유가 발견됨에 따라, 하루아침에 그야말로 벼락부자가 된다. 실제 기록에 따르면, 당시 오클라호마에 거주하던 오세이지족은 석유 발견 이후 미국에서 가장 부유한 사람들로 여겨졌다. 석유 발굴 이익금으로 부를 축적한 오세이지족 가정마다 자동차 소유는 기본이고 백인 가정부와 집사까지 두는 일도 흔했다고 하니, 그들이 얻은 부의 정도를 가늠할 수 있다.

영화 〈플라워 킬링 문〉은 오세이지족이 얻은 재산에 눈독을 들인 백인들의 탐욕과 함께 토착 인디언들을 교묘하게 조종하고 위협하며 급기야 살인까지 저지른 사건을 미스터리 추리물 형식으로 그려 내고 있다.

두 번의 세계대전을 거친 후, 미국은 나치 독일과 비교되는 부담을 덜기 위해 '불행하고도 비극적인 시행착오가 있었음'을 인정하는 연방 정부 차원의 성명을 발표하기도 했고, 마침내 1946년에 미해결된 토지권 수용 문제 해결을 위한 인디언 청구권위원회라는 준사법기구를 설립하기도 했다. 물론 토지권 수용과 보상 문제에 있어 원주민 인디언들이 거둔 의미 있는 성과가 아예 없었던 것은 아니다. 하지만 당시 미국의 연방 사법제도 아래에서 그 한계는 분명했다.

> 진실은 이 나라 토지 면적의 절반가량이 조약 또는 협정에 의해 에이커당 평균 1달러 미만의 가격으로 매입됐다는 것이다. 주로 서부에 있는 10억 에이커의 1/3은 보상 없이 몰수되었고, 나머지 10억 에이커의 2/3는 미국이 아무 구실도 없이 토착민의 소유권을 일방적 조치로 소멸시켜 취득한 것이다.[4]

어린 시절 영화에서 보았던 제7기병대 이야기나 존 포드 감독의 〈역마차〉는 인디언의 야만성과 미 개척자들의 용감한 영웅담을 보여 준다. 하지만 이 환상적인 스토리 뒤에는 자원개발과 수탈이라는 인디언 멸절사의 비극이 숨어 있다.

영화 〈플라워 킬링 문〉에서 오클라호마 인디언 거주지역에서 석유가 발굴되면서 비극이 시작된 것처럼, 1864년 라코타 인디언 거주지역에 구리가 발견되면서 연방정부와 인디언 사이에 갈등이 발생한다. 미국 정부와 구리 채굴 사업자들은 광산지역으로 가는 최단 거리 도로를 확보하기 위해 라코타 지역을 관통하는 '보즈먼 길(Bozeman Trail)'을 건설하고자 했고, 이로 인해 1866년 이른바 레드 클라우드 전쟁이 발발한 것이다.

그리고 1864년 라코타족의 성지인 블랙힐즈(Black Hills)에서도 금광이 발견되는데, 조지 암스트롱 커티스 중령이 이끄는 정예 제7기병대가 파견돼 금광의 존재를 확인했고, 이어서 본격적인 수탈의 계획들이 진행된다. 1876년 마침내 미국은 비할양 인디언 영토로 침공해 들어갔고 우리가 잘 아는 제7기병대의 이야기는 이렇게 시작된다. 개인적인 기억에는 '정의로운' 기병대 병사들이 잔인한 인디언 부족을 박살내는 장면이 먼저 떠오르지만, 역사적 사실은 그렇지 않다.

1876년 6월25일, 커티스 중령이 이끄는 제7기병대는 리틀 빅 혼강(The Little Big Horn) 계곡에서 만난 '성난 말(Crazy Horse)'과 그가 이끄는 수족 전사들에게 전멸당했다. 그리고 그해 겨울, 미국은 잔혹한 보복전을 전개하고 민간 지역에서 부녀자를 학살하는 만행을 저지른다. 1877년 위대한 지도자 '성난 말'이 암살당하고 라코타족의 세력이 점차 줄어들면서 마침내 미국은 블랙힐즈가 위치한 수족 보호구역의 서쪽 지역을 점령하는 데 성공한다.

1880년대 들어서 미국은 라코타족을 포함한 인디언 토착민에 대한 동화정책을 본격화한다. 인디언 전통문화를 금지하고 이들의 정체성을 말살하기 위해 어린아이들을 부모 품에서 떼어 강제로 기숙학교에 보내는 반인륜적 만행도 서슴지 않았다.

다시 영화 〈플라워 킬링 문〉으로 돌아가 보자. 퇴역 군인이자 백수건달인 어니스트 버크하트(레오나르도 디카프리오)는 오로지 돈을 위해 졸지에 벼락부자가 된 인디언 처녀 몰리 카일리에게 접근한다. 영화를 보면, 어니스트가 아주 '가끔은' 정말로 몰리를 사랑했을 수도 있겠다는 생각이 드는 장면이 있다. 그러나 그것은 디카프리오의 신공에 가까운 연기력 때문에 생긴 일종의 착시현상이다. 오일 머니, 특히 그녀가 받게 될 어마어마한 액수의 석유 개발이익을 독점하기 위해 삼촌과 공모해 몰리의 자매들, 그리고 이에 방해되는 인물들을 하나둘씩 죽여 가는 어니스트의 모습, 그리고 당뇨병 치료를 위해 마련한 인슐린에 독약을 넣어 아내 몰리를 서서히 죽게 만드는 어니스트의 모습은 석유, 금, 그리고 구리로 상징되는 부를 얻기 위해 인디언들을 기만, 회유하고 결국에는 잔인하게 학살하는 백인 정복자의 모습을 닮아 있다.

미국 프로미식축구(NFL) 워싱턴 커맨더즈(Commanders)의 원래 이름은 워싱턴 레드스킨스(Redskins)였다. 미식축구 팬들이라면 당연히 '레드 스킨스'란 이름이 더 익숙할 것이다. 2020년 미국 사회를 흔들었던 조지 플로이드 사건 이후, 인종차별적 의미를 내포한 이름을 바꾸라는 여론에 밀려 수십 년 전통의 팀명을 포기한 것이다. 짐작하겠지만, '레드 스킨'은 원주민 인디언의 붉은 피부색을 의미한다.

이 밖에도 미국 프로야구 메이저 리그의 클리블랜드 인디언스(Cleveland Indians), '인디언 전사'를 의미하는 애틀랜타 '브레이브스(Atlanta Braves)' 등의 팀명도 모두 같은 맥락에서 지어진 팀명이다.

1930년대 미국에서는 이렇게 원주민 인디언을 상업적 마케팅에 활용하는 일이 대유행하던 시절이 있었다. 실제로 당시 광고에는 얼굴에 붉은 칠을 하고 머리에는 깃털을 단 인디언들이 등장하는 일이 흔했다. '나바호'와 '체로키', '캐딜락' 등의 자동차 브랜드는 물론이고 '아파치' 헬기 등의 공격용 군사 무기도 모두 원주민 인디언과 관련이 있는 단어들이다. 착취의 대상이 이제는 소비의 대상이 된 것은 참으로 아이러니한 일이다.

1980년대 중반 이후, 미국 내 다양한 인종 집단 가운데, 인디언의 1인당 소득은 가장 낮은 것으로 나타난다. 반대로 영양실조와 질병으로 인한 유아 사망률은 가장 높다. 인디언 공동체에서는 알코올 중독과 약물 남용이 심각한 사회 문제가 되고 있고 특히 10대의 자살률은 전국

평균보다 몇 배나 높다. 평균 수명이 80세에 가까운 미국에서 보호구역 내 아메리카 인디언의 평균 수명은 45년에 불과하며, 여성은 이보다 3년 정도 더 오래 살 뿐이다.[5]

미국은 '서부 개척'이라는 이름으로, 더 나아가 신으로부터 부여받은 '명백한 운명(Manifest Destiny)'이란, 나름 거창한 명분을 가지고 인디언 원주민을 말살했다. 1860~1870년대 대평원 지역의 인디언과 들소 학살을 주도했던 필 셰리단(Gen. Phil Sheridan) 장군의 "선한 인디언은 죽은 인디언뿐이다"이란 말은 모든 것을 말해 준다.

잘 알려져 있지는 않지만, 놀라운 역사적 사실 하나는 아돌프 히틀러가 '독일 민족의 정착'과 '열등 인종 청소'을 실현하기 위해 그 이론적 근거로 제시한 이른바 '생활 정착권(lebenstraumpolitik)'이라는 정책이 1830년대 미 연방정부가 고안한 '인디언 이주법'과 토착민을 몰아내기 위해 마련한 군사작전을 선례로 하고 있다는 점이다. 독일 민족이 번영하기 위해 이웃 국가를 침략하고, 더 나아가 유대인을 학살했던 것을 정당화하는 이론적 실천적 모델이 미국의 토착 인디언 침탈 과정에서 비롯됐다는 점은 참으로 아이러니하다.

최근 이스라엘이 팔레스타인을 상대로 벌이고 있는 전쟁 행위는 나치의 유대인 학살이나 미국의 인디언 토착민 수탈 과정과도 닮아 있지 않은가?

유대인이 살기 위해 원래 살고 있던 팔레스타인인들을 강제로 몰아내는 것은 독일 민족의 정착을 위해 다른 민족은 말살해도 된다는 나치의 이론과 무엇이 다른가?

'그들'이 온 이후, 멸절의 역사는 그렇게 시작됐다.

베트남은 두 번 울지 않는다

지난 2016년 6월 27일, 박근혜 전(前) 대통령은 청와대 수석비서관 회의를 주재하면서 거듭 '월남 패망'을 거론한 바 있다. 당시 이를 두고, 베트남과의 외교 마찰 소지 등 발언의 적절성에 관한 논란이 있었다. 박 전 대통령은 이날 "과거 월남이 패망했을 때도 내부의 분열과 무관심이 큰 원인이었다"며 북핵 미사일 위협과 관련해 "분열을 꾀하며 북한을 옹호하는 세력들을 막아야 한다"고 언급하는 과정에서 월남 패망을 거론한 것이다.

하지만 정작 박 전 대통령은 취임 첫해 베트남을 국빈 방문하고, 월남을 '패망'시킨 장본인이자 현재 베트남의 '국부'로 추앙받는 정치지도자 호치민의 묘소를 참배하기도 했다.[6] 침략자 수괴의 묘를 참배한 격이니, 그녀의 신념과도 배치되는 행동이 아닐 수 없다.

1995년 12월. 이제 입사 1년 차 신출내기 PD의 첫 해외 출장지로 베트남이 낙점됐다. 1995년은 박 전 대통령의 시각으로 보면, '패망(敗亡)' 25주년이 되는 해이고, 승리한 베트남 민중의 입장에서 본다면, '통일(統一)' 25주년이 되는 뜻깊은 해이기도 했다. 당시 여러 고민을 하다가, 프로그램 제목을 〈통일 25주년, 베트남 현장을 가다〉로 정했다. 하지만 '통일'이란 표현에 화들짝 놀란 '윗분'들의 우려 때문에 결국 패망도 통일도 아닌, 나름 중립적인 표현이라 생각되는 '종전(終戰)'이란 단어로 대체됐다. 〈종전 25주년, 베트남 현장을 가다〉….

생각해 보면, 학창 시절 내내 '월남 패망'이란 표현을 듣고 또 쓰면서 자랐다. 월남 패망과 함께 '보트 피플' 등 공산주의 치하에서 탈출하는 남베트남인들의 처절함도 함께 학습했는데, 반공 세대들에겐 강력한 인상을 남기기에 충분했다.

한국번역비평학회의 초대 회장을 역임한 불문학자 황현산 선생은 한국작가회의 일원으로 베트남을 방문했던 당시의 기억을 다음과 같이 술회하고 있다.

> 우리가 미국을 거들어 베트남 전쟁에 끼어들었던 일을 사과하기 위해 베트남 작가들을 찾아간 적이 있다. 베트남 작가들은 우리들의 방문을 고마워하면서도 크게 감동하는 것 같지는 않았다. 말은 하지 않았지만, 자기들이 승리한 전쟁인데 새삼스럽게 사과는 무슨 사과냐고 묻는 듯한 기색이었다.[7]

1995년 베트남을 처음 방문했을 때, 가장 걱정스러웠던 것은 베트남 전쟁에서 '적'으로 싸웠던 나라, 한국에서 온 언론인에 대한 베트남인들의 적대감 혹은 불친절이었다. 결과적으로 말해서, 그것은 완벽한 기우(杞憂)였다. 황현산 선생이 느꼈던 것처럼 그들의 반응은 무덤덤에 가까웠다. 오히려 그들이 내게 보여 준 환대와 미소는 더 따가운 질책으로 느껴졌다. 베트남인들의 이런 태도는 역사를 망각한 자들의 어리석음이 아니라 승자의 여유와 관용의 정신에서 비롯됐을지도 모른다.

지난해 2월, 한국법원 최초로 베트남 전쟁 민간인 학살에 대한 대한민국 정부의 책임을 인정하는 의미 있는 판결이 내려졌다. 서울중앙지방법원 민사 68단독 재판부는 피해자 응우옌 티탄씨가 제기한 손해배상청구소송에서 대한민국은 3,000만 100원을 지급하라는 원고 일부 승소 판결을 선고한 것이다.

지금으로부터 55년 전인, 1968년 2월 12일, 꽝남성 디엔반현 퐁니촌이란 베트남의 작은 시골 마을에 들이닥친 한국군에 의해 현장에서 민간이 70여 명이 사망했다. 당시 여덟 살이었던 응우옌 티탄의 다섯 가족도 70여 명의 희생자 가운데 포함돼 있었다. 베트남 전쟁 기간 중 많은 민간인 피해가 발생했다. 교전 중 불가피한 측면이 없지는 않겠지만, 의도적인 학살은 완전히 다른 의미를 갖는다.

하마스의 민간인 살해 행위는 정당한 교전이 아닌 분명한 학살이며, 이스라엘의 가자지구 민간인에 대한 무차별 공습도 두 말이 필요 없는 학살행위다. 이번 판결의 의미는 바로 피해 당사자가 아닌 가해 당사자가 내린 용감한 고백이자 반성이라는 점에 있다.

판결 직후, 응우옌 티탄씨는 "역사의 진실이 밝혀지고, 잘못에 대한 반성과 화해가 이뤄지길 바란다"는 소감을 밝혔다. 한국과 베트남의 비극적인 현대사에 작지만 의미 있는 '화해의 다리'가 놓인 역사적인 순간이다.

한국무역협회의 자료에 따르면, 베트남과 처음 수교를 맺은 1992년 4억 9,300만 달러(약 6,424억 원) 수준이던 한-베트남 양국의 교역규모는 2022년 807억 9,500만 달러로 무려 160배 이상 증가한 것으로 나타났다. 양국 간 상호 투자 규모도 1992년 1,700만 달러(약 222억 원)에서 25억 달러(약 3조 2,700억 원)로 145배가 증가했다. 나도 처음 안 사실이지만, 베트남은 현재(2023년 기준) 중국, 미국에 이어 한국의 제3위 교역국가이고 한국은 베트남의 제1위 해외 직접 투자 국가이다.[8]

전문가들은 한국의 미래 투자 전략지이자 그 파트너로 베트남을 꼽는데, 주저하지 않는다. 베트남이 한국의 대(對) 중국 무역 의존도를 줄여 줄 수 있는 대안으로 부상하고 있는 것이다. 게다가 베트남인의 한국 사랑은 유별나다. 특히 최근 베트남에 불고 있는 한류 열풍은 다른 동남아 국가와 비교하더라도 남다른 구석이 있다.

2014년 CJ ENM이 베트남 VFC와 공동 제작한 드라마 〈오늘도 청춘〉이 큰 인기를 얻은 후 매년 베트남에서 30여 개 이상의 한국 드라마가 리메이크되고 있다. 〈하나뿐인 내 편〉, 〈왜그래 풍상씨〉, 〈으라차

차 와이키키〉, 〈태양의 후예〉, 〈제빵왕 김탁구〉, 〈그녀는 예뻤다〉, 〈왕가네 식구들〉 등은 현지에서도 큰 인기를 얻으며 매년 조사하는 베트남 드라마 연간 TOP 10에 선정되기도 했다. 드라마뿐만 아니라 예능 프로그램도 〈런닝맨〉, 〈1박 2일〉, 〈복면가왕〉 등 리메이크가 활발하게 진행되며 현지에서 큰 사랑을 받고 있다.[9]

베트남에 가본 사람들이라면 이런 분위기를 피부로 실감할 수 있다. 베트남의 주요 명문 대학에서는 한국어학과가 앞다퉈 개설되고 있고, 이와 동반된 한글 열풍도 만만치 않다. 한국 문화와 한국어를 배우기 위해 아예 한국으로 유학을 온 베트남 학생들도 많다. 현재 국내 체류 중인 베트남 유학생은 4만 3천 명에 이르는데, 이 수치는 중국 유학생에 이어 두 번째 규모다. 때론 과분한 느낌마저 든다. 이렇게 일방적인 사랑을 받아도 되는가 싶을 정도이다.

2025년이면 베트남 종전 50주년이 되는 해이다. 누군가에겐 여전히 '월남 패망' 50주년이 되겠지만, 정작 나날이 눈부시게 발전하는 베트남은 크게 신경 쓰지 않는 모습이다.

세계에서 3대 제국주의 패권국가를 상대로 한 번도 굴복하지 않은 나라는 베트남이 유일하다. 1954년 디엔비엔푸 전투를 통해 오랜 식민 통치의 사슬을 끊어 내고 프랑스 제국주의를 몰아냈고, 1975년 세계최강 미국에게는 베트남 전쟁의 패배라는 수모를 안겨 줬으며, 1970~80년대 중국과의 국경 분쟁에서는 한 치도 밀리지 않는 당당함을 보인 나라가 바로 베트남이다.

대학 시절, 이영희 선생의 『베트남 전쟁』을 읽으면서, 이 불굴의 정신을 가진 나라가 그리고 그 사람들이 정말로 궁금했었다. 방송국 입사 후 첫 해외 출장지로 베트남을 선택한 것도 결코 우연이 아니다. 95년 베트남 첫 출장에서 묵었던 호텔은 사이공 중심가에 있는 렉스(Lex) 호텔이었는데(지금도 있는지는 모르겠다), 알고 보니 이곳은 베트남 전쟁 기간 중 미군이 전략 사령부 건물로 쓰던 곳이었고 이 건물 지하에는 베트남 해방군, 일명 베트콩의 지하터널이 지나고 있었다고 한다. 이 이야기만 들어도 전쟁의 승패는 이미 결정돼 있었던 것은 아닐까 하는 생각이 든다.

실제로 구찌 터널과 같은 저항의 상징물에 가보면 이 말이 무슨 의미인지 실감하게 될 것이다. 이 밖에도 시클로가 아닌 자동차와 오토바이로 넘쳐나는 베트남의 거리와 활력이 넘치는 베트남의 시장, 그리고 정신없이 올라가는 빌딩 숲과 공사 현장에 가보면, 21세기 베트남의 힘과 저력을 그대로 느낄 수 있다.

『전쟁의 슬픔』을 쓴 베트남의 유명작가 바오닌은 슬픔을 이겨 낼 힘은 강인함에 있는 것이 아니라 슬픔의 의미를 아는 것이라고 말했다. 나는 이 말속에 베트남이 왜 강한 민족인지 알 수 있는 열쇠가 있다고 생각한다. 우리만큼이나 수많은 외침과 고난 속에서도 기죽지 않고 더 단단해진 베트남의 더 밝은 미래가 기대되는 이유이다.

◇◇◇◇◇◇◇◇◇◇◇

정치 검찰과 검찰 정치

◇◇◇◇◇◇◇◇◇◇◇

『정의를 부탁해』라는 책을 쓴 중앙일보 권석천 기자는 그의 책의 상당 부분을 대한민국 검찰에 대해 할애하고 있다. 책의 제목처럼 대한민국 검찰에게 정의를 부탁할 수 있기 때문이 아니라 안타깝게도 오히려 정반대의 상황이기 때문이다. 권석천 기자는 소수의 정치검사가 문제가 아니라 '검찰 정치'가 문제라고 지적한다.

무슨 차이일까? 정치검사는 글자 그대로 자신의 소신을 굽히고 정치적 맥락에 따라 부화뇌동하는 검사 '개인'에 초점이 맞춰진다면 검찰 정치는 권력과 정치구조에 맞춰 움직이는 조직으로서의 검찰, 즉 총체적인 검찰 시스템의 문제를 지적하고 있다. 아무리 상명하복에 조폭 같은 조직문화라고 해도 왜 검찰에는 양심고백을 하는 검사를 찾기 힘든 걸까? 국민의 기본적인 상식으로도 이해하기 어려운 자기 식구 감싸기와 봐주기식 수사, 그리고 고의적 수사 지연 앞에 부끄러워하는 제대로 된 검사 한 명 찾아보기가 힘든 이유는 도대체 뭘까?

2023년 5월 17일. 참여연대는 「윤석열 정부 검찰보고서 2023-검사의 나라, 이제 1년」이라는 보고서를 발표했다. 참여연대는 지난 2008년부터 검찰 권한의 오남용을 감시하기 위해 매년 검찰 보고서를 발간하고 있다. 참여연대는 이 보고서에서 "'정치검찰'이 '검찰 정치'로 진화했다고 평가하고, 지금까지 검찰이 통치 수단으로 동원됐지만, 윤석열 정부 들어 통치 주체, 권력과 정치의 주체로 전면에 나섰다"고 비판했다.[10]

지금은 대형 로펌의 고문으로 활동하고 있는 권석천 전(前) 기자가 『정의를 부탁해』라는 책에서 '검찰 정치'를 언급한 것이 지난 2015년 경으로 기억한다. 앞서 이야기한 것처럼, 정치검찰이 검사 개개인의 일탈적 행위에 초점이 맞춰 있다면, 검찰 정치는 시스템으로 작동하는 조직의 문제가 된다. 병으로 치면 중증 환자가 된 것이다. 참여연대가 현 정부의 정치를 검찰 정치로 규정한 것은 우리 정치의 또 다른 비극이 아닐 수 없다.

시사 주간지 『시사IN』은 지난해 11월 〈윤석열 정부는 '검찰 공화국' 인가, 시민에게 물어봤다〉 시리즈 기사에서 대국민 검찰 여론조사를 심층적으로 다뤘는데, 그 내용이 매우 흥미롭다. 먼저 국민이 평소 생각하고 있는 검찰에 대한 이미지 관련 부분이다. 응답자들이 가장 많이 꼽은 키워드는 '권위적이다(87.3%)'였고, 다음으로 '권력 지향적이다(84.6%)', '정의롭다(33.2%)' 순이었다. 흥미로운 사실은 '권위적이다', '권력 지향적이다'라는 응답은 진보층에서 우세했지만, 진보와 보수 간에 큰 차이 없었던 반면, '유능하다', '정의롭다'라는 긍정적 반응은 상대적으로 보수층 응답이 높은 것으로 나타났다.[11]

진보와 보수 등 정치적 지향점에 따라 검찰을 바라보는 시각이 다르다는 점은 어느 정도 예상이 가능한 부분이기도 하다. 문재인 정부 시절은 물론이고 그 이전 노무현 참여정부 시절에도 야심 차게 진행됐던 검찰개혁이 실패한 배경에는 보수층의 강력한 저항이 있었기 때문이다.

하지만 이념 성향에 차이가 없는 항목이 있다. 바로 검찰의 '제 식구 감싸기'에 대한 부분이다. 동료 검사 및 검사 출신 인사에 대한 수사를 공정하게 하고 있는지 물었을 때, '봐주기 수사'를 하고 있다고 응답한 비율이 무려 77.1%나 됐다. 더 자세히 살펴보면, 진보층의 92.4%는 물론이고, 보수층의 67.2%가 검찰의 제 식구 감싸기 수사 여부에 대해 '그렇다'라고 응답한 것이다.

검찰의 제 식구 감싸기 사례는 너무 많아서 일일이 열거하기조차 어려울 정도지만, 가장 상징적인 사건은 뭐니 뭐니 해도 이른바 '법무차관 성 접대 의혹'을 꼽을 수 있다. 경찰은 지난 2013년 김 전 차관과 건설업자 윤중천 씨를 특수 강간 등 혐의로 경찰에 넘겼지만, 1차 수사팀은 무혐의로 사건을 종결한 바 있고, 재수사 끝에 기소된 김 전 차관은 공소시효가 지났거나 혐의가 입증되지 않았다는 이유로 법원에서 최종 무죄, 면소 판결을 확정받았다.

당시 1차 수사를 지휘했던 검사 3명도 부실 수사 혐의, 더 정확한 법률적 용어로는 특정범죄가중처벌법상 직무 유기 혐의로 공수처 고발됐지만, 지난해 11월 불기소처분 결정이 내려졌다. 사건 당시 법무부 출입국 관리본부장을 지냈고 이 사건의 고발인이기도 한 차규근 법무연수원 연구위원은 불기소처분이 내려진 이날 기자들의 질문에 "일말의 기대를 걸었으나 역시나"였다며 "헛웃음조차 아깝다"라는 냉소적인 반응을 보였다.

기소권을 가진 검찰의 태도에 따라 사건의 결론이 완전히 다른 방향으로 흘러가는 모습을 우리는 수없이 지켜봐 왔다. 물론 비단 우리나라만의 현실은 아니다.

미국의 유명 투자자인 제프리 앱스타인 사건을 다루는 미 검찰의 태도는 우리에게는 기시감이 들게 만드는 대표적인 사례다. 제프리 앱스타인, 그는 '21세기 게츠비'라고 불릴 만큼 어마어마한 부와 명성을 자랑하던 인물이었다. 수억 달러에 이르는 자산과 뉴욕, 파리 등 전 세계 걸쳐 소유하고 있는 개인 별장, 전현직 대통령과의 친분 등, 그는 누가 뭐래도 권력자이자 셀럽이였다.

2000년 초반, 그의 소아성애 행위와 미성년자 성 착취 등 추악한 범죄 행위가 드러나면서 법적 심판의 위기에 몰리기 전까지는 말이다. 하지만 플로리다 경찰 당국이 제시한 수만 쪽 분량의 증거와 성 착취 피해자의 증언에도 불구하고 어떤 이유에서인지 플로리다 연방 검찰은 그를 기소조차 하지 않았다.

하지만 쏟아지는 여론의 비판과 부인할 수 없는 이른바 '빼박' 증거에 손을 든 검찰은 유죄를 인정하는 대신 최소 형량을 받는 사법 거래를 시도한다. 제프리 앱스타인은 결국 18개월 가량의 '가벼운' 형기를 마치고 마치 아무 일도 없었다는 듯이 화려하게 복귀한다. 미국에서 소아 성행위와 미성년자 성 착취 범죄는 종신형에 해당하는 중범죄라는 점에서 매우 이례적인 경우였다.

2019년 그의 추악한 범죄 행위에 대한 법원의 최종 심판이 내려지고 그가 뉴욕의 연방 감옥에서 스스로 자살로 생을 마감하기 전까지 사법 정의는 사실상 정지된 상태였고 보는 것이 맞다.

만약 2006년 플로리다 연방 검찰이 그를 제대로 기소하고 법의 심판을 받게 했다면, 더 이상의 추가 피해자의 발생을 막을 수 있었을 것이고, 앱스타인의 범죄도 막을 수 있었을지 모른다. 당시 앱스타인의 기소를 뭉개고 버틴 뻔뻔한 플로리다 연방 검사는 알렉스 어코스타(Alex Acosta)라는 인물이었는데, 그는 지난 2016년 트럼프가 대통령에 당선되면서 노동부 장관에 지명되기도 했다.

법원은 정의를 실현하는 곳이 아니다. 당혹스럽게 들리겠지만, 현 사법 체계에서 법원은 검찰의 기소 내용의 정당성을 따질 뿐이다. 검찰이 기소 의지가 없거나 하더라도 엉터리로 하면, 판사가 유죄를 내릴 수가 없다는 이야기다.

검사들을 자칭, 타칭 '칼잡이'라고 부른다. 검찰을 상징하는 로고에도 검(칼)이 들어가 있다. 그런데, 칼잡이라는 표현은 원래 외과 수술을 담당하던 의사들을 지칭하는 말이었다. 메스를 사용하는 외과의의 정교하고 신중한 손놀림은 환자의 생명을 좌우한다. 칼잡이로 치면, 소돼지 잡는 도축업자나 형장의 망나니도 빼놓을 수 없다.

칼은 쓰이는 용도와 목적에 따라, 그리고 그 칼을 사용하는 사람에 따라 흉기가 되기도 하고 생명을 살리는 도구가 되기도 하는 것이다. 옛날 임금님들은 전쟁에 임하는 장군에게 칼을 하사했고 지금도 군인이 대령에서 준장으로 진급하면 대통령이 손수 삼정검(三精劍)을 수여한다.

칼의 한 면에는 "산천의 악한 것을 베어 내어 세상을 바르게 하라"는 뜻의 글이 새겨져 있다고 한다. 칼을 휘두르면서 대단한 사명감과 자긍심도 느낄 수 있을 것이다. 하지만 동시에 그 칼날에 새겨진 의미도 함께 기억해야 한다.

정치 검찰, 검찰 정치라는 오명과 악순환의 고리를 끊어 내는 것, 그리고 결국 "산천의 악을 베어 내어 세상을 바르게 하라"는 칼의 소명을 다하는 것이 대한민국 검찰에 주어진 지상과제이다.

그리고 그 '정의의 칼'이 정권이 아닌 국민으로부터 하사되는 것임을 잊지 말아야 한다.

역사의 승자를
누가 심판하는가

북아프리카에 위치한 튀니지는 포에니 전쟁의 영웅 한니발 장군이 태어난 고향이기도 하다. 그래서 튀니지 사람들은 이에 대한 자긍심이 대단하다. 그러나 포에니 전쟁이 벌어졌던 역사의 현장으로 유명한 카르타고 비르사 언덕(Byrsa Hill)에 가보면 많은 사람들이 실망감과 당혹감을 감추지 못한다.

세계문화유산으로 지정돼 해마다 전 세계 관광객들의 발길이 끊이지 않는 곳이지만, 정작 유적이라 할만한 제대로 된 기념물들이 남아있지 않기 때문이다. 전쟁에 승리한 로마 군대는 이 지역을 철저하게 파괴했다. 심지어 불 지르고 소금까지 뿌렸다고 하니, 한니발의 끈질긴 저항에 어지간히 진저리가 난 모양이다. 요는, 패자는 패전의 멍애와 함께 제대로 된 역사를 증언해 줄 흔적마저 박탈당했다는 사실이다.

〈Act of Killing〉은 1960년대 인도네시아에서 발생한 대규모 민간인 학살사건을 소재로 한 다큐멘터리 영화로 국내에는 지난 2013년에 개봉됐다. 이 다큐멘터리 영화가 근현대사의 많은 학살사건을 다룬 여타 영화들과 다른 점은 피해자가 아니라 가해자를 중심에 놓고 이야기를 전개하고 있다는 점이다.

물론 이런 영화의 전개 방식은 감독이 애초에 의도한 바는 아니었다. 1960년대 중반 인도네시아에서 벌어진 대규모 민간인 학살사건의 진상 규명을 요구하는 국제 인권 단체의 의뢰를 받은 조슈아 오펜하이머 감독은 원래 학살의 피해자를 취재하고 있었다. 하지만 인도네시아 정부에서 그들과의 접촉을 방해하고 금지하는 바람에, 취재 대상을 피해자에서 가해자로 변경하게 된 것이다.

그렇다면 학살의 실제 가해자들은 어떻게 실명(實名)으로 영화에 등장할 수 있었을까? 예를 들어 나치의 유대인 학살범들이 시간이 흘러 다시 살인을 재연할 수 있다는 것이 가능하기나 할까? 그것도 아주 당당하게? 놀랍게도 이 다큐멘터리 영화에 등장하는 학살의 가해자들은 너무나도 당당했고 심지어 카메라 앞에서 웃으며 태연하게 살인을 '재연'했다. 어떻게 이런 일들이 가능할까?

첫째, 이들 대부분은 자신들이 저지른 잔인한 학살에 대한 죄의식이 없었다.

이 점은 이 다큐멘터리 영화가 시사하는 매우 중요한 문제로 일찍이 한나 아렌트가 주장했던 무사유(thoughtlessness)나 '악의 평범성'의 문제와도 닿아 있다.

둘째, 이들은 역사적으로 어떠한 심판도 받지 않았다.

당시 인도네시아에서 벌어진 무고한 양민 학살의 주인공들이 사법적 심판을 받은 사례는 거의 없다. 군부 집권이 계속되면서, 심지어 이들은 현재까지도 '반공(反共)의 영웅들'로 추앙받으며 부와 명예를 축적해 떵떵거리며 아주 잘살고 있다. 만약 이들이 역사의 심판을 받았거나, 최소한 역사적인 평가의 심판대 근처에라도 갔다면 이들이 이토록 당당하게 살인을 재연하지는 못했을 것이다.

작품의 제목이 'act of killing'인 것은 글자 그대로 그들이 저지른 살인(killing)을 재연(act)하고 있기 때문이다. 사실, 이 영화의 실제적인 주인공인 안와르 콩고는 자신이 저지른 학살을 재연하는 것이 완전히 다른 용도의 작품 소재가 될 것이라고는 생각지 못했을 것이다. 자랑스러운 '반공의 투쟁 기록' 정도라고 생각했을까. 빨갱이들을 어떻게 색출했고, 어떻게 자백을 받아 냈으며, 결국 어떻게 고문하고 살인했는지까지 말이다.

영화광이었던 안와르 콩고는 실제로 자기가 영화의 주인공이 됐다는 환상에 사로잡혀 매우 적극적으로 카메라 앞에서 잔인한 살인 장면을 재연한다. 영화 중간에 실소를 자아내지만 역시 의미심장한 장면 하나가 있다. 실수로 어린 새끼 오리를 다치게 한 손자에게 안와르가 "실수지만 아프게 했으니까 미안하다고 말하라"며 훈계하는 장면 말이다. 이 장면만 따로 놓고 본다면, 안와르 콩고는 살인마가 아니라 다친 오리 새끼를 걱정하는 그저 정 많은 노인으로 보일 수도 있다.

하지만 반복적으로 말하지만, 안와르 콩고는 자신이 저지른 살인이 지나가는 벌레를 죽이는 정도라고 생각했다. 실제로 영화가 끝날 때까지 안와르 콩고는 학살의 피해자에게 어떤 사과나 유감을 전하지 않는다. 심지어 그는 자신의 행동이 공산주의자를 죽여야 한다는 '양심'에서 비롯된 것이라고 주장한다.

그렇다면 앞서 지적한 이들의 도덕적 불감증과 무감각은 어디서 기원한 것일까? 당시 학살에 주동적으로 참여했던 인도네시아의 보수우익단체 프리만의 지도자가 내뱉은 말에서 중요한 단서를 찾을 수 있다.

> 역사의 승자를 누가 심판합니까? 우리는 승자예요.
> 아무도 우리를 심판하지 못합니다.

"역사의 승자를 누가 심판합니까?" 이 말은 우리에게도 일종의 기시감을 안겨 준다.

> 실패하면 반역, 성공하면 혁명 아닙니까?

1979년 신군부의 12·12 군사 반란을 소재로 한 영화 〈서울의 봄〉에서 주인공이자 반란의 주범 전두광(전두환)이 한 말이다. 결국 이들은 쿠데타에 '성공'했고 권력을 장악했다.

그렇다면 반란 주도 세력들은 이후 제대로 된 죗값과 역사적 평가를 받았을까? 영화에서 쿠데타에 저항하는 수도경비 사령관 이태신의 실존 인물인 장태완 사령관은 지난 1993년, 전두환과 노태우 등 반란을 주도한 34명을 검찰에 고소했지만, 검찰은 "죄가 인정되지만 처벌은 하지 않는다"는 기소유예 처분을 내렸다. 이후 악화되는 여론과 노태우 비자금 사태가 폭로되면서 정치권은 특별법을 만들어 이들을 다시 법정에 세우게 되고, 1심에서 전두환은 사형, 노태우는 22년 6개월을 선고받는다. 하지만 1997년 12월, 정부는 다시 관련자 전원을 사면하면서 제대로 된 역사적 심판은 역시 물거품으로 돌아가게 된다.

당시 정부가 발표한 사면 이유는 '국민 대통합'과 '경제난국 극복을 위한 국가 역량 집중'이었다. 군사 반란의 주범들이 안와르 콩고 일당들처럼 여전히 떵떵거리며 호의호식하는지는 잘 모르겠다. 하지만 광주 학살과 12·12 쿠데타의 주범인 전두환은 사망할 때까지 그 어떤 유감이나 사과를 한 적이 없다.

유대인 도살자라 불렸던 아이히만이나 일본의 전범 도조 히데끼도 법정에서 끝까지 자신의 무죄를 주장했지만, 이처럼 당당하지는 않았다. 그들은 전범(戰犯)으로 심판대 위에 앉아 있었고, 결국 법의 심판을 받았다.

600만이 넘는 유대인 학살과 '대동아공영'이라는 명분 아래 죽어 간 수많은 무고한 죽음에 대한 당연한 결과라고 생각하겠지만, 실제로 이런 심판은 극히 일부의 일인지도 모른다.

개혁의 대상이 개혁의 주체가 되고, 심판의 대상이 심판자의 자리에 앉아 있는 역사의 아이러니는 여전히 현재 진행형이기 때문이다.

이 다큐멘터리 영화는 매우 이례적인 전개 방식을 택했고, 또 나름 훌륭한 성과도 거두었다. 가히 인간의 폭력에 관한 문제를 비롯해서 역사와 심판 그리고 정의의 문제까지 포괄하는 묵직한 주제 의식도 포함하고 있다. 감독인 조슈아 오펜하이머가 에필로그에 남긴 다음의 말은 역사적 평가와 그에 따른 심판이 왜 필요한가를 절실하게 보여 준다.

> 이러한 학살의 역사를 나와 상관없는 문제라고 생각해서는 안 된다.
> 힘든 문제를 바라보는 것에 대한 두려움을 극복해야 한다.
> 우리의 삶 또한 누군가의 고통으로 이루어진 것이기 때문이다.

나폴레옹은 "역사는 합의된 거짓말이다"라는 유명한 말을 남겼다. 이 말은 역사는 승자에 의해 기록되며, 시간이 흐르면서 변형되고 재창조된다는 점을 강조하고 있다. 결국 역사는 신의 정의나 권선징악이라는 도덕적 이상이 실현되는 장소가 아니라 승자독식의 냉혹한 전시장일 뿐이라는 것이다.

스탈린과 히틀러는 역사가 두고두고 기억하는 잔인한 독재자라는 공통점이 있다. 그러나 두 사람에게는 결정적인 차이가 있다. 한 사람은 폭격으로 폐허가 된 베를린의 지하 벙커에서 자살로 비참한 생을 마감했다는 것이고, 다른 한 사람은 살아생전 그 어떤 심판도 받지 않았다는 점이다.

단순히 독일이 지고 러시아가 승전국의 지위를 확보했기 때문만은 아니다. 스탈린은 살아 있는 동안 권력을 놓치지 않았고 마지막 순간까지 '위대한 지도자'로 추앙받았다. 그가 사망한 1953년 이후에야 스탈린에 대한 재평가 작업이 이뤄지고 '위대한 지도자'는 과오를 저지른 평범한 지도자로 격하되기에 이른다.

70년대 '킬링필드'로 악명 높은 캄보디아 급진공산주의 크메르루즈의 권력자 폴 포트도 1998년 체포 직후 심장마비로 사망했다. 유엔과 캄보디아 정부가 구성한 특별재판부에 회부되기 직전이었다. 결국 21세기 최악의 학살범은 그 어떤 사법적 심판도 받지 않았다. 유일한 위안은 스탈린이나 폴 포트가 '신의 심판'으로 급사했다는 사실뿐인데, 신을 믿지 않는 사람들에겐 이 또한 위안이 되지 않을 것이다.

정의는 하늘나라가 아니라 인간의 땅에서 이뤄져야 마땅하기 때문이다.

07

무엇을
믿을 것인가?

잃어버린 '천국'을 찾아서

지난 2011년 5월 11일, 세계적인 물리학자 스티븐 호킹 박사의 발언이 또 한 번 논란을 불러일으켰다. 영국 일간지 가디언과의 인터뷰에서 호킹은 "천국은 없고 그것은 단지 죽음을 두려워하는 인간에 의해 만들어진 동화"일 뿐이라고 말했기 때문이다. 그는 이어서 "천국, 혹은 사후세계라는 것은 실제로 존재하지 않으며, 죽기 직전 뇌가 깜빡거림을 멈추고 나면 그 이후엔 아무것도 없다"라고 주장했다.

한 해 전인 2010년에도 호킹은 『위대한 설계』라는 자신의 저서를 통해 "우주는 신에 의해 창조된 것이 아니다"라는 주장을 해 전 세계 기독교도들은 물론이고 천국을 갈망하던 수많은 사람들의 가슴에 커다란 실망을 안겨 줬다.

"꿈 깨시게. 천국 같은 건 없으니까"라는 호킹의 발언은 유신론자와 무신론자 모두에게 당혹스럽고 충격적이다. 특히 세계적인 석학인 호킹의 발언이기 때문에 무게감이 남달랐다. 호킹의 대선배인 천재 물리학자 아인슈타인조차 신이나 천국과 같은 내용에 대해서는 구체적인 입장을 밝히기를 꺼려 했다.

공자님도 죽음이나 죽음 이후의 세계에 관해 물으면 "사는 것도 모르는데 내가 어찌 죽음을 알겠냐"며 에둘러 외면했던 주제이다.

종교 분야에서 가장 영향력 있는 저널리스트로 「뉴스위크」의 종교 관련 기사를 총괄했던 리사 밀러(Lisa Miller)는 그녀의 저서 『헤븐(heaven)』을 통해 천국이라는 생각의 기원과 역사적인 전개 과정을 종교적인 편견 없이 매우 객관적으로 서술하고 있다. 그녀의 안내를 따라, 잃어 버린 천국의 의미를 돌아보자.

어린 시절, 평상에 누워 뭉게구름이 만들어 내는 다양한 형상에 자신만의 무한 상상력을 더해 특별한 스토리텔링을 이어 가던 기억은 누구나 한 번씩은 있을 것이다. 수시로 변하는 뭉게구름은 토실한 양 떼가 되기도 하고, 말을 탄 기사는 물론이고 포악한 괴물의 형상으로 바뀌기도 한다. 그때나 지금이나 하늘에서 예수님의 자애로운 얼굴을 봤다거나, 성모 마리아 혹은 거대한 십자가 형상을 봤다는 이야기는 계속해서 이어지고 있다. 실제로 인터넷에 들어가 보면 관련 영상들이 엄청 많은 것을 확인할 수 있다. 영상의 진위 여부를 떠나 공통적인 사실 하나는 아주 오래전부터 사람들은 신이나 거룩한 존재가 '저 높은 하늘 어딘가'에 있다고 믿어 왔다는 점이다. 실제로 2002년 「뉴스위크」가 실시한 설문조사에 의하면, 천국을 믿는다고 답한 미국인의 71%가 천국은 '실재하는 공간'이라 생각하며, 그 공간으로 '하늘 위'를 지목했다.[1]

이러한 생각은 어디서 비롯됐을까? 로마의 시스티나 성당 천장에 그려진 미켈란젤로의 성화를 보면, 천국이 하늘이라는 열린 공간과 연결되는 사고의 방향은 미켈란젤로가 살던 시대도 예외가 아니었음을 알 수 있다. 아니, 그 이전 천국에 관한 생각들이 그의 그림에 반영됐고, 또 그 이후 세대를 거쳐 끊임없이 영향을 미쳤음을 알 수 있다.

사실 천국을 뜻하는 단어 '파라다이스(paradise)'는 그리스어 '파라데이소스(paradeisos)'에서 유래했고, 이를 좀 더 거슬러 올라가면 고대 페르시아어 '파이리다에자(pairidaeza)'가 그 기원에 해당한다. 그러나 여기에는 오늘날 우리가 알고 있는 것과 같은 '천국'의 의미는 없다. '파이리다에자'에는 '둘러싸다'라는 의미와 함께, '왕의 즐거움을 위한 광활한 동물원이나 식물원'이란 뜻을 담고 있을 뿐이다.

'둘러싸다'라는 의미에서 보이듯 열린 하늘의 개방성보다는 오히려 닫힌 동물원의 폐쇄성이 우선하는 개념이다. 게다가 이곳은 '산자의 공간'이지 '죽은 자의 공간'은 더더욱 아니다. 그렇다면 언제부터 천국은 죽은 자, 특히 신에 의해 선택된 소수의 공간이 되었을까?

'저 높은 곳에 있는' 천국은 원래 신(神)과 천사(天使)가 사는 곳으로 인간에게는 열린 공간이 아니었다. 실제로 구약성서나 토라를 살펴보면 천국에 관한 암시로 가득하지만, 인간이 천국으로 통하는 관문은 생각보다 쉽게 보이지 않는다.

고대 그리스 신화를 살펴보아도 인간이 죽어서 가는 곳은 지하 세계(하데스)이며, 신이 거주하는 곳은 올림푸스라고 하는 특수한 공간으로 이 역시 인간에게 허용된 공간이 아니다.

천국이 인간에게 '개방'된 것은 세상의 종말에 따른 심판과 신실한 믿음을 가진 '의로운 자(者)'에 대한 '보상'의 측면이 강조되기 시작하면서부터이다. 학자들은 이러한 관점을 보통 '계시신학(啓示神學)'이라 부른다.[2] 지금 우리가 이해하는 천국, 즉 의로운 사람이 죽은 후 (하늘로) '올라가' 신과 함께 영원히 거하는 공간이라는 개념은 기원전 2세기경 '발명'된 것이다. 나중에 기독교는 천국이라는 개념을 수용했을 뿐만 아니라 확장하고 화려하게 치장했다.

> 아브라함은 백발이 되도록 천수를 누리다가 세상을 떠났다.
>
> - 『창세기』 25장 8절

당시 유대인들은 아브라함이 천국에 갔다는 생각보다는 하느님의 충실한 종으로 살다가 '좋은 죽음'을 맞이했다고 생각했다. 실제로 아브라함이 죽자, 그의 배다른 자식인 이삭과 이스마엘은 그를 사라가 묻힌 동굴에 매장했는데, 사후에 조상과 함께 묻히는 것은 당시 유대인들에게는 보편적인 동시에 가장 영광스러운 일이었다.

믿음의 조상이라는 아브라함도 하느님 곁이 아닌 그의 아내와 조상의 곁에 묻혔다는 점은 당시 토라의 저자들에게 천국은 사람이 아닌 신과 천사들의 공간으로 인식했다는 사실을 반증해 준다. (물론 구약성서에는 천국에 올라가 신과 함께 산 두 명의 인물이 등장한다. 첫 번째 인물은 에녹이고 두 번째 인물은 엘리야이다.)

한발 더 나아가 천국은 인간이 접근하기 힘들 뿐 아니라 금지된 곳이었다. 천국의 환영을 본 야곱의 반응을 성서는 다음과 같이 묘사하고 있다.

> (야곱은) 두려움에 사로잡혀 외쳤다.
> "이 얼마나 두려운 곳인가.
> 여기가 바로 하느님의 집이요, 하늘의 문이로구나."
> -『창세기』 28장 17절

히브리 성서에는 구체적인 내세 관념이 없다. 그런데 아이러니하게도 조상숭배 사상은 고대 히브리 문화에 강력한 영향력을 발휘하고 있었다. 실제로 고대 히브리인들은 조상에게 포도주와 음식을 대접하고 조언을 구했으며 잔치를 베푸는 일들을 일상적으로 행했다. 따라서 히브리 율법에서 조상숭배를 엄격히 금했다는 이야기는 곧 조상숭배가 히브리인들에게 일상적이었다는 점을 강력히 반증하는 것이다.

이는 우리의 조상숭배 사상과 일맥상통하는 점인데, 유일신을 주장하는 입장에서는, 특히 유일신을 주장하는 종교 지도자와 종교 권력자들 입장에서는 조상숭배와 내세 관념은 있어서는 안 될, 혹은 제거돼야 할 악습(惡習)인 것이다. 유일신 전통에 대한 고집스런 주장 때문에 종교 지도자들이 천국의 길을 인간에게 내주었다는 주장은 그래서 타당성이 있는 이야기다.

그렇다면 유대인들의 천국에 대한 개념은 어디서 온 것일까? 인디애나 대학교의 종교학 교수인 잠쉬드 초크시는 조로아스터교가 천국과 지옥에 대한 유대교의, 더 나아가 기독교와 이슬람교의 사상에 결정적인 영향을 주었다고 믿는다.[3]

BC586년, 바빌론의 느브갓네살 왕이 예루살렘에 진격해 그곳에 살던 사람들을 지금의 이라크 지역인 바빌론으로 끌고 갔는데, 이를 바빌론의 유수(幽囚)라고 한다. 바빌론으로 끌려간 유대인들은 당시 이 지역에 만연해 있는 조로아스터 사상에 노출돼 영향을 받게 되는데, 이것이 바로 오늘날 유일신 종교들이 가지고 있는 천국 개념의 기본적인 원형이라는 것이다.

***

이제 나는 가장 행복한 삶, 영원히 지속되는 삶으로 들어갈 것이다.

이 말은 지난 2011년 9·11 테러 당시 아메리칸 항공 11편의 조정석을 탈취해 쌍둥이 빌딩으로 돌진한 모하메드 아타의 여행 가방 속에서 발견된 친필 기록이다. 아타가 가공할 테러에 참여하게 된 동기와 그가 죽음 이후 무엇을 꿈꿨는지 알 수 있는 내용이다.

흔히, 이슬람 극단주의 테러리스트들이 자폭테러와 같은 끔찍한 행위를 저지르는 이유가 우유와 꿀, 시원한 샘물이 흐르는 낙원에서 아름다운 미녀들에 둘러싸여 시중을 받게 된다는 달콤한 유혹과 보상 때문이라는 이야기가 있다.

실제로 마호메트의 발언에 대한 일종의 해설서인 『하디스(Hadith)』에도 이슬람 순교자들에게 약속된 매혹적인 처녀들이 등장한다. 1980년대 이란-이라크 전쟁 기간 중 징집된 이란 병사들에게 나눠 준 팸플릿에도 요염한 자세의 미녀 사진이 실려 있었던 것으로 전해진다.

여러 가지 정황상, 이슬람의 낙원에는 유대인들이 그리는 천국에 비해 감각적인 쾌락과 물질적인 요소들이 유독 강조된 측면이 있다. 물론 풍부한 '은유적 표현'을 잘못 해석했다거나 의도적으로 왜곡해 과장했다는 반론도 있을 수 있겠지만, 이에 대한 구체적인 해명은 별로 찾아볼 수가 없다. 특히 후대의 페미니스트들이라면, 왜 이슬람의 낙원에는 남성들을 위한 미녀만 있고 여성들을 위한 미남들은 없는지 궁금해할 수도 있겠다.

약간 딴지를 거는 것처럼 들리기도 하지만, 이런 종류의 문제 제기는 나름 합리적일 뿐 아니라, 꼭 페미니스트가 아니라도 던질 수 있는 상식적인 궁금증이기도 하다. 이에 대한 답변은 생각보다 단순하다. 이슬람 탄생 이후 『코란』의 번역과 해석을 남성들이 독점적으로 수행해 왔기 때문이다. 따라서 오늘날 여성들이 『코란』을 재해석한다면 『코란』이 그리는 낙원의 모습도 이전과는 완전히 다른 모습이 될 수도 있을 것이다.

여기서 한발 더 나아가 지적하고 싶은 사실 하나는 유대인들과 후대의 이슬람인들이 그리는 천국의 모습이 대체로 당시의 중근동 지역의 사막을 배경으로 하고 있다는 점이다. 용솟음치는 샘물, 달콤한 꿀, 신선한 포도주, 푸르른 정원, 그리고 시원한 그늘을 제공하는 천막 등이 이런 혹독한 사막의 현실에 대한 강력한 보상으로 제시되고 있는 것은 그래서 너무 당연해 보인다. 만약 농경이 주축이던 고대 중국인들이 천국을 그렸다면, 사막을 배경으로 한 천국은 등장하지 않았을 것이다. 이 말은 천국은 신의 계시가 아니라 '그때', '그곳'에 살았던 인간의 욕망과 희망이 투사돼 있다는 사실을 반영한다.

천국과 지옥의 개념이 시대상을 반영하여 나름 융통성을 발휘하기도 했다. 초기 기독교 교회의 신학자이자 철학자, 그리고 히포(옛 로마의 도시 이름)의 감독이었던 성 어거스틴(St. Augustin)은 세례를 받지 않고 죽은 아이는 지옥에 간다는 매몰찬 주장을 굽히지 않았다. 하지만 중세 신학의 대부 토마스 아퀴나스는 이 주장이 너무 가혹하다고 생각했는지, 지옥 대신 '림보(Limbus)'라고 하는 나름 절충적 장소를 물색해 냈다. 아퀴나스의 주장에 따르면, 세례를 받지 못한 아기라 할지라도 이곳 림보에서는 육체적 고통이나 형벌을 받지는 않는다고 한다. 급기야 지난 2007년, 교황 베네딕토 16세의 지시로 발간된 보고서에는 림보에 관한 가르침을 중단하라는 권고가 담겨 있다.

오늘날 가톨릭 신자 가운데, 세례를 받지 못했다는 이유로 아기들이 무시무시한 지옥의 불구덩이에 던져진다는 주장을 이해하고 용인하는 사람은 아무도 없을 것이다. 심지어 대부분의 개신교 종파는 세례를 받지 않은 아기들이 곧장 천국으로 올라간다고 가르친다.[4] 지옥에서 천국으로. 대단한 반전이다.

1517년 10월 31일. 루터는 독일의 위텐베르크 성당 문 앞에 95개조 반박문을 게시했다. 그중 마지막 항목은 천국과 관련돼 있다.

> 기독교인은 열심히 그리스도를 따라야 한다.
>
> 그럼으로써 천국에 들어갈 것을 확신해야 한다.

나는 루터가 말한 천국이 당시 부패한 교회가 사고팔던 천국과는 확연히 다른 것이라 확신한다. 오로지 믿음으로써만 얻을 수 있는 천국이라면, 그것은 기존의 닫힌 천국이 아니라 누구에게나 열려 있는 천국일 가능성이 높기 때문이다. 실제로 루터나 칼뱅 같은 종교개혁가들은 모든 구원받는 이에게 동등한 조건의 천국, 다시 말해 열린 천국을 돌려주었다.

17세기, 코페르니쿠스에 의해 '경계가 없는 우주'가 묘사되면서 필연적으로 '신의 집'인 천국은 완전히 다시 '상상'되어야만 했다.[5] 천국을 철석같이 믿었던 사람들에게 불어닥친 위기였다. 천국이 우리 가까이 있는 물리적 공간이라는 생각을 버리는 것은 동시대인들에겐 엄청난 충격인 동시에 새로운 도전이었을 것이다.

20세기에 이르러 현대의 천체물리학자들은 우리가 아는 우주 너머의 또 다른 물리법칙이 지배하는 다우주(多宇宙), 혹은 평행우주에 관해 이야기하고 있는데, 꼭 종교적 관점의 천국이 아니더라도 인간의 상상력이 허용하는 또 다른 세계라는 점에서 흥미롭다.

불교에서 말하는 일체유심조의 가르침처럼 천국 혹은 극락을 마음이 그리는 허상으로 받아들일 수도 있고 하느님의 나라를 상징하는 은유로 받아들일 수도 있다. 혹은 정말로 실존하는 공간이나 구체적인 보상으로도 받아들일 수 있을 것이다.

문제는, 12세기 유대 철학자 마이모니데스(Moses Maimonides, 1135~1204)의 표현처럼, "앞으로 올 세계에서 영혼이 누리게 될 복된 상태에 관해 설명하거나 이해시킬 방법이 이 세상에는 없다"는 점이다. 마치 부처가 중생을 위해 설할 때, 문자의 한계를 뛰어넘은 불립문자(不立文字)의 세계로 안내했던 것처럼 말이다.

문득, "예수천국 불신지옥"을 외치는 사람의 모습이 떠오른다. 천국을 향한 열정이 지나쳐 그들의 마음은 이미 지옥이다. 환상 속의 지옥이 아니라, 욕망과 저주가 뒤섞인 현실의 지옥 말이다. 그래서 이런 사람이 인도하는 천국이라면 가고 싶은 마음이 1도 없다.

이젠 고인(故人)이 된 호킹의 이야기로 돌아가 보자. 호킹은 2018년 3월 14일, 76세의 나이로 타계했다. T.S. 엘리엇처럼 자신의 시신을 선조들의 고향인 영국의 작은 교회에 묻어 달라는 당부 같은 것은 하지 않았지만, 호킹의 장례식 예배는 그가 52년간 재직한 케임브리지 대학교의 그레이트 세인트 메리 교회에서 거행됐다. 그리고 호킹 박사의 유해는 화장된 뒤, 런던의 웨스트민스트 사원에 안치됐는데, 이곳에는 만유인력의 법칙을 발견한 뉴턴과 진화론의 창시자인 찰스 다윈이 함께 묻혀 있는 곳이기도 하다.

그렇다면, 재로 돌아간 호킹은 천국이 아닌 어디로 갔을까? 만유인력을 통해 놀라운 신의 존재를 확인한 뉴턴과 생명의 기원을 통해 천지창조의 비밀을 알아 버린 다윈 사이에 누워 있는 호킹은 또 어떤 생각을 하고 있을까?

어쩌면 호킹은 이런 종류의 질문에 화를 내면서 다시 물을 것이다.

"이봐, 질문 자체가 틀렸네. 애초에 없는 곳을 어찌 갈 수 있겠나?"라고 말이다. 호킹의 생각이 옳다면, 그는 영원한 '없음'의 세계에 잠들었을 것이다.

'잃어버린 천국'은 다시 살아 있는 자의 몫이다.

신앙은
인간의 조건인가

종교 없이 사는 것은 과연 의미 없는 삶, 무 도덕적인 삶을 사는 것을 의미할까? '독실한' 종교인과 대화를 나누다가 무종교임을 밝히면, 상대방은 매우 놀라워하며 묻는다. "종교 없이 살다 보면, 삶의 방향이나 의미를 찾기 힘들지 않나요?"라고.

그렇다면 신이나 종교를 도덕성의 원천으로 삼는 것은 합당한가? 특정한 종교가 없이도 그들보다 훨씬 더 도덕적으로 사는 사람들은 얼마든지 있다. 아이러니하게도 종교적 색채가 강한 사회일수록 배타적이고 독선적이다.

종교학자 카렌 암스트롱(Karen Amstrong)은 "미국이 도덕적으로 낙후된 것은 신을 믿는 사람들이 많기 때문"이라고 말한다. 그리고 듀크 대학교의 데보라 홀(Deborah Hall) 교수팀의 연구 보고서에 따르면, 보수적이고 완고한 종교인일수록 인종차별적 성격이 강하며, 이와는 반대로 무종교인이거나 불가지론에 가까운 성향일수록 인종차별적 성격이 덜한 것으로 나타났다.

입버릇처럼 사랑과 관용을 외치는 종교인들이 이토록 편협하고 독선적인 이유는 어떻게 설명하고 이해해야 할까? 종교에 환멸을 느끼고 종교를 떠나는 사람들이 늘고 있다. 이런 '탈종교' 현상은 무종교가 가장 급성장하는 종교현상이 됐다는 역설적 상황을 의미한다.

달라이 라마는 그의 저서 『종교를 넘어서』에서 극락이나 천국, 지옥으로 사람들을 협박하거나 회유하는 종교는 이제 그 설득력을 잃었다고 주장한다.

***

인간게놈 프로젝트에 참여했던 저명한 생물학자인 동시에 대표적인 유신론자인 프란시스 콜린스(Francis Collins)는 그의 저서 『신의 언어』에서 신의 존재를 인정할 수밖에 없는 다양한 요인들을 (근본주의 기독교인들에 비해) 비교적 설득력 있게 제시하고 있는데, 그중 가장 대표적인 것이 이른바 '도덕법'이라는 것이다.

이는 칸트의 정언명제(正言命題)와 유사한 개념으로 보이는데, '옳고 그름'을 향한 내 안의 목소리로 인간에게만 유일한 현상인 동시에 신의 존재와 호응하는 가장 완벽한 증거라고 콜린스는 주장한다.

그는 한 걸음 더 나아가 "충족되지 않는 욕구란 없다"며 신(神)을 갈망하는 인간의 정신은 프로이트가 말한 단순한 희망 사항의 반영이 아니라 생래적(生來的)이며 다른 그 어떤 이론으로도 설명이 되지 않는다고 주장한다. 예를 들면 "우리는 왜 극적인 상황이나 절체절명(絶體絶命)의 상황에서 신을 찾는가?" 하는 점 말이다.

그러나 '도덕법'이 다른 동물들에게는 발견되지 않는 유니크함을 백 번 인정한다고 하더라도 그가 문화인류학이나 언어 발생학 분야를 좀 더 심도 있게 공부했다면 좀 다른 결론이 나오지 않았을까 하는 아쉬움이 남는다.

브라질의 피다한 부족을 예로 들어 보자. 이들은 지구상 현존하는 인류 중 가장 원시적 형태의 부족으로 이들에게는 콜린즈가 주장하는 엄밀한 의미의 도덕법이 존재하지 않는다, 다만 생존을 위한 '생존법'이 존재할 뿐이다. 이들은 길 한가운데서도 성교(性交)를 하며, 먹고 싶을 때 먹고, 자고 싶을 때 아무 곳에서나 잔다. 오늘날 우리가 옳고 그름의 판단 잣대로 삼고 있는 도덕이나 정의의 지배를 받지 않는다. 왜 이들에게는 신의 은총인 '도덕법'이 존재하지 않는가?

이들에게 이데올로그로서의 종교나 지배 체제로서의 제도가 없다고 해서 이들을 '미개'하다고 할 수는 있을지언정 이들이 불행하다고 할만한 근거는 또한 없지 않는가? 당연히 이들 언어에는 '신(神, god)'에 해당하는 단어가 없다.

진화론적 관점에서 해석하자면 인간의 종교성은 생존에 유리한 '적응(adaptation)'의 일환이라는 주장도 있다. 종교가 사후에 대한 두려움을 덜어 주며 불확실한 상황에서 판단에 도움을 주기 때문에 진화했다는 것인데, 즉 초월자를 믿는 것이 그렇지 않는 것보다 개인의 생존과 번식에 유리하다는 것이다.

때론 '믿음의 자녀'라고 불리는 독실한 신앙인들이 부러울 때가 있다. '묻지도 따지지도 않는' 저 확고한 믿음은 어디서 나온 것일까?

사실 많은 종교학자들은 신앙을 '인간다움의 일부'라고 주장한다. 예를 들어, 분자 생물학자인 딘 해머(Dean Mamer)는 영성(靈性)이 "우리의 기본적인 인간적 유산의 하나"로서 "우리의 유전자 안에 각인돼 있다"면서 "사실 신앙은 본능"이라고 주장한다. 또 저스틴 베렛은 한 걸음 더 나아가 하느님에 대한 믿음은 인간의 뇌에 '각인'돼 있으며, 종교적인 믿음이 없는 것은 '부자연스러운 상태'로 규정하고 있다.

하긴 잘 돼도 신의 은총이요, 못 돼도 신의 오묘한 뜻일진대 의심이 여지가 어디 있겠는가?

> 교회에 모인 사람들은 병을 앓고 있거나 병원에 입원한 사람의 빠른 회복을 위해 기도한다. 만약 병석에 누워 있던 사람이 건강을 회복하게 되면, 교회는 그것을 과장되게 부풀려 기적을 행하는 신이 베푼 은혜로 돌린다. 그 사람이 죽게 되면, 이 슬픈 결과가 신의 존재나 기도에 응답하는 신의 능력을 부정하는 증거로는 받아들여지지 않는다…

> 달리 말하면, 신자들은 '선택적 관찰'이라고 알려져 있는 오류, 즉 명중한 것은 계산하지만, 빗맞은 것은 무시해 버리는 지각적 오류를 수용함으로써 응답받는 기도라는 환상을 만들어 낸다.[6]

'선택적 관찰'에 따른 '응답받은 기도'는 종교가 작동하고 유지되는, 특히 절대적 초월자가 주재하는 유일신 사상의 기본 메커니즘이다.

구약성서 『욥기』의 절규하는 욥을 보라! 살이 썩어 들어가는 고통에 차라리 죽음을 달라고 외치는 욥을 향해 이른바 친구라고 하는 세 사람(빌닷, 엘리바스, 그리고 소발)은 욥의 고통은 욥이 지은 죄에서 비롯된 것이며 오로지 그 죄를 회개함으로써 이 지독한 고통에서 벗어날 수 있다고 말한다.

신앙의 중심에는 당연히 신이 있다. 나란 존재는 그 아래나 주변에 존재하는 것이 아니다. 완전히 나란 존재를 내려놓는 것, 완전히 버려서 무화(無化)에 이르는 길이 결국 신앙의 요체다. 그래서 신앙에는 회의나 의심이 끼어들 여지가 없다. 사고하는 주체인 내가 무화된 상태에서 어떤 회의가 작동하겠는가?

> '나'는 아무것도 아니라는 처절한 자기 절멸, 철저한 자기 학대, 완전한 자기 무화(無化)가 신앙이다. 완전한 무화라는 이 심성에서 신앙이 확증되고, 자기 학대에서 안심(安心)에 이르고, 자기 절멸은 곧바로 순교에 가닿는다.

순교는 엄청난 믿음에서 결행되는 것이 아니라, 내가 아무것도 아니라는 자기 확신에서 스스로를 툭 놔버릴 때 결행된다. 그 순간에는 "내가 신을 의심할 자격이나 있는가"라는 의심까지도 머릿속에서 지워져야만 한다. - 철저한 비합리적 니힐리즘.[7]

나도 저들처럼 번개와 같은 믿음의 전율을 느끼고 싶은데, 끝도 없는 이성의 회의는 그것이 불가능하다는 것을 확인시켜 줄 뿐이다.

난 우리보다 더 커다란 존재가 저 높은 곳에 있다고 믿고 싶어요.
하지만 이성은 그런 존재는 없다고 말하죠.[8]

철학자이자 수학자인 파스칼은 "신을 믿는 것이 안 믿는 것보다 확률적으로 유리하다"라는 말을 남겼다. 진심에서 우러나온 말인지 비아냥인지는 모르겠지만 꽤나 현실적인 판단임에는 분명하다.

그러나 독실한 신자들도 때론 흔들리는 믿음의 회의를 느끼곤 하는 모양이다. 우리에겐 지상의 천사라고 불리는 테레사 수녀도 믿기지 않을 정도의 회의를, 그것도 아직 직설적으로 표현하고 있다.

내 믿음은 어디에 있는가? 내 마음 가장 깊은 곳에도 텅 빔과 어둠밖엔 없다. 하느님이 존재한다면, 날 용서하기 바란다. 천국을 생각하려 애써봐도, 공허함이 엄습하면서 그 생각이 칼처럼 되돌아와 내 영혼을 벤다.

이 남 모를 고통이란 얼마나 고통스러운가? 내겐 믿음이 없다. 사랑도 열정도 없다. 내가 뭘 위해 일하고 있는가? 하느님이 없다면, 영혼도 있을 수 없다. 영혼이 없다면, 예수여, 당신도 가짜다.[9]

***

언젠가 디스커버리 채널에서 본 어느 난파선 생존자의 이야기가 생각난다. 대서양 한가운데에서 폭풍우로 인해 난파한 배에서 기적적으로 생존한 한 사나이. 그는 작은 고무 튜브에 의존해 망망대해 대서양을 표류하다 바다 한가운데서 밤을 맞게 된다. 모든 희망을 버리고 탈진한 상태에서 바라본 하늘. 그는 당시를 회고하며 "I prayed for the moment"라고 짧게 말했다.

그가 종교를 가진 사람인지 혹은 종교가 없는 사람인지, 종교를 가진 사람이라면 그가 숭배하는 신은 어떤 신인지 방송에서는 알 수가 없다. 그러나 분명한 것은 그가 그 절체절명의 상황에서 올린 '기도'가 단순한 공포에서 비롯된 것이 아니라 원초적인 생존의 욕구를 뛰어넘는 '경외감'이었을 것이란 점이다.

많이 알게 되면 오만해지고, 더 많이 알게 되면 회의(懷疑)하며, 더 많이 알게 되면 기도한다.

- 라단 크리슈난

나는 이 말에 깊이 공감한다. 하지만 이 말의 의미가 많은 사람들, 특히 신에 대해 회의하던 무신론자가 종국엔 신을 믿게 된다거나 종교에 귀의한다는 의미로 해석하지는 않는다. 위대한 자연 앞에, 그리고 그 섭리 앞에 겸허해진다는 의미가 더 가까울지도 모르겠다. 유신론자가 되었건 무신론자가 되었건 그것을 100% 확신하는 사람은 드물다. 대부분 '회의적인' 유신론자이거나 '회의적인' 무신론자일 것이다.

미국의 과학자이자 저명한 작가이기도 한 마이클 셔머(Michael B. Shermer)는 "인간에게는 믿음의 엔진이 있다"고 말했다. 이때의 '믿음'이란 절대적인 신에 대한 믿음이 아니라 회의하고 사유하는 존재, 그리고 그 회의와 사유의 결과에 대한 믿음이다. 공교롭게도 마이클 셔머는 '회의(懷疑)'를 의미하는 『Skeptics』 저널의 편집자이기도 하다.

혹시나 유신론자에서 이신론자로 변신한 그의 말이 부담스럽다면, 프랑스의 철학자이자 평론가인 모리스 블랑쇼(Maurice Blanchot)의 좀 더 부드럽고 문학적인 비유로 대체해 보자.

"분명히 극(極)의 방향은 알고 있지만 그것을 정확하게 가리킬 수가 없어서 끊임없이 떨고 있는 자침(磁針)"과 같은 상황 말이다.

신앙이 인간의 절대적인 조건이라는 말에는 온전히 동의하기 어렵지만, 끊임없이 회의하며 떨고 있는 자침과 같은 존재라는 말에는 이의가 없을 테니 말이다.

불가지론 혹은 무신론

『옥스포드 영어사전』에 따르면 불가지론(不可知論)을 의미하는 'agnosticism'이란 단어는 1869년 영국의 생물학자 토머스 헨리 헉슬리(Thomas Henry Huxley)에 의해 만들어진 것으로 전해진다.

물론 불가지론의 기원을 기원전 그리스의 철학자 프로타고라스까지 거슬러 올라가는 경우도 있지만, 어쨌든 개념적 정의가 이뤄지고 공식화된 단어로 정착된 것은 헉슬리 이후라 하겠다.

과학계에서는 찰스 다윈을 비롯한 아인슈타인, 칼 세이건, 로저 펜로즈 등이, 철학계에는 데이비드 흄, 버트런드 러셀, 칼 포퍼 등이, 문학계에는 괴테를 비롯한 버지니아 울프, 호르헤 루이스 보르헤스 등이 세계적으로 유명한 불가지론자로 알려져 있다.

불가지론자를 의미하는 agnostic 혹은 불가지론을 의미하는

agnosticism은 부정 접두어인 a-에 '지식'을 의미하는 'gnosis'가 합쳐진 형태다. 영지주의(靈智主義)를 뜻하는 단어가 'gnosticism'이라는 것을 안다면 좀 더 이해하기 쉬울 것이다.

헉슬리는 이 단어의 탄생 배경을 다음과 같이 설명하고 있다.

> 내가 무신론자인가 일신론자인가, 유물론자인가 관념론자인가, 기독교인인가 자유사상가인가를 스스로 묻기 시작했을 때, 나는 더 많이 배우고 깊이 생각할수록 대답하기 힘들다는 사실을 깨달았다. (중략)
> 나는 생각에 잠겼다. 그리하여 내 생각에 적합한 명칭인 '불가지론자(agnostic)'라는 단어가 떠올랐다.[10]

불가지론자는 "명확히 알 수 없다"는 의미에서 표면적으로는 중립적으로 보인다. 하지만 유신론자들은 너무나도 '명백한' 신의 존재를 인정하지 못하는 불가지론자를 무신론자로 분류하는 경향이 있고, 반대로 무신론자들은 불가지론자들의 '어정쩡한 입장'을 비난하며 주관이 불분명한 회의론자로 취급한다.

***

사도 바울은 로마인들에게 보내는 서한에서 "율법을 통하지 않았다면, 진정 나는 무엇이 죄인지도 몰랐을 겁니다"라고 밝히고 있다.

이는 계명을 아는 것과 그것을 지키려는 의지 사이의 전도된 관계를 보여 주는 분명한 예라고 할 수 있는데, 흔히 '말하는 대로 따라하기' 게임과 비슷한 원리가 작용한다. 예를 들어 "저기 노란색 탁자 위에 웃고 있는 빨간색 인형이 있는데… 이를 상상하지 말기!"라고 한다면?

정말이지 우리는 이 말을 듣기 전에는 "노란색 탁자 위에 웃고 있는 빨간 인형"을 상상하지 않았다. 종교나 신(神)도 이와 같다. 특히 종교가 개인의 사상은 물론 집단의 문화를 지배하던 중세 시대는 이런 전도된 관계가 너무나도 당연하게 작동했다. 하지만 20세기 서양 문화는 부분적으로 '신의 죽음'을 목격하고 선언하기에 이르렀으며 이에 따라 한 사람의 인생을 합당하게 이끌어 주는 '의심할 바 없는' 단일한 덕목 체계가 사라졌다는 또 다른 불안에 휩싸이게 된다.

결국 근대 이후의 인간은 3가지 선택(중세의 단 한 가지 선택에 비하면 축복이리라!)을 하게 되는데, 이 터무니없이 엉터리 같은 종교를 받아들이거나 심지를 굳히고 무신론자의 길을 걷는 것, 혹은 이들의 중간 지점에 '불가지론자'로 남는 것이다. 그렇다면 무신론자와 불가지론자는 어떻게 다를까?

『나는 왜 기독교인이 아닌가?』의 저자이자 저명한 철학자 버트런드 러셀은 흔히 무신론자로 알려져 있지만, 영국의 한 잡지와의 인터뷰에서 스스로를 불가지론자라고 밝히며 무신론자와의 차이점에 관해 설명한다. 러셀의 이야기를 직접 들어 보자.

기자: 불가지론자는 무신론자인가?

러셀: 아니다. 무신론자는 기독교인과 마찬가지로 신의 존재 여부를 우리가 알 수 있다고 주장한다. 기독교인은 신이 존재한다는 것을 우리가 알 수 있다고 주장하는 반면, 무신론자는 신이 존재하지 않는다는 것을 우리가 알 수 있다고 주장한다.

불가지론자는 (신의 존재에 대한) 긍정이나 부정을 위한 충분한 근거가 없다는 이유를 들어 이에 관한 판단을 유보한다.[11]

불가지론이라는 말을 만든 헉슬리가 오랜 회의(懷疑) 끝에 내린 '알 수 없음'이나 러셀이 정의한 '판단 유보'에 비해 조금 더 정직하고, 조금 더 구체적인 입장을 17세기 철학자 데이비드 흄의 말에서 찾을 수 있다.

유신론을 인정한다고 하더라도 그것이 꼭 인격적인 신이 될 이유는 없다. 특히 기독교의 신이 될 이유는 더더욱 없다.

이야기가 나온 김에 흄의 이야기를 더해 보자. 18세기 경제학자이자 철학자였던 데이비드 흄은 사실 기독교 신자였다. 하지만 흄이 보기에 하느님을 진정으로 경배하고 있다는 걸 보여 주는 유일한 방법은 하느님의 존재를 무시한 채 '도덕적'으로 행동하는 것이었다. 역설적이지만 이것이야말로 신의 존재를 입증하는 것이라고 흄은 생각했다. 근본주의자들이 보기에는 말도 안 되는 사이비 같은 믿음이라고 생각하겠지만 말이다. 흄이 말하고자 했던 진정한 믿음의 의미를 이해하기 위해서는 슬라보예 지젝의 유쾌한 비유를 들어 볼 필요가 있다.

이브 르 브르통은 루이 9세의 십자군 원정에서 어느 늙은 여인을 만났던 경험을 이야기했다. 여인은 오른손에는 불이 담긴 그릇을, 왼손에는 물이 담긴 사발을 들고 거리를 돌아다니고 있었다. 무엇을 하는 거냐고 묻자, 여인은 천국을 불살라 아무것도 남지 않도록 하고, 물로는 지옥의 불을 모조리 끌 거라 대답했다. 여인은 이어서 말했다.
"천국에 갈 수 있다는 보상을 받기 위해, 혹은 지옥에 떨어진다는 공포 때문에 선행을 하는 이가 아무도 없기를 바라기 때문입니다. 저는 오직 하나님을 사랑하는 이유만으로 선행을 베풀기를 바랍니다."
여기에 덧붙일 것은 딱 한 가지밖에 없다. 하나님도 지워 버리고 그냥 선행 자체를 위해 선행을 하면 안 될까?

여인의 이야기를 들은 기독교인들이라면 아마 감동의 눈물을 흘렸을지 모른다. 나약한 자신의 신앙을 가슴 치며 반성했을지도 모를 일이다. 하지만 마지막에 덧붙여진 슬라보예 지젝의 카운터 펀치는 대반전이다.

가난한 이에게 빵을 줄 때는 그냥 주라, 제발 토 달지 말고….

만약 데이비드 흄이었다면, 신의 존재를 증명하기 위해서라도 아무런 조건 없이 가난한 자에게 빵을 나눠 주었을 것이다. 흄의 입장에서 신앙고백을 전제로 빵을 나눠 주는 행위는 신의 존재를 부인하는 것과 같은 것이기 때문이다. 교회에 나가야 축복받고, 예수를 믿어야 천국에 간다는 이야기를 흄이 들었다면, 가장 불경한 무신론자들이라고 준엄히 꾸짖었을 것이다.

***

> 신에 대한 비밀을 말해 주지. 그는 지켜보기를 좋아해. 장난꾸러기지. 그는 인간에게 본능을 줬어. 그 놀라운 선물을 주고 뭘 하는지 알아? 단순히 개인적인 만족을 위해 구경하고 있는 거야. 말도 안 되는 상반되는 규칙들을 세워 놓았어.
> 보되 만지지 마라. 만지되 맛보지 마라. 맛보되 삼키지 마라. 그리고 내가 허둥거릴 때 뭘 하는지 알아? 배꼽 빠지게 웃고 있다고! 아주 못돼 먹었지. 그는 사디스트야!

위 대사는 테일러 핵포드 감독의 영화 〈데블즈 에드버킷(The Devil's Advocate)〉에서 존 밀튼 역으로 나오는 알 파치노가 한 말이다. 사람들이 생각하기에, 이렇게 말할 수 있는 사람은 무신론자이거나 신의 반대편에 서 있는 '사탄' 혹은 '악마'일 것이라고 생각할지 모르겠다.

그러나 좀 더 정확하게 말하자면, 무신론자라는 표현보다는 '반(反)종교적'이란 표현이 더 어울릴 것이다. 왜냐하면 진정한 무신론자는 신의 존재 자체를 부정하기 때문에 신의 행위나 그 결과에 대해 굳이 분노할 필요가 없기 때문이다.

오히려 위와 같은 반응은 역설적으로 가장 '종교적인 반응'으로 봐야 한다. 신을 비난하고 모욕할수록 신의 존재를 부인하는 것이 아니라 오히려 신의 존재를 인정하는 꼴이니 말이다.

『만들어진 신』, 『이기적 유전자』 등의 저자이자 '무신론자의 전사'라고 불리는 리처드 도킨슨은 그의 열정적인 의도와는 반대로 가장 '종교적인' 사람이 되어 버렸다. 그가 싸우는 신은 그가 '없다'고 주장한 바로 그 적이기 때문이다. 그는 존재하지 않는 적과 싸우고 있는 중이다. 유신론자들이 던져 놓은 덫에 빠져 악전고투하고 있는 그의 싸움은 효과가 없지는 않았지만, 승산이 커보이지는 않는다.

당신은 신에 대해 분노하는가? 아니면 부정하면 할수록 더 강력해지는 신의 존재를 경험하는가? 그렇다면, 당신은 '사이비 무신론자'이거나 가장 종교적인 사람일 가능성이 높다. 그런 의미에서 진정한 불가지론자는 유신론자와 무신론자의 중간에 어정쩡하게 위치한 사람이 아니라, 가장 '비종교적'인 사람인 것이다.

불가지론자는 유신론자들이 던져 놓은 덫에 절대 빠지지 않을 것이다. 모른다고 말하는 사람에게 왜라는 질문은 무의미하기 때문이다.

인간의 확증 편향성, 그리고 '믿기로 결정한 사람들'

검은색 옷을 입은 여학생 3명과 흰색 옷을 입은 여학생 3명이 영상에 등장한다. 그리고 같은 색깔 옷을 입은 학생끼리만 공을 패스할 수 있다는 원칙을 관찰자에게 알려 준다. 일정 시간을 두고 관찰자는 주로 공을 주고받은 여학생들의 모습에 집중하지만, 사실 중간에 고릴라 복장을 한 사람 하나가 여학생들 사이를 가로질러 지나가도록 설정돼 있다. 하지만 실제로 이런 고릴라의 존재를 인식하고 있는 관찰자는 실험 참가자 중 절반에도 미치지 못한다. 왜 그럴까?

이 실험은 인지 심리학자 크리스토퍼 차브리스와 대니얼 사이먼스의 그 유명한 '보이지 않는 고릴라' 실험으로 인간의 '인지 지향성'에 중요한 시사점을 던져 준다.

즉 우리의 뇌가 작동하는 방식은 결국 매 순간 우리가 '보고 싶은 것만'을 골라서 보고 산다는 것이 이 실험이 보여 주고자 하는 핵심 결과다. 권위 있는 과학 잡지 『사이언스』의 편집자인 마샤 맥넛은 "과학은 단순한 사실들의 집합체가 아니다. 과학은 우리가 믿기로 한 사실이 자연법칙에 근거한 것인지 아닌지를 결정하는 수단에 불과하다"라고 말했는데, 이 또한 과학이 '확증편향'에 빠진 인간이 자신이 믿고 있는 사실을 확인해 줄 수 있는 증거만을 찾고 또 보려 한다는 점을 강조한 것으로 보인다.

과학적 관점에서 본다면, 천지창조는 더 이상 '사실'이 아니다. 그러나 미국인의 1/3은 여전히 천지창조를 '사실'로 믿고 있으며 과학을 전공한 연구자 중에도 상당수가 창조과학이라는 이름으로 이를 '증명'하려고 한다.

신의 존재를 믿거나 혹은 믿고 싶어 하는 사람들에게 과학은 신의 존재를 부정하는 증거가 되지 못한다. 오히려 인간의 확증 편향성은 "과학을 통해 신을 본다"는 역설적인 상황을 낳게 만드는 유용한 도구가 되는 셈이다. 과학자들은 이와 관련해 사람들이 무엇을 믿을까를 어떻게 결정하는지, 또 사람들이 왜 그렇게 자주 과학적 합의(패러다임)를 받아들이지 않는지를 놓고 많은 연구와 실험을 진행해 왔다.

대표적으로 예일대학교의 댄 커핸 교수팀은 표본조사를 통해 미국인 1,540명에게 기후변화의 위협이 어느 정도라고 평가하는지 0에서 10까지 수치로 나타내도록 실험 참가자들에게 요청했다. 그런 다음 평가 수치를 조사 대상자들의 교육 수준과 연관시켜 봤다. 결과는 교육 수준이 높을수록 평가 수치가 양극화되는 현상을 나타냈다는 점인데, 이는 과학교육이 기후변화에 대한 의견을 모으기는커녕 양극화시켰다는 점을 보여 주는 결과이다.

근대화 이후 과학교육의 보편화는 천지 창조론자들에게는 절대적으로 불리해 보이지만, 사실 이미 '신의 존재를 믿기로 결정한 사람들'에게 과학지식은 결정적인 반전의 역할을 하지 못했을 뿐만 아니라, 오히려 과학을 이용해 신의 존재를 증명하려는 시도까지 낳았다. 이것이 바로 "사람들은 자신의 세계관에 의해 형성된 믿음을 강화하는 수단으로 과학지식을 이용하는 경향이 있다"라는 커핸 교수팀의 연구 결과이다.

사이비 종교와 그 교주(教主)라는 존재에 빠져 있는 사람들을 보면 상식적으로는 이해할 수 없는 부분이 한둘이 아니다. 하지만 이미 그들은 '믿기로 결정한 사람들'이며 과학적 상식이나 팩트는 오히려 그들의 '믿음'을 강화하는 도구에 불과한 것이다.

지난해 12월, 여신도를 성폭행하고 강제 추행한 혐의를 받은 기독교복음 선교회, 일명 JMS의 총재 정명석에게 법원이 징역 23년을 선고했을 때, 일부 추종자들은 법원의 판결이 부당하다며 비난하고 정명석의 무병장수를 기원했다고 한다.

법원이 "손바닥으로 하늘을 가리며 종교적 약자인 상대를 상습적으로 성폭행한 명백한 범죄"라고 했을 때 어쩌면 이들은 박해와 순교를 먼저 떠올렸을 것이다. 도저히 이들을 막을 방도가 없다.

사이비 종교에 빠진 사람들 말고 '믿기로 결정한 사람들' 가운데 대표적인 부류가 바로 정치인이다. 그래서 같은 사안을 두고 180도 다른 해석을 내놓는 경우는 '정치적 견해'가 다른 것이 아니라 '정치적 이해관계'가 다른 것이라 말하는 것이 좀 더 객관적이다. 어쩌면 그들 내면 어딘가에는 "어, 이건 아닌데…"라는 일말의 양심의 목소리가 있을지도 모른다. 그러나 아무도 그것을 공개적으로 인정하지 않는다. 오히려 자신의 주장을 더 강화하는 방향으로 나아간다. 뻔뻔하면 뻔뻔할수록 유능한 정치인이다. '믿기로 작정한 사람'의 믿음은 백약이 무효고, 그 어떤 방법으로도 말릴 방도가 없다는 점에서 가장 치명적인 질병이다.

정치학자 파커 파머(Parker J. Palmer, 1939~)는 "사람들에게 자신의 가장 근본적인 신념과 모순되는 확고한 증거를 제시하면, 그들은 자기의 신념을 오히려 더욱 강력하게 옹호하게 되는 경우가 종종 있다"면서 자신의 확신과 가치에 누가 도전하는 것을 더 이상 두려워하지 않을 때, 비로소 우리는 진실에 가까이 가는 정보를 얻을 수 있다고 말한다. 진리에 다가가려는 생각을 갖고 있는 사람이라면 자신의 믿음조차도 질문과 의심의 대상이 될 수 있음을 거부해서는 안 된다.

세상을 바꿔야 한다고 말하면서 정작 자신은 바꾸려 하지 않는다면, 그가 무슨 수로 세상을 바꿀 수 있겠는가?

한국의 샤머니즘
- 해원(解怨)과 신명(神命)의 문화

한국인이 가장 먼저 태어나서 마주하게 되는 민간신앙 중 하나가 바로 '삼신할매'다. 지금이야 대부분의 신생아가 병원에서 태어나지만, 옛날에는 아이를 낳으면 곧바로 대문간에 금줄을 쳤다. 금줄은 왼새끼를 꼬아 숯 세 덩이를 알맞은 간격으로 꽂고, 그 사이에 아들이면 고추를 달고 딸이면 솔잎 가지를 매달았다.

〈심청전〉 중 곽씨 부인의 해산 장면에도 당황한 심봉사가 삼신할매를 부르며 도움을 요청하는 대목이 나온다. 무천문화연구소 조성제 소장의 설명에 따르면, 삼신(三神)이란 아이를 낳고 기르는 일을 돌보는 포태신(胞胎神)을 의미하는데, 여기서 삼은 숫자 삼(三)을 의미하기도 하고 태아를 둘러싸고 있는 막과 태반(胎盤)을 가리키는 말이기도 하다. 그래서 탯줄을 가리키는 순수 우리말이 '삼줄'이기도 한 것이다.

이 밖에도 삼신할매를 둘러싼 다양한 해석이 존재하는데, 우리 민간 신앙에서 아이가 일곱 살이 지나면 삼신신앙은 자연스럽게 칠성(七星) 신앙으로 바뀐다.

> 강원도 금강산 일만 이천 봉 유정사 법당 뒤에 '칠성당'을 모아 놓고 팔자에 없는 아들딸 낳아 달라고 삼재불공을 말고서 타객관지에 외로이 든 몸을 부대 괄세를 말아라…
>
> - 〈정선 아리랑〉 중

위 노래 가사는 〈정선 아리랑〉에 나오는 '엮음 아라리'의 한 대목이다. 여기에서도 칠성(七星)은 자식을 낳아 주는 신으로 나오지만, 대개 칠성은 아이의 수명을 관장하는 신으로 모셔진다.

> 아버님 전에 뼈를 빌고, 어머님 전에 살을 빌어 '칠성님' 전에 명(命)을 빌어 제석전에 복을 빌어…

명창 안비취 선생이 부르는 〈회심곡(回心曲)〉의 한 대목이다. 여기에도 부처님과 함께 칠성님이 등장한다. 칠성은 일곱 개의 별, 즉 북두칠성(北斗七星)을 의미하고 대표적인 우리 무속신앙의 하나다.

이처럼 한국인의 생로병사(生老病死), 즉 태어나서 죽음에 이르는 전 과정을 관통하는 문화적인 흔적이 바로 한국적 샤머니즘인 무속신앙이다. 그렇다면 한국인의 핏속에 DNA처럼 내재돼 있는 무속신앙에 대해 우리는 과연 얼마나 알고 있는 것일까?

우리 상고사(上古史)를 다룰 때 단군(檀君)을 빼고 논하기 어렵다. 해마다 10월 3일, 개천절이 되면 태백산 정상 천제단(天祭壇)에서는 단군에게 올리는 제천행사가 거행되고 당연히 그날은 국가가 지정한 공휴일이다.

단군을 실증적인 역사로 볼 것이냐, 혹은 단순한 신화의 일부로 볼 것이냐의 문제는 여전히 뜨거운 논쟁거리로 남아 있다. 아직도 종교적인 이유로 단군 동상이 훼손되는 일이 종종 발생하고 있으니 말이다.

그러나 단군의 실존 여부를 떠나서, 단군이 한민족 역사의 뿌리라는 점, 그리고 단군의 역할과 기능이 일종의 제사장 즉 샤먼이었을 것이라는 해석에는 별다른 이견이 없는 것으로 보인다. 왜냐하면, 고대의 샤먼은 단순한 제사장이 아니라 최고의 통치자라는 의미도 함께 포함하고 있기 때문이다.

우리가 학창 시절 국사 시간에 열심히 암기했던 고대사 관련 문제를 생각해 보자. 동예(東濊)의 무천(舞天), 부여(夫餘)의 영고(迎鼓), 고구려의 동맹(東盟), 그리고 삼한(三韓)의 시월제(十月祭) 같은 것들인데, 우리는 이를 대표적인 '제천의식(祭天儀式)'이라고 배웠다. 제천의식, 곧 하늘에 제사를 드린다는 뜻이다.

'소도(蘇塗)'라는 신성한 곳에서 동쪽을 향하여 재물을 바치고 북을 치며 장단에 맞춰 하늘을 향해 춤을 추면서 해와 달을 맞이하는 의식, 이것이 바로 오늘날 무속인들이 행하는 굿의 기원이다.

'왕'(王)과 '샤먼 킹'

대만(臺灣) 고궁박물관에서 만난 학예사가 한자 '임금 왕(王)'의 생성 원리에 관해 설명하는 것을 들은 적이 있다. 실제로 임금 왕(王) 자를 머릿속에 잘 그려 보면 이해가 더 빨라질 것 같다. 우선 맨 아래 가로로 그은 획은 땅(地)을 의미하고 맨 위의 획은 하늘(天)을 의미한다. 그리고 가운데 세로로 그은 획은 하늘과 땅을 이어 주는 기둥을 의미한다.

그렇다면, 하늘과 땅 사이, 한중간에 있는 또 다른 획은 무얼 의미할까? 학예사의 설명에 따르면, 그건 바로 하늘과 땅을 이어 주는 샤먼, 즉 '샤먼 킹(shaman king)'을 의미한다고 한다. 샤먼은 경계에 서 있는 사람이다. 하늘과 땅, 그리고 이승과 저승의 경계 말이다.

단군신화뿐만 아니라, 『삼국유사』의 기록에 따르면, 신라 2대 왕인 남해왕은 차차웅(次次雄)이라고 불렸는데, 이는 제사장, 즉 무당을 뜻하는 의미라고 한다.

앞서 단군의 예에서 알 수 있듯이 제정이 분리되기 이전의 역사에서 제사장은 단순한 무당이 아니라 정치적 실권자의 위치를 동시에 확보하고 있었다. 그리고 이러한 무속적인 의례가 국가 차원에서 대규모로

행해지기도 했다.

미신(迷信)은 '미혹하다'라는 의미의 미(迷)와 믿음을 의미하는 신(信) 자의 조합어다. 국립국어원의 정의에 따르면, 미신은 "비과학적이고 종교적으로 망령되다고 판단되는 신앙"으로 정의돼 있다. 친절하게도 점이나 굿, 금기 따위를 구체적인 예로 들고 있다. 하지만 우리의 무속신앙이 미신으로만 치부된다면, 우리 조상들은 그 오랜 세월 동안 '비과학적이고 망령된 믿음'에 사로잡혀 있었던 것일까?

근대문명의 기준에서 보면, 무속을 비롯한 민간신앙은 곧 야만으로 치부되었고, 무당은 혹세무민을 일삼는 존재로 여겨졌다. 무속연구가 황루시 박사의 설명에 따르면, 우리의 무속신앙이 야만의 문명으로 비판받기 시작한 것은 일본 제국주의의 영향이 크다고 한다. 실제로 조선총독부는 통감부 시기의 '경찰범 처벌령'을 강화하면서 조선의 무속 행위를 집중적으로 단속, 처벌했다.

일제가 조선을 식민지화하면서 내세운 논리가 미개한 조선족을 '문명화'하는 것이었으니, '야만'으로 치부된 무속 행위가 일소해야 할 악습으로 규정된 것은 어찌 보면 당연한 일이었다. 그러나 미신 타파는 문명화를 내세운 일본 제국주의 통치자들뿐만 아니라 신문화 건설을 꿈꾸던 조선의 지식인들이 공유한 슬로건이기도 했다.

여러분의 집에도 복술과 무당을 들입니까? 당신이 직접은 안 들이더라도 당신의 할머니와 어머니들은 무당을 들일 것입니다. 그러나 여러분,

제발 무당을 들이지 마십시오. 오거들랑 발길로 꽁무니를 차 내던지십시오. 그들은 사람을 속이고 돈을 빼앗아 먹는 아주 능청스러운 도적연놈 들입니다.

위의 내용은 1926년 「조선농민」이라는 계몽지에 "무복(巫卜)이란 이런 것이외다, 속지 마시오"라는 제목으로 실린 글이다. 어떤가? 이 정도 되면 이제 조선에서 무속은 완전한 배척의 대상인 동시에 무지몽매한 백성들의 미신으로 규정되기에 이른다. 여기에 또 하나, 서양 선교사들에 의해 국내에 유입된 기독교의 영향을 빼놓을 수가 없다. 소설가 김동리의 단편소설 「무녀도」에는 무속신앙과 기독교의 충돌이 매우 극적으로 표출된다.

(욱) "오마니, 어디갔다 오시나요?"

(모화) "저 박급창 댁에 객귀를 물려주고 온다."

(욱) "그럼 오마니가 물리면 귀신이 정말 물러 나갑데까?"

(모화) "물러나갔기 사람이 살아났지."

(욱) "오마니, 그런 것은 하나님께 죄가 됩내다.

오마니, 이것 보시라요. 『마태복음』 19장 35절이올시다.

저희가 나갈 적에 사귀 들려 말 못하게 된 자를 예수께 데려오메, 사귀가 쫓겨나니…."

(모화) "야야, 너 서양잡귀가 들렸구나!

예수 귀신아, 서역 십만 리 굶주리던 불귀신아!

탄다. 훨훨 불이 탄다. 불귀신이 훨훨 탄다. 타고나니 이내 방성 금은같이 앉았다가 삼신 찾아오는구나, 조왕 찾아오는구나."

무녀(巫女)인 모화와 외지에서 서양 선교사의 영향을 받아 기독교 신앙으로 무장한 아들 욱이와의 갈등은 결국 비극적인 결말을 맞이한다.

그러나 같은 외래종교이지만 무속은 불교와 서로 습합(習合), 즉 자연스럽게 섞이고 엮이면서 새로운 생명력을 얻는 데 성공한다. 오늘날 한국불교에는 토착 신앙인 무속의 영향이 곳곳에서 아주 강력하게 남아 있다. 멀리 갈 필요도 없다. 도심 한가운데 있는 조계사나 봉은사 같은 대형사찰에만 가도 토착 무속신앙과 외래 종교인 불교가 습합한 흔적을 아주 쉽게 찾아볼 수 있다. 바로 삼성각 혹은 칠성각이라고 불리는 곳이다. 이곳에 들어가면 정면으로 호랑이를 거느린 노인을 만나게 되는데, 이분이 바로 무속에서 말하는 산신(山神)이다.

무속의 세계에서 북두칠성은 매우 큰 의미를 지닌다. 그래서 무속인들에게 7월 7석일은 단순히 견우와 직녀가 만나는 전통문화, 그 이상의 의미가 숨어 있다.

우리 전통 무속신앙은 불교뿐만 아니라 관혼상제를 중시하는 유교와도 습합을 시도했다. 물론 흔한 경우는 아니지만, 특히 제주도에는 이런 독특한 전통이 아직도 그대로 남아 있다. 제주도 신화연구소 여연 작가의 설명에 따르면, 제주도에는 조상들에게 제사를 지내기 전에 문전신(門前神)에게 제사를 먼저 지내는 풍습이 있는데, 조상이 집에 들어오려면 문을 지키는 문전신에게 우선 '허락'을 구해야 한다는 의미라고 한다. 불교 사찰에서 산신 할아버지가 터줏대감 역할을 하는 것과 같은 이치라 하겠다. 아마도 다른 지역의 유교적 사대부들이 들었다면 기절초풍한 일일지도 모른다. 조상신이 문전신의 허락을 받은 후에야 집에 들어설 수 있다니 말이다.

하지만 제사라는 유교 풍습에 제주지역의 무속신앙이 그대로 얹혀, 조화롭게 습합을 이룬 아주 좋은 예(例)가 아닐 수 없다. 이런 예는 제주뿐만 아니라 거문도와 같은 도서 지역 일부에서도 발견된다. 실제로 거문도에서는 마을 풍어제를 시작하기 전에 조상님께 풍어제의 시작을 알리는 제문을 읽는다. 거문도뿐만 아니라 동해안 별신굿 등 대부분의 마을굿에는 이렇게 무속적 신앙과 유교적 전통이 절묘하게 섞여 있음을 알 수 있다. 한국 무속신앙의 끈질긴 생명력은 이렇게 유지돼 왔다.

시베리아와 중앙아시아 일대에서 무속신앙의 대상이 되는 최고의 신은 '텡그리(Tengrri)'라고 불린다. 천신(天神), 즉 하늘의 신을 의미하는 텡그리는 우리 말 '대감'의 어원이기도 하다. 실제로 우리나라 여러 지방에서 시행되는 대감놀이나 대감굿은 바로 이 텡그리, 즉 천신(天神)을 모시고 노는 일종의 유희이자 의례라고 볼 수 있다. 이런 이유로 우리 무속신앙의 근원을 시베리아를 비롯한 북방 샤머니즘 계열로 보고 있는 것이 주류적인 관점이다.

물론 한국의 무속과 시베리아 샤머니즘 사이에 일부 유사성이 발견된다는 이유만으로 한국 무속을 시베리아 샤머니즘에서 유래했다고 주장한다면 무리한 비약이라는 비판 또한 존재한다. 샤머니즘 박물관 양종승 관장처럼 무속신앙의 '한반도 자생설'을 주장하는 목소리도 만만치 않다.

한국 샤머니즘의 기원을 어디로 보든, 한국인의 고유 심성에는 날것 그대로의 샤머니즘 정신이 살아 숨 쉬고 있다. 일찍이 서양 선교사였던 헐버트의 다음과 같은 지적은 우리의 종교 심성, 그리고 여러 종교가 한국 문화 안에서 어떤 관계를 가지고 있는지를 잘 보여 준다.

> 조선인은 개인적으로 공자로부터 교육을 받고, 절에 가서 자식을 간구하며, 삶의 문제에 있어서는 샤머니스트인 무당에게 기꺼이 복채를 지불합니다.
>
> 조선인은 사회적으로는 유교도이며, 철학적으로는 불교도이고, 고난을 당할 때는 영혼 숭배자가 됩니다. 따라서 한국인에게는 어디까지가 종교이고, 또 어디까지가 미신인가를 설명하기가 매우 어렵습니다.

몇 해 전 개봉한 영화 〈곡성〉에서 무속인으로 등장한 황정민이 굿을 하는 장면이 화제가 된 적이 있다. 특히 이 굿 장면에서는 귀신을 내쫓는 퇴마 행위나 원한의 상대에게 해코지를 하는, 이른바 '살(殺)을 날리는' 장면이 등장한다.

실제로 조선시대 궁중의 비빈(妃嬪)들 사이에도 이와 관련된 사건들이 끊이지 않았다. 중종 때 경빈 박씨 사건, 광해군 때 인목대비 사건, 효종 때 조귀인 사건을 비롯해서 우리에게 가장 잘 알려진 숙종 때의 장희빈 저주 사건까지, 이미 다양한 궁중 사극을 통해 우리에게 익숙한 장면들이기도 하다.

'죽음의 굿판', 혹은 '저주의 굿판'이라는 부정적인 이미지는 이렇게 형성되는 경우가 많았다.

흔히 현대인들이 무속에 대해 거부감을 느끼는 이유 중 상당 부분은, 무속의 의례들이 뭔가 음습하고 괴기스러우며, 사령(死靈), 즉 귀신이나 과학적으로는 설명하기 어려운 무언가를 대상으로 하고 있기 때문이다.

무당이 신기를 받아 인간에게 내리는 말씀을 무속 용어로 '공수'라고 한다. 일종의 신탁(神託)이라고 할 수 있는데, 이런 신탁은 고대 그리스에서는 매우 일상적인 일이었다. 사람들은 강신무 굿에서 공수를 대단히 중요하게 여기고 신통력이 있는 것으로 믿는 경향이 있다. 실제로 강신무(降神巫)들은 날카롭게 간 작두 위에 오르거나 무거운 떡시루를 입에 무는 따위의 신기(神技)를 보여줌으로써 신탁의 실제성을 직접 보여 주고자 한다. 신의 도움이 없다면 어떻게 인간이 이런 일을 할 수 있겠느냐는 일종의 과시인 셈이다. 신들림의 경지는 강신무의 능력을 평가하는 데 중요한 기준이 되고 있는 것이다. 함경도 굿 보존

회장이자 무속인인 서유정씨는 한국 무속의 역설이 여기에 숨어 있다고 말한다.

> 오늘날 한국 무속에는 신의 보호나 영적 경험 대신 오로지 괴기스러움만이 남았어요. 특히 일부 엉터리 무속인의 기만과 인간의 탐욕이 결합해서 기괴한 형상으로 변질된 느낌입니다. 남을 탓하기 전에 무속인 스스로 책임을 느끼고 반성해야 한다고 생각합니다.

함경도 굿 보존회 서유정 만신의 이야기 속에는 무속에 대한 부정적 평가가 사회적 편견에만 있지 않음을 고백하는 자성의 목소리가 숨어 있다.

그러나 이러한 초현실적이거나 정신적인 현상들이 모든 무속인에게 공통적으로 발생하는 것은 아니다. 동해안 별신굿 전수자인 조종훈씨의 설명에 따르면, 흔히 '신내림'이라고 하는 접신(接神)의 과정은 신의 강림을 받은 '강신무(降神巫)'에게 해당하는 것으로 제사장의 역할만을 담당하는 '세습무(世襲巫)'들에게는 다소 거리가 있는 풍경이라는 것이다.

다시 정리해서 말하자면, 모든 무속인들이 신내림이나 그 과정인 신병(神病)을 앓는 것은 아니라는 것이다. 특히 무업(巫業)을 대를 이어서 행하는 세습무들에게는 해당되지 않는다는 이야긴데, 이 부분이 바로 일반인들이 무속에 대해 갖는 가장 큰 오해 가운데 하나라는 것이다.

덧붙여 설명하자면, 남해안 지역에는 한수 이북에서 만신(萬神)이라 불리는 강신무와는 달리 '당골'이라고 불리는 세습무가 보편적이다.

예를 들어, 통영에서 만난 남해안 별신굿 전수자 정영만 선생은 대표적인 세습무인데, 그는 무업(巫業)을 피하기 위해 젊은 시절 택시 운전을 하기도 하고, 아예 고향인 통영을 떠나 험한 뱃일을 하기도 했다고 한다. 하지만 결국 그는 운명처럼 굿판으로 돌아왔고, 정영만 선생의 자녀들 또한 그의 가르침을 받으며 무업을 잇고 있다. 이로써 우리나라 남해안 별신굿은 그 맥을 이을 수 있게 됐고 정영만씨의 가계는 11대째 무업을 계승하게 된 셈이다.

하지만 누구도 무당이 되고 싶어서 되는 사람은 없다. 강신무든 세습무든 어쩔 수 없어서 무당이 되기는 마찬가지다.

한국 무속이 갖는 특징이자 혼란스러운 점은 바로 무속인과 점쟁이가 동의어로 인식되고 있다는 점이다. 여기에 보살이나 법사 등 불교적인 개념과 결합된 내용까지 합해지면 더욱 복잡해진다.

무속연구가 황루시 선생의 설명에 따르면, 무당의 기능 중에는 첫째, 굿이라는 의례를 행하는 사제기능이 있고, 둘째, 예언과 병을 치유하는 기능 등을 꼽을 수 있는데, 선무당은 이 가운데 예언과 병을 고치는 일에 치중하는 사람들이다. 우리말에 '푸닥거리'라는 표현도 무속을 얕잡아 부르는 명칭이기도 하지만 정식 굿이 아닌 경우를 부르는 속어이기도 하다.

하지만 한국 무속에 대한 이러한 부정적인 시각에도 불구하고, 우리 무속이 한국 전통 예술의 뿌리이며, 커다란 영감의 원천임을 부인하기는 힘들다. 오늘날 우리 민족의 행동과 양식에 절대적인 영향을 미치는 많은 문화적 전통은 싫든 좋든 무속신앙에서 그 기원을 발견할 수 있기 때문이다. 그 가운데 하나가 바로 판소리 무가(巫歌) 기원설이고, 대표적인 서사무가(敍事巫歌) 가운데, 바리데기 공주를 빼놓을 수 없다.

〈바리공주〉는 망자를 저승으로 천도하기 위하여 베풀어지는 진오기굿에서 구송되고 있는데, 바리데기 공주가 부모님을 살리기 위해 저승까지 내려가는 이야기는 무속을 비롯한 대부분 종교가 갖는 죽음이라는 중요한 모티프를 가지고 있다.

사람이 태어나고, 나이 들고, 마침내 병들어 이 세상을 떠나는 생로병사(生老病死)의 굴레는 고금 불변의 세상 이치다. 특히 세상을 떠날 때, 떠나는 자와 남겨진 자 사이에 흐르는 애통함과 한 맺힌 감정은 추스르기가 쉽지 않다.

해원(解冤). 굿의 중요한 기능 중 하나가 바로 이런 맺힘을 푸는 과정이다. 굿은 형태에 따라 개인굿과 마을굿으로 구분되고, 개인굿 가운데 대표적인 것이 바로 죽은 이를 저승으로 인도하는 천도굿이다. 저승 천도굿은 한국의 대표적인 굿으로서, 지역에 따라서는 진오귀굿, 오구굿, 새남굿, 시왕굿 등으로 다양하게 불리지만 역시 대표적인 것은 진도의 씻김굿이다.

흔히 한(恨)을 한국인의 고유 정서라고 하지만, 그 한이 남아 있는 한 죽은 자도 또한 산 자도 자유로워질 수가 없다. 씻김굿 중간에는 무속인이 야무지게 묶인 일곱 개의 고, 즉 매듭을 푸는 과정이 있는데, 일곱 개의 매듭은 생전 망자의 가슴에 맺힌 피멍을 의미하기도 한다.

우리 옛말에 "굿하고 싶어도 맏며느리 춤추는 꼴 보기 싫어서 하지 않는다"라는 속담이 있다. 못된 시어머니를 빗댄 말이기도 하지만, 시집살이가 고된 맏며느리도 굿판에 와서는 억눌렸던 감정을 풀어내는 일종의 해원의 장소라는 의미가 되기도 한다. 하지만 굿에 이런 해원의 기능만 있는 것은 아니다.

아니, 오히려 한국의 굿에는 덩실덩실 어깨춤을 추게 만드는 흥겨움이 있다. 그래서 한국의 문화를 흔히 '신명(神明)' 혹은 '흥(興)'의 문화라고 한다. 우리가 자주 쓰는 "신바람 난다"라는 표현도 잘 살펴보면, "신(神)이 불러일으키는 바람"이라는 뜻임을 알 수 있다. 그리고 흥(興)이란 "잠에서 깬다" 혹은 "자리에서 일어난다"는 의미로 매우 역동적이며 다이내믹한 분위기를 연출한다. 결국 우리 문화 속에 그리고 언어 속에 이미 그 감출 수 없는 끼와 감흥이 깊이 내재돼 있음을 알 수 있다.

요즘 흔히 말하는 힐링(healing)이라는 것도 따지고 보면, 맺힌 것을 풀고 또 위로하며, 때로는 신바람 나는 흥을 돋우어 인간의 마음을 어루만지는 우리네 무속신앙의 정신과 닿아 있는 것은 아닐까?

인간과 신이 벌이는 한판 잔치

'굿은 인간과 신이 벌이는 한판 잔치'라고 한다. 그래서 굿은 늘 종교적 제의에서 시작해 결국 마을 잔치로 귀결되는 경우가 많다. 굿 가운데 한 마을의 대동굿은 마을 주민을 한데 묶고 단합시키는 중요한 역할을 수행하기도 하는데, 잘 알려진 봉화산 도당굿 또한 '도당(徒黨)' 혹은 '대동(大同)'이란 표현에서 알 수 있듯이 마을을 하나로 묶는 중요한 기능을 가지고 있다.

오늘날, 주민들을 단결시키고 하나의 공동체로 묶는 기능을 했던 마을굿은 사실상 거의 사라져 가고 있다. 동해안을 끼고 있는 일부 지역과 제주도에서 미약하게나마 전승되는 정도이다. 마을굿이 사라진 자리에는 개인 길복 위주의 점과 굿이 성행하고 있다. 국태민안(國泰民安)을 바라는 나라굿에서, 마을 단위의 대동굿으로, 다시 이런 마을굿은 이기적인 목적을 지는 개인 단위의 굿으로 축소되고 결국 '푸닥거리'로 변형되고 있는 것이 오늘날의 현실이다.

그런데, 아이러니하게도 우리말 굿은 영어의 '좋다'는 의미의 굿(good)과 발음이 같고, 신(神)을 뜻 하는 갓(god)과도 발음이 유사하다. 우연의 일치일 수도 있지만, 이보다 우리 굿의 의미를 명쾌하고 분명하게 설명하는 방법이 또 있을까? 인간의 행복을 기원하고, 신과 함께하기를 기원했던 우리 전통 무속신앙의 정신이 고스란히 담겨 있으니 말이다.

제우스나 헤라클레스 같은 그리스 신화 속 인물들만 기억할 일이 아니다. 우리의 무속신앙 속에도 삼신할매, 영등할매, 그리고 바리데기 등을 비롯해 수많은 신화의 주인공들이 살아 숨 쉬고 있다.

"정안수 떠 놓고서 이 아들의 공을 비는, 어머니의 흰머리가 눈부시어 울었소"라는 우리 가요 〈전선야곡〉의 가사 내용처럼, 달빛 아래 정안수 한 그릇 떠놓고 자식을 위해 빌고 또 빌었을 이 땅의 수많은 어머니와 할머니들의 정성, 그 마음을 헤아리는 것만으로도 충분하지 않을까?

넘어야 할 산은 많지만, 축원(祝願)과 해원 그 고갱이가 결국 한국 무속의 존재 이유다.

08

황혼이 깃드는 시간

내 나이
쉰 살에는

나이 50을 훌쩍 넘겨서 이제 시계의 시침은 저녁 6시를 향해 내달리고 있다. 분침이 아니라 시침이 바뀔 때마다 사람은 차원이 다른 충격을 느낀다. 크게 보면 완만한 경사면이지만 가까이서 보면 갑자기 쿵하고 내려앉는 계단형이다. 그래서 적응보다는 충격이 앞서는 것이다.

1,000원보다 999원이 싸게 보이는 것은 일종의 착시현상이지만, 여기에도 비슷한 원리가 작용한다. 마흔아홉이 쉰이 된다고 갑자기 늙은 것도 아닐 터지만, 심리적인 충격은 남다르다.

6시를 향해 달리는 5시.

겨울이라면 이제 어둑어둑한 느낌이 완연한 시간이다.

쉰 즈음의 남자들은 대부분 은퇴라는 것을 목전에 두고 있다. 은퇴의 날이 다가올수록 밤을 새우며 고민하는 날들이 늘어난다. 특히 나처럼 늦은 결혼에 늦은 출산을 경험한 사람일수록 그 망막함은 더해 간다. 아이들 대학 졸업에 결혼까지 시키고 일찌감치 은퇴해서 자신만의 삶을 준비하는 친구들을 보면 부럽다는 생각이 먼저 든다.

50대의 나이는 참 애매한 나이다. 뭔가 새로운 도전을 하기엔 부담스럽고, 그렇다고 완전히 무언가를 포기하기에는 너무 이른 나이다. 우스갯소리지만, 쉰 살이 되면 밥이 쉬는 것처럼 쉰내 나기 시작하고, 일자리도 놓쳐서 집에서 쉬게 된다고 한다. 서글픈 말장난이지만 현실과 완전히 동떨어진 이야기도 아니다.

일본의 소설가 소노 아야코는 인생 50~60대를 4악장으로 구성된 교향곡의 3악장 정도로 비유한다. 하지만 3악장의 일반적 특징인 미뉴에트나 스케르초의 경쾌한 리듬에 무리하게 발을 맞추다가는 스텝이 꼬이기 쉽다. 50대가 되면 오히려 보폭과 속도를 줄이고 주변을 잘 살펴봐야 할 시기이다.

급한 마음에 혹은 욕심이 앞서서 속도 조절을 잘 못하고 무리수를 두다가 낭패를 보는 친구들을 주변에서 종종 보게 된다. 『주역』에서는 "올라가지 말아야 할 높은 곳까지 기어이 올라가려다 화를 입는 용"을 '항룡(抗龍)'이라고 한다. 땅을 기어다닐 때는 하늘을 날 수만 있다면 더 이상 바랄 것이 없다고 생각하다가 막상 하늘에 오르니 더 높은 곳까지 오르고 싶은 욕심이 생기는 것이다. 50대에 이른바 '팔자가 꼬이는' 주된 이유가 바로 이 어리석은 항룡이 되기를 꿈꾸기 때문이다.[1]

그래서 50대에는 지천명(知天命), 그러니까 하늘의 뜻을 알고 마음에 새기는 지혜가 필요한 것이다.

방송국 음원 아카이브 검색을 통해 각 세대를 주제로 한 노래들을 살펴봤더니 흥미로운 결과가 나왔다. 20대 청춘을 제목으로 하거나 주제로 삼은 노래들은 글자 그대로 헤아릴 수 없이 많다. 그리고 30대 하면 누가 뭐래도 김광석의 〈서른 즈음에〉가 대표곡이다. 일당백이라고 할까? 〈서른 즈음에〉에 압도당했는지, 생각보다 30대를 노래한 곡들이 많지는 않다. 다음 40대로 넘어가면 '예상보다' 많은 곡이 눈에 들어온다. 먼저 양희은의 〈내 나이 마흔 살에는〉이 가장 대표적이고, 대중적으로 잘 알려져 있지는 않지만, 안치환의 〈마흔 즈음〉과 이동원의 〈마흔 살이 되는 해는〉이란 곡도 있다.

60대를 노래한 곡들도 꽤 있다. 먼저 〈인생은 육십부터〉라는, 같은 제목의 다른 노래들이 여럿 있고, 가장 대중적으로 알려진 〈어느 60대 노부부 이야기〉도 있다. 문제는 50대다. 먼저 아카이브 검색창에 '50'을 치면 "검색된 데이터가 없습니다!"라는 문구가 뜬다. 혹시나 하는 마음에 '쉰'을 치자 '반갑게'도 딱 한 곡이 눈에 들어온다. 최백호의 〈쉰이 되면〉이다. 먼저 가사를 살펴보자.

> 쉰이 되면 나는 또 살아갈 거야
>
> 퇴색한 꿈들의 흔적이나 뒤적이며 울지는 않을 거야

소위 정년을 맞춰 은퇴하면 복받은 거라고, 일찌감치 퇴사하고 자영업을 해온 친구는 말한다. 휴직과 구직을 반복해 온 친구는 집에 있는 시간이 늘면서 드라마를 즐겨 본다고 한다. 그리고 드라마를 보며 눈물을 훔치는 경우가 많다고 고백한다.

행여 아내가 볼까 혹은 자식이 볼까 몰래몰래. 무슨 소리인가 했더니, 남 일이 아니다. 남자가 50대가 되면 여성 호르몬이 늘어나서 눈물샘이 열리고 마음도 '나약'해진다고 하더니 사실인가 보다. 집안 서열도 아이와 반려견에 이어 3위라고 하지 않는가. 갱년기는 이제 여성의 전유물이 아니다. 특히 급격한 체력 저하와 은퇴를 앞둔 스트레스 등으로 발생하는 50대 남성의 갱년기는 생각 이상으로 심각하다. 극단적인 경우이긴 하지만, '혼술'이나 '혼밥'처럼 일상적인 사회적 고립감을 경험하는 50대 남성이 늘어나면서 고독사의 비율도 높아지고 있다.

실제로 2024년 1월, 한국보건사회연구원이 밝힌 보고서에 따르면, 전체 664건의 법의 부검에서 128건의 고독사가 확인됐는데, 이 중 50대 남성의 비율이 가장 높은 것으로 나타났다. 또 고독사의 63%에서는 평균 0.109%의 알코올 농도가 확인됐다고 한다.

반갑지 않은 우선순위에서 50대 남성이 1위를 차지하는 사례가 하나 더 있다.

> 자살 예방의 날인 10일 한국생명존중 희망재단에 따르면 올 1~6월 자살 사망자는 6,936명으로 지난해 같은 기간(6,375명)보다 8.8% 늘었

다. 연령대별로 보면 50대가 1,382명으로 모든 연령대에서 가장 많았다. 이 기간 자살 사망자 5명 중 1명꼴이다. 50대 자살 사망자 중 남성이 75.7%(1,046명)를 차지했다. 2022년 통계청의 사회조사 결과, 50대의 자살 충동 주요 이유에 '경제적 어려움'이 가장 많이 꼽힌 바 있다.[2]

지난해 9월에 발표된 뉴스 자료에 따르면, 50대의 자살률이 전 연령대에서 가장 높은 것으로 나타났다. 그리고 그 비극적 선택의 가장 큰 요인으로 '경제적 어려움'을 꼽고 있다. 길게는 30년 가까이 직장생활 혹은 자영업을 통해 한 집안의 생계를 책임졌을 50대들에게 무슨 일이 있었던 것일까?

지난해 5월 KBS 1TV 〈시사 직격〉에서는 '860만 은퇴 쓰나미, 60년대생이 온다'라는 제목의 방송을 내보냈다. 흔히 586세대라고 불리는 한국의 60년대생들이 줄줄이 은퇴를 앞두고 이른바 '은퇴 쓰나미'에 직면해 있는데, 과연 이들은 제대로 된 노후 준비를 하고 있는지 조명한 것이다.

주로 50대가 주축인 한국의 60년대생들은 대략 860만 명으로 추산되는데, 우리나라 전체 인구 중 가장 높은 비율을 차지하고 있다. 그리고 지난 1988년 도입된 국민연금을 30년 이상 납부한 세대로 이른바 '준비된 노후 세대'로 불리기도 한다.

과연 은퇴 쓰나미를 앞둔 한국의 50대들은 '준비된' 노후를 즐길 수 있을까? 80년대 민주화 운동의 주축 역할을 했고, 한국경제의 도약기에 노동시장에 진입해 앞만 보고 달려왔지만, 부모부양과 자녀교육이라는 이중고를 어깨에 짊어진 이른바 '낀 세대'가 된 50대들에게 남은 것은 준비된 노후가 아니라 불확실성의 미래다.

최근 동창회에서 만난 한 친구 녀석은 "돈이 없을 땐 시간이 남아돌고, 돈의 여유가 생길 때쯤엔 시간의 여유가 없다고 하는데, 이젠 남은 돈도 남은 시간도 없다"며 하소연하다가 "앞만 보고 달린 게 아니라 뛰어도 늘 제자리"라는 허무한 결론에 다다른다. 나는 깊은 공감의 의미로 말없이 친구에게 술 한잔을 건넸다.

최백호의 노래 가사처럼, "퇴색한 꿈들의 흔적을 뒤적이며" 무거운 삶의 무게를 버텨 내야 할 이 시대의 50대들에게 동병상련의 위로를 건넨다.

나이 듦,
그 쓸쓸함에 관하여

나이 들어 좋은 건 놀랄 게 없다는 거구나.

- 영화 〈하울의 움직이는 성〉 중

찬찬히 거울을 들여다보다 그동안 보이지 않던 얼룩 반점 하나를 눈가 근처에서 발견한다. 이건 뭐지? 순간, 아, 이건 혹시 노인들 얼굴에 보이는 검버섯 같은 게 아닐까 하는 불길한 예감이 든다. 근데, 이 반점은 도대체 언제부터 생긴 걸까?

모르긴 몰라도 그 반점은 어느 날 갑자기 나타난 것이 아니라 이미 오래전부터 생길 '기미'가 있었을 것이다. 나만 알아차리지 못했을 뿐. 남녀 가릴 것 없이, 나 같은 중년 세대들은 어느 날 갑자기 거울을 통해 노화의 흔적을 발견하고 당황해한다.

시몬 보부아르도 예외는 아닌가 보다.

> "눈썹은 눈 위로 흘러내렸고, 눈 밑에 다크서클이 깔렸으며, 광대는 지나치게 툭 튀어나오고, 주름 때문에 입가에 슬픈 기운이 감돌았다." 저 여자는 나 자신일 수 없었다. 하지만 내가 맞았다. "내가 여전히 나이면서 다른 존재가 될 수 있는 것인가?" 보부아르는 궁금했다.[3]

그 당당하고 도도했던 페미니즘의 전사 보부아르마저도 거울 속 자신의 모습을 "나 자신일 수 없다"고 부인하며 입가에 슬픈 미소를 지었을 것이다. 그래도 보부아르는 실존주의자답게 슬픔을 거두고 그토록 궁금해했던 '다른 존재'에 대한 해답을 찾았을까?

노화는 타자에 의해 '다른 존재'의 확인을 강요받기도 한다. 샤워를 하고 막 나온 내 모습을 보고 아내는 못 볼 것을 보았다는 듯이 고개를 돌린다. 앙상한 허벅지와 외계인 같은 뱃살은 내가 보기에도 안쓰럽다. 박완서의 소설 『너무나 쓸쓸한 당신』에도 이와 비슷한 대목이 나온다.

> 팬티만 입은 남편의 하체가 보기 흉했다. 넓적다리에 약간 남은 살은 물주머니처럼 축 처져 있고, 툭 불거진 무릎 아래 털이 듬성듬성한 정강이는 몽둥이처럼 깡말라 보였다.

『우리는 언젠가는 죽는다』라는 다소 도발적인 제목의 책을 쓴 미국의 작가 데이비드 쉴즈는 유명한 사상가이자 시인인 에머슨의 말을 인용해 “자연은 실로 모욕적인 방식으로 우리에게 암시하고 경고한다”라고 말한다.

이를 뽑아 놓고, 머리카락을 뭉텅뭉텅 뜯어 놓고, 시력을 흐려 놓고, 얼굴을 추악한 가면으로 바꿔 놓는다는 것이다. 청춘은 시들어 가지만 아름다움을 추구하는 욕망은 거둬 가지 않는다는 점에서 늙어 간다는 것은 인간에게 잔인하고 혹독한 형벌이다.

그리스와 로마신화에 자주 등장하는 새벽의 여신 에오스(Eos), 그녀는 트로이의 왕 라오메돈의 아들인 티토노스(Tithonos)와 사랑에 빠진다. 문제는 에오스 자신은 불사(不死)의 존재인 여신(女神)이지만, 티토노스는 언젠간 죽어야 하는 운명을 짊어진 인간이라는 점이다. 하지만 그리스 신화에 불가능이 어디 있겠는가. 에오스는 모든 신의 아버지인 제우스를 찾아가 인간인 티토노스에게 영생(永生)을 달라고 애원한다.

결국 티토노스는 에오스의 바람대로 영생을 얻는다. 하지만 안타깝게도 영원히 늙지 않는 축복까지 덤으로 얻지 못한다. 한때 잘생긴 외모를 자랑하던 티토노스는 시간이 갈수록 늙어 간다. 결국 에오스는 노인이 되어 버린 티토노스를 방에 가둬 놓지만, 몸을 가눌 수 없이 쇠약해진 그는 끊임없이 중얼거리며 온 방을 휘젓고 다닌다. 에오스는 늙어서 정신이 이상해진 티토노스를 더 이상 견디지 못하고 결국 매미로 만들어 버린다.

한여름 시끄럽게 울고 있는 매미를 보면, 영생은 얻었지만 젊음을 잃어버린 티토노스의 한 맺힌 절규처럼 들릴지 모르겠다. 오스카 와일드의 말처럼 노인의 비극은 늙는 것이 아니라 한때 젊었다는 것이다.

공자는 나이 마흔을 불혹(不惑)이라고 했다. 우리는 통상 이 말을 "나이 마흔이 되면 쉽게 유혹에 빠지지 않는다" 정도로 해석하지만, 과거 술자리에서 만나 어느 선배는 이를 다르게 해석한다고 말했다. "나이 마흔이 되면 유혹에 쉽게 빠지지 않는 게 아니라 오히려 그 반대인 거지. 유혹에 더 빠지기 쉬우니까 유혹에 빠지지 말라고 공자가 역설적으로 표현한 거야!"라고….

공자의 진의는 정확히 모르겠지만 암튼 이 대목에서 고개가 끄덕여진다. 같은 맥락으로, 이순(耳順)이라고 하는 사람의 나이 70세를 생각해 보자. 요즘은 평균 수명이 늘어나면서 70을 고령이라고 생각지는 않지만, 공자 시대의 70세라면 장수의 천복을 누리고 사실상 인생의 마무리와 '완성'을 의미하는 나이라고 할 수 있다. 그래서 이순이라 하면 글자 그대로 귀가 순해지고 타인의 말에 편견이 없어질 것 같은 느낌이 든다. 하지만 현실에서 이 나이가 되면 사람의 아집은 정점에 이른다.

실제로 주변의 노인들을 보더라도 남의 말을 너그럽게 경청하고 받아들이는 '순한 귀'보다는 켜켜이 쌓이는 고집불통의 아집만 남은 경우를 더 자주 목격하게 된다.

나이가 지혜를 가져다준다고? 노인네들이 지금 속임수를 쓰고 있다. 세월과 노인네가 같이 작당해서, 늙어 본 적이 없는 젊은이를 기만하고 있다. (중략)

세월이 가져다주는 것은 안타깝지만 지혜와는 아무런 상관이 없는 것, 혹은 오히려 지혜와는 적대적인 것이다. 오만, 비겁, 독선, 짜증, 분노, 성마름.[4]

오만과 독선, 분노와 성마름 등 온갖 부정적인 것을 다 긁어모은 것보다 더 참기 힘든 고통은 '재미없는 노인'이 되는 것이다.

『달과 6펜스』로 우리에게 잘 알려진 영국 작가 서머싯 몸은 "바보는 나이가 들어서도 여전히 바보인데, 나이 든 바보는 젊은 바보보다 훨씬 더 지루한 특색이 있다"라며 노년에 대해 다소 냉소적인 시각을 나타냈다. 그의 이야기를 더 들어 보자.

늙어 쇠약해진 육신에 굴복하지 않으려고 애써 경박하게 구는 노인과 저만치 앞으로 달려간 세상에 분노하는 노인이 양편에 앉아 있다. 누가 더 나를 힘들게 하는지 판단하기 어려울 정도다. 그래서 젊은이 곁을 쭈뼛거리지만 환영받지 못하고, 같은 또래 사람들은 지루하기만 하다. 이것이 노인의 생활이다.[5]

사실 로마의 철학자 키케로가 말했듯이 우리가 노화 탓으로 돌리는 많은 결점은 결국 인성(人性)의 문제다. 노화는 새로운 성격이나 특성을 만들어 낸다기보다는 기존의 특성을 더욱 증폭할 뿐이다. 우리는 나이가 들수록 더 강렬한 자기 자신이 된다.[6]

나이가 들수록 더 강렬한 자신이 된다는 말은 아집이 생기고 그것을 합리화하려는 성향이 더 견고해진다는 이야기다. 공자님 말씀처럼 나이가 들수록 귀가 순해지는 것이 아니라 왜 자신을 더 견고하게 만드는 고집불통이 되어 가는 것일까? 왜 더 나은 방향이 아니라, 더 안 좋은 방향으로 가는 것일까?

우리는 나이 듦과 화해하지 못하고 애써 외면하거나 화를 내다 결국 마지못해 받아들인다. 더 불행한 것은 대부분의 사람들이 랜딩 기어를 내리고 미끄러지듯이 활주로에 착륙하는 파일럿의 숙련된 고급 기술을 가지고 있지 않다는 점이다.

대체로 우물쭈물하다가 동체가 활주로에 부딪히는 충격을 온몸으로 느끼기 마련이다. 우리는 노화와 '정면충돌'한다는 철학자 에릭 와이너의 말은 이 지점에서 명징하고 정확하다. 나이가 들수록 더 나은 방향이 아니라 더 안 좋은 방향으로 가는 것은 어쩌면 피할 수 없는 일이다. 관건은 노화와의 정면충돌에서 충격을 최소화하는 일이다. 자신은 물론이고 타인에게도 동일한 조건으로 말이다.

지난해 한 시사 프로그램에 출연한 유시민 작가는 자신의 나이가 되면(당시 64세) "무대보다는 객석이 더 어울리는 나이"라고 말했다. 사회

운동가로 정치인으로 또 작가로서 누구보다 치열하게 살았던 그가 초로의 나이에 접어들어 무대보다는 객석을 택한 이유를 생각해 본다.

단순한 방관이 아니라 관조의 미덕을 말하고자 했을 것이다. 꼰대처럼 성질내고 사사건건 참견할 것이 아니라, 바라보고 지켜봐 주는 여유의 미덕 말이다.

노화의 탓으로 돌리는 많은 결점이 사실은 인성의 문제라는 키케로의 말을 되새기면서.

나라야마 부시코와
현대판 고려장

과거에는 상갓집 문 앞에 노란색 근조 등(燈)을 달고 집 안에서 조문객을 맞았었다. '과거'라고 했지만 도심에서 이 노란색 근조 등(燈)을 본 것은 족히 20년은 넘는 듯하다. 입사 동기의 부친상 조문을 위해 경북 안동에 내려갔을 때 본 것이 마지막이니, 실제로는 30여 년은 더 넘은 것 같다. 물론 아직도 시골에서는 집 안에서 죽음을 맞고 상(喪) 치르는 일들이 희귀하지만은 않다.

엄마는 임종 전에 "집에 가고 싶다"는 말을 자주 했다. 실현하기 불가능한 소망은 아니었지만, 병원에서 담당 의사의 허락을 받아 산소통을 옮겨 와 따로 설치해야 하고 무엇보다 만약의 상황에 대비하기가 두렵고 막막했다. 고민만 하다가 시간은 흘렀고, 결국 엄마는 대학병원 중환자실에서 운명했다.

1945년 이전까지 대부분의 사람들은 자신의 집에서 죽음을 맞이했다. 그러나 1980년대에 이르면 불과 17%만이 자신의 가정에서 임종을 맞게 되고 그 수치는 현대에 이르러 현저하게 감소한다. 아마도 현대인 거의 대부분은 자신의 집이 아닌 병원이나 요양 시설에서 임종을 맞게 될 것이다.

병원 침상에서 차가운 벽을 바라보며 이런저런 의학 기계를 주렁주렁 매단 채, 이름도 알지 못하는 의료진에 둘러싸여 죽음을 맞는 현대인의 모습은 비참하다. 어찌하다 이리됐는가를 살펴보기 전에, 전통적인 사회에서 핵가족화로의 전환이 가져온 죽음의 변화, 그리고 그 의미를 살펴야 한다.

전통사회에서 연장자는 대체로 우대를 받고 공경과 보호의 대상이 된다. 죽음에 직면해서도 자연스레 그 자녀들이 임종을 준비한다. 산업사회로 접어들면서 개인은 집단 커뮤니티의 전통과 속박에서 벗어나 자유를 얻는 대신 생의 마지막 단계에서조차 홀로 걸어가야 하는 무거운 숙제를 떠안게 된다. 현대사회의 각종 의료 시스템은 과거 전통사회의 구성원들이 분담하던 역할을 대신하고 있다. 효율적이지만 죽음의 공포나 정서적 교감을 나누기에는 역부족이다.

의도된 결과이든 아니든 힘들게 얻은 독립은 끝까지 유지할 수 있을까? 불행하게도 현실은 그렇지 않은 것 같다. 자녀들은 생계의 전선에 내몰리고, 나이 들고 병든 부모들은 자의 반 타의 반 요양 시설로 향한다. 이제 요양원은 나이 든 사람들의 선택지가 아니라 필수 코스가 되어 가고 있다. 요양원에 부모를 모신 대부분의 사람들은 (나를 포함해서) 집단적인 죄의식을 공유하는 동시에 집단적인 위안을 얻을 수 있게 됐다.

2012년 칸영화제 황금 종려상을 수상한 미하엘 하네케 감독의 영화 〈아무르〉는 뇌졸중과 치매로 삶의 주도권과 자유의지를 상실한 안느와 그녀를 지극 정성으로 간병하는 남편 조르쥬의 이야기다. 결말은 죠르쥬가 안느를 베개로 질식사시키는 비극이지만, 주제는 여전히 제목과 같은 사랑(amour)이다. 영화를 본 사람이라면 부인을 살해하는 남편의 행위가 어찌하여 사랑이란 이름으로 불릴 수 있는가를 이해할 수 있을 것이다.

실제로 이 영화가 개봉된 이후, 프랑스와 유럽 사회에서는 안락사에 대한 논쟁이 일어났고 영화의 비극적 결말에 대한 비판적 시각도 있었다. 여기서 영화의 내용을 조금만 들여다보자.

죠르쥬와 안느는 은퇴 후 노년의 시간을 함께 보내고 있다. 이들의 나이가 구체적으로 몇 살인지는 알 수 없지만 아직까지는 타인의 도움 없이 스스로 식사를 하고, 목욕을 하며, 책과 신문을 읽는 등 자신의 육체에 대한 통제가 어느 정도 가능한 것으로 보인다. 안느가 치매와 뇌졸중으로 쓰러지기 전까지는 말이다. 병원에서 돌아온 안느는 죠르쥬에게 다시는 자신을 병원에 보내지 않겠다는 약속을 하라고 조른다. 죠르쥬는 충실하게 그 약속을 지킨다.

안느가 은퇴 전 음악을 했고, 그들이 머무는 공간이 파리 시내에 위치한 주택가이며, 오전 오후 파트 타임으로 간병인을 따로 둘 정도면 이들의 생활이 경제적으로 궁핍할 정도는 아닌 것으로 추정된다. 그러나 현실은 '선택된' 소수를 제외하고는 자신의 집에서 늙고 병든 부모님을 직접 돌보거나 간병인을 따로 둘 여유를 허락하지 않을 것이다. 길고 지루한 간병 끝에 조르쥬는 점점 지쳐 가고 영화의 결말은 이미 알고 있는 바와 같다.

영화 후반부, 죠르쥬는 안느를 거칠게 다루는 간병인을 해고하면서 "당신도 언젠가는 똑같은 대접을 받기 바란다"라고 말한다. 못된 간병인을 향한 저주인 동시에, 내면에서 울부짖는 속절없는 아우성으로 들린다.

아무도 모른다. 자신이 늙기 전까지는. 아무도 모른다. 자신이 환자가 되기 전까지는.

이런 일은 영화에서만 일어나는 일이 아니다. 현실에서는 더 냉혹하고 비극적이다. 실제로 지난해 11월, 파킨슨병을 앓던 배우자를 5년 6개월 돌보다가 살해한 60대 남성이 법정에서 실형을 선고받은 일이 발생했다.

해당 남성은 영화 〈아모르〉의 경우처럼 도구를 이용해 자신의 아내를 질식시켜 살해했는데, 숨진 부인은 오래전부터 뇌전증과 파킨슨병을 앓아 왔고, 계속되는 섬망 증상으로 의사소통에도 커다란 문제가 있었던 것으로 전해진다. 재판부는 남성에게 징역 4년의 실형을 선고했다. 하지만 판결문을 통해 결혼 뒤 원만한 부부관계를 유지해 왔고, 범행 전까지 피해자를 정성스럽게 간병했으며, 피고인 스스로 느끼는 고통과 절망감을 참작해 형을 정했다고 재판부는 밝혔다.

죄는 밉지만, 사람을 미워할 수 없다는 재판부의 고뇌가 느껴지는 대목이다.

아버지가 입소해 있던 요양원은 일산에서 파주로 들어가는 경계에 있었다. 도심 외곽에 위치해서 나름 한적하고 조용했다. 조경도 나름 신경 쓴 흔적이 보이고 주변 풍광도 나쁘지 않았지만 정작 야외에 나와 있는 노인들은 잘 보이지 않는다. 실내로 들어가면 뭐라 표현할 수 없는 적막이 흐른다.

간혹 소리를 지르는 노인들과 이를 달래느라 애를 먹는 요양보호사의 짜증 섞인 목소리만 들릴 뿐이다. 거실 공간에 설치한 커다란 TV 소리만이 유독 크게 들린다. 이 알 수 없는 지독한 냄새는 또 무엇인가? 그건 단순한 노인의 냄새가 아니라 지독한 외로움과 절망이 뒤섞인 냄새다.

1990년대 초반 뉴욕주 북부의 소도시 뉴 베를린에 위치한 체이스 메모리얼 요양원에서는 이 지독한 외로움과 절망을 걷어 내기 위한 획기적인 실험이 진행됐다.

일반적인 요양원에서는 결코 허용되지 않을, 놀라운 일들이 벌어진 것이다. 예를 들어 요양원 마당에 개와 고양이를 풀어 기르고 닭과 토끼를 위한 시설도 마련됐다. 입소한 노인들이 직접 가꿀 수 있는 채소밭과 꽃밭 정원도 마련됐다. 여기가 끝이 아니다. 요양원에 근무하는 직원들의 자녀들을 맡길 수 있는 탁아시설과 방과 후 교실도 마련됐다. 반려동물이 뛰어다니고 아이들의 웃음소리가 들리는 요양원이라니!

이 모든 프로젝트를 기획하고 실행한 인물은 빌 토머스(Bill Thomas)라는 젊은 의사였는데, 그는 평소 '요양원에 존재하는 세 가지 역병'으로 무료함과 외로움, 그리고 무력감을 꼽으며 '돌보는 것'과 '치료'를 혼동해서는 안 된다는 소신을 밝혔다. 새에게 직접 모이를 주고, 화분에 물을 주는 작은 행위 하나하나가 '요양원에 존재하는 세 가지 역병'에 특효약이 된 셈이다.

결국 빌 토마스가 내린 결론은 '살아야 할 이유'가 생기면 삶은 저주가 아니라 축복이 될 수 있다는 점이었다.

이 실험이 진행된 것은 90년대 초반이다. 당시 미 보건당국도 체이스 메모리얼 요양원의 파격적인 실험을 흥미롭게 지켜본 모양이다. 이후 이 놀라운 실험이 어떤 결실을 거두었는지는 좀 더 구체적인 정보를 찾아봐야겠지만, 안타깝게도 우리 주변에 새와 애완동물을 키우고 꽃밭에 둘러싸인 요양원이 있다는 이야기를 들어 본 적은 없는 것 같다. 아마 그런 요양원이 있다면, 대기자만 수만 명에 이를 것이다. 이 놀라운 실험의 성공 여부를 떠나서, 빌 토머스 같은 소신과 소명 의식을 가진 의료진을 가진 지역사회는 그 자체로 커다란 축복을 선사받은 것이다.

사회학자 어빙 고프먼(Erving Goffmann)은 1961년 출간한 『수용소(Asylum)』라는 그의 저서에서 감옥과 요양원의 유사성에 대해 언급한 바 있다. 그는 군대의 훈련소와 정신병원 그리고 감옥과 요양원을 '전체적 기관(total institution)'의 전형이라 규정하고 이들 기관이 대체로 사회적으로 단절돼 있으며 강제 부과한 다양한 활동들이 개인이 아닌 조직과 기관의 목적에 맞춰 움직인다고 지적했다. 어빙 고프먼은 1960년대 미국의 상황을 묘사했지만 21세기 한국의 요양원 모습과 별반 다르지 않다.

요양원을 방문하는 가족들은 "감옥이 따로 없다"는 부모의 말이 단순한 지청구가 아니라는 사실을 기억해야 한다. 우리들도 조만간 그 감옥에 갇힐 테고, 삶의 주도권을 놓아야 하는 순간이 도래하기 때문이다.

늙는다는 것이 서러운 이유는 단순히 육체적인 기능 저하에만 있지 않다. 더 이상 내 의지대로 작동하지 않는 세계에서 '삶에 대한 주도권'을 상실한 데서 오는 절망감이 가장 큰 슬픔이자 서러움의 근원이다. 요양원이나 요양병원에서 간병인이 채워 주는 기저귀를 차고, 먹으라면 먹고, 싸라면 싸고, 자라면 자야 하는 무력감은 죽음보다 더하면 더하지 결코 덜하지 않을 슬픔이자 절망일 것이다.

이마무라 쇼헤이 감독의 영화 〈나라야마 부시코〉는 일흔이 되면 나라야마 산꼭대기에서 삶을 마감해야 하는 노인과 그 노인을 떠나보내야 하는 자식의 이야기다.

올해 69세가 된 오린은 나라야마에 가기 위한 준비를 한다. 그런 어머니를 쓸쓸한 눈으로 바라보는 오린의 맏아들 다츠헤이. 어머니는 이런 아들을 다그친다.

"다츠헤이, 아버지처럼 겁쟁이가 되면 안 된다. 너에게 식구들의 목숨이 걸린 걸 잊지 마라."

오린은 아들의 죄책감을 덜어 주고 동시에 자신이 죽을 만큼 쇠약해졌다는 것을 알리기 위해 스스로 돌절구에 자신의 이를 부딪쳐 깨버린다. 고통에 못 이겨 찡그린 그녀의 얼굴은 온통 피투성이가 되지만 입가에는 미소가 번진다.

마침내 어느 겨울 새벽. 어머니는 아들의 등에 업혀 나라야마 산으로 향한다. 금방이라도 눈물이 쏟아질 것 같은 붉어진 눈을 부릅뜨고 다츠헤이는 기를 쓰고 정상으로 향한다. 마침내 해골로 가득한 죽음의 골짜기에 다다르고 이제 아들은 어미를 두고 가야 한다. 바로 그때, 나라야마 정상에 눈이 내린다. 새하얀 눈은 죽음을 상징하는 까마귀의 검은색과 강렬하게 대조된다. 오린은 자꾸 머뭇거리는 아들의 등을 떠민다. 이제 아들은 삶의 현장으로 돌아갈 것이고, 어미는 죽음을 숙명으로 받아들일 것이다.

시대는 바뀌었지만, 늙고 병든 부모들이 나라야마 산꼭대기 대신 요양원으로 그리고 다시 요양병원으로 향하는 모습은 우리에게 집단 죄의식 대신에 집단 안도감을 줄 수 있을까? 그리고 그것을 문명화된 현대판 고려장이라고 말한다면 너무 잔인한 표현일까?

나라야마 산 정상에 내리는 속절없는 눈발처럼 우리 모두는 예외 없이 늙는다.

‘자유 죽음’은 자유로운가?

서랍을 정리하다 아주 오래된 아우슈비츠의 유대인 수용소 사진이 눈에 들어왔다. 취재차 폴란드를 방문했을 때 직접 촬영한 사진이다. 유대인들을 수용한 허름한 건물을 사이에 두고 높다란 총살대(銃殺臺)를 원경에서 찍은 사진과 가까이서 클로즈업한 흑백 사진 두 점이다. 근경으로 찍은 사진은 밖이 아니라 건물 안에서 찍은 것인데, 철창 밖으로 보이는 총살대의 벽에는 총탄의 흔적들이 깨알처럼 촘촘하다. 누군가 놓고 간 화환과 꽃들은 총살대의 흔적만큼이나 처연하다. 수많은 무고한 유대인들이 저 벽 앞에 서서 죽음을 기다렸으리라.

장 아메리(Jean Amery).

그는 1912년 10월 31일 오스트리아 빈에서 태어났다. 그는 문학과 철학박사 학위를 가진 지식인으로 프리모 레비, 엘리 위젤과 더불어 아우슈비츠 생존 3대 작가로 꼽히는 인물이다. 하지만 장 아메리는 그의 마지막 주저(主著) 『자유 죽음』을 쓴 2년 뒤인 1978년 10월 17일, 잘츠부르크의 한 호텔에서 다량의 수면제를 먹고 자살한다.

공교롭게도 바로 오늘이(2018.10.17.) 그가 잘츠부르크의 한 허름한 호텔에서 자살한 지 35년이 되는 날이다. 아우슈비츠의 그 어두운 죽음의 터널을 빠져나온 그가 스스로 죽음을 택한 이유는 무엇일까? 그가 스스로 택한 죽음의 문턱에서 느낀 감정은 수많은 유대인들이 수용소의 총살대 앞이나 가스실에서 느꼈던 공포와는 어떤 차이가 있을까?

장 아메리는 인간의 죽음이 인간의 '태어남'만큼 부조리하다고 보지 않았다. 왜냐하면 죽음은 인간의 자유의지가 반영된 선택이 가능하기 때문이다. 그가 자살을 '자유 죽음'이라 명명한 이유기도 하다.

우리는 살면서 적지 않은 자살의 충동을 느낀다. 그러나 실제로 자살을 선택하는 경우는 드물다. 대개가 살아야 할 이유가 죽음을 택할 이유보다 크기 때문이기도 하지만 '에셰크(echec)'를 판단하는 개인의 기준과 그가 속한 사회의 문화 혹은 도덕적 기준들이 상이하기 때문이다. 죽을 용기가 있으면 그 용기로 차라리 어떻게든 살아 보라는 사회적 질책이 바로 그 예이다. 그렇다면 에세크란 무엇인가?

장 아메리는 자유 죽음을 선택하는 결정적인 근거로 이 '에셰크'라는 개념을 도입하고 있는데, 사전적 정의에 따르면, 이 말은 체스를 둘 때 흔히 '외통수'에 걸린 것을 나타내는 단어이다. 즉, 돌이킬 수 없는 상황 혹은 좌절의 순간을 의미하는 것이다. 우리도 살면서 수없이 많은 '외통수'를 경험하지 않는가?

스스로를 '행복 전도사'라고 칭하며 각종 방송과 매체에 출연해 인생에서 '행복해지는 법'을 강연하던 최윤희 씨가 자살로 생을 마감했을 때, 세상의 반응은 대체로 놀라움을 동반한 냉소가 주류를 이루었다. 자살을 비극적인 결말로 보는 일반적인 시각에서 본다면, 행복을 전도한다며 전국을 돌아다닌 그녀의 자살이 세상에는 커다란 아이러니로 비춰진 것은 어찌 보면 당연한 일일지도 모른다.

하지만 그녀가 생을 마감하기 전 마지막으로 남긴 유서 내용을 본다면, 이런 세간의 판단은 조금 달라져야 하지 않을까. 불치의 병을 앓고 있던 그녀가 더 이상 '견디기 어려운 통증'으로 인해 삶을 지속하기 어렵다고 판단했고, 결국 자살이 행복한 삶을 지키기 위한 마지막 결단이었음을 암시하고 있기 때문이다. 철저히 그녀의 입장에서만 바라본다면 말이다.

기쁘게 살았고 기쁘게 죽으리. 나는 내 의지로 나를 버리네.

아동문학의 고전인 『보물섬』과 인간 내면의 선과 악을 묘사한 『지킬 박사와 하이드 씨』의 저자인 로버트 루이스 스티븐슨(Robert Louis Stevenson)이 남긴 말이다. 정작 스티븐슨 자신은 본인의 말을 얼마나 잘 지켰는지, 다시 말해 자신의 의지대로 자신을 버리는 죽음을 맞이했는가에 대해서는 알려진 바 없다.

어쩌면 이 말에 가장 부합하는 삶을 살다 간 사람은 자본주의 물질문명을 비판하며 자연과의 조화로운 삶을 주장했던 미국의 문명 비판론자 스콧 니어링(Scott Nearing)이 아닐까 싶다. 헬렌 니어링의 자서전 『아름다운 삶, 사랑 그리고 마무리』에는 의식이 명징한 상태에서 '본인의 의지대로', 죽음을 맞이하는 스콧 니어링의 모습이 생생하게 묘사돼 있다.

> 스콧이 가기 한 달 전인, 그이의 100세 생일 한 달 전 어느 날, 테이블에 여러 사람과 앉아 있을 때 그이가 말했다.
> "나는 더 이상 먹지 않으려고 합니다."
> 그리고 다시는 딱딱한 음식을 먹지 않았다. 그이는 신중하게 목적을 갖고 떠날 시간과 방법을 선택했다. 정연하고 의식이 있는 가운데 가기 위함이었다. 그이는 단식으로 자기 몸을 벗어나고자 했다. 단식에 의한 죽음은 자살과 같은 난폭한 형식이 아니다.
> 그 죽음은 느리고 품위 있는 에너지의 고갈이고, 평화롭게 떠나는 방법이자 스스로 원한 것이었다.[7]

어떤가? 스콧 니어링의 죽음 앞에 우리는 슬픔이나 연민을 느끼는가? 죽음을 앞둔 노인들 가운데 곡기를 끊고 죽음의 순간을 스스로 선택하는 분들도 있다.

속 타는 자식들은 안타까운 마음에 영양분을 강제로 주입하지만, 당사자의 '자유의지'를 심하게 훼손하는 일일 수도 있다. 서울대학교 철학과 박찬국 교수는 이 대목에서 삶의 끝이 아니라 오히려 삶의 절정을 보았노라고 말한다. 한 인간이 평생을 걸쳐 성숙시켜 온 정신력이 죽음 앞에서 최고의 정점에 달하는 순간을 말이다.

철학자 니체 또한 경우에 따라서 자살은 인간이 거둘 수 있는 최대의 승리일 수 있고, 삶에 대한 부정이 아니라 오히려 최대의 긍정일 수 있다고 보았다. 니체가 말하는 '품위 있는 자살'은 다음과 같다.

> 더 이상 긍지를 갖고 살 수 없을 때 당당하게 죽는 것. 자발적으로 선택한 죽음, 자식들과 다른 사람들이 보는 가운데 명료한 의식을 갖고 기뻐하면서 적시에 이뤄지는 죽음, 그리하여 떠나는 자가 아직 살아 있는 동안에 작별을 고하는 것이 가능한 죽음, 또한 생전에 성취한 것과 원했던 것에 대한 진정한 평가와 삶에 대한 총결산이 가능한 죽음.

자살을 숭고한 자유의지의 결정판이라 찬미하는 사람도 있고, 적어도 인간이 할 수 있는 가장 극적이고 '결정적인' 선택이라고 말하는 사람도 있다. 자살을 방조하거나 미화하는 위험한 발언일 수도 있지만 그 이면에 숨어 있는 맥락을 찬찬히 들여다볼 필요는 있다.

하지만 스스로 선택한 죽음이 스콧 니어링의 경우처럼 '느리고 품위 있는' 그리고 '평화로운 마지막 선택'이 될 가능성은 얼마나 희박한가? 니체가 말한 것과 같이 '명료한 의식을 갖고', '적시에 이뤄지는' 자발적 죽음은 또 얼마나 비현실적인가?

특히 누군가의 자살이 '선택'의 여지없이 일방적으로 벼랑 끝에 내몰린 사람들의 마지막 도피처였다면, 그것을 진정 '자유의지'라 말할 수 있을까?

죽음의 순간마저 자유로울 수 있는 사람은 지상에 그리 흔하지 않다.

늘 떨고 있는 자는 '선택' 앞에 서 있는 사람이다

『죽음은 두렵지 않다』라는 제목의 책을 우연히 서점에서 발견했을 때, 제일 먼저 드는 생각은 '꽤 용감하긴 한데, 어떻게 감당하려고 그러지?'였다. 노인들이 상투적으로 하는 거짓말 가운데 "죽고 싶다"는 말이 첫 손에 꼽히는 것처럼, 죽음의 공포 앞에 자유로운 인간 자체가 낯설게 느껴졌기 때문이다.

"죽음은 두렵지 않다"고 외치는 다소 도발적인 이 책의 저자는 일본에서 '지(知)의 거장'이라고 불리는 저널리스트이자 평론가인 다치바나 다카시이다. 저자의 이름이 왠지 낯설지 않다고 했더니, 개인적으로 감명 깊게 읽었던 『우주로부터의 귀환』의 저자이기도 하고 '소설 무용론'이라는, 다소 독특한 주장을 했던 분으로 기억한다.

다치바나 다카시는 소문난 독서광이자 다작의 글쟁이로, 국내에서도 여러 편의 작품이 번역돼 소개되기도 했는데, 그의 작품 소재는 인간에서 우주, 탄생에서 죽음에 이르기까지 광범위하고 다양하다. 『죽음은 두렵지 않다』라는 제목이 일본에서 출판될 당시 원래의 제목을 정직하게 번역한 것인지, 아니면 좀 더 자극적인 제목을 원하는 국내 출판사의 손길이 더해진 것인지는 모르겠다. 다만, 책의 서문에 담긴 다음과 같은 글을 통해 유추하건데, 사실상 저자의 뜻이 제목에 녹아 있다고 봐도 무방할 것 같다.

> 갈수록 죽음이 두렵지 않다.
>
> 죽는 순간에는 꿈속으로 들어가듯 평온할 것이다.

이 책은 방광암과 심장병으로 두 차례 생사를 넘나드는 대수술을 거치고 난 후 저자가 75세 되던 해인 2015년, 철학적, 과학적 관점에서 "죽음이란 무엇인가"라는 문제에 천착해 얻은 '현재'의 관점을 담고 있다.

이 책에서 저자는 '죽음 이후의 삶'이나 '임사체험' 그리고 '유체 이탈'과 같은 신비체험을 비롯해서 연명치료와 자살, 그리고 이상적인 죽음에 이르기까지 우리가 가장 궁금해하면서도 동시에 가장 금기시하는 문제에 대해 담담하게 적고 있다. 물론 이 책에서 임사체험이나 '죽음 이후의 삶'과 같은 문제에 대한 정밀한 과학적 근거나 철학적 이론을 기대하는 독자라면 다소 실망스러울 수도 있다.

이런 각론에 대한 갈증을 느끼는 독자라면 차라리 서가에 흘러넘치는 죽음을 다룬 수많은 전문 서적 가운데 하나를 구독하거나 저자의 책 가운데 『임사체험』, 『뇌를 단련하다』와 같은 좀 더 전문적이고 디테일한 책을 읽을 것을 권한다.

170쪽 안팎의 비교적 짧은 분량에다가 주로 문답식으로 이뤄진 이 책의 구성은 다소 허술하게 느껴지기도 하고, 결국엔 "그래서 뭐라는 거야?"라는 허무함을 안겨 줄 수도 있다. 그러나 저자는 죽음이 결국 내러티브의 문제라고 말한다. 이건 또 무슨 말인가?

인간이 죽음에 대해 어떻게 인지하든, 모든 생명체는 언젠가 이 땅 위에서 소멸한다는 사실만큼은 변함이 없다. 이 움직일 수 없는 사실, 혹은 진실 위에서 사람들이 철학, 과학, 종교 등 각기 다른 방식으로 다른 해석을 내놓고 있을 뿐이라는 것이다. 여기까지만 본다면, 저자 또한 그동안 수많은 석학들이 주장했던 "죽기 전까지 알 수 없다"거나 "결국 각자의 해석에 따라 다를 수밖에 없다"는 따위의 애매모호한 입장을 반복하는 것으로 들릴 수도 있다.

하지만 저자는 자살이나 연명치료, 혹은 임사체험과 같은 문제에 대해 모호한 입장이 아니라 나름 분명한 소신을 밝히고 있다. 다치바나 다카시가 주장하는, 혹은 살면서 세상에 말하고자 했던 핵심 내용, 그리고 나름 허술해 보이는 이 책의 숨겨진 미덕은 오히려 이 책을 번역했던 전화윤 선생의 역자 후기에 잘 나와 있다.

번역을 하면서 인상 깊었던 것은 과학적으로 증명되지 못했다고 해서 개인의 사적 경험까지 부정해서는 안 된다는 그의 철학이었다.

개인에게 경험은 곧 현실이며, 과학과 철학이 개인의 종교적, 영적 신념을 부정하기 위해 존재하는 것은 아니라는 이유에서다. 철저히 이성의 편에서 있을 것 같은 그에 대한 선입견이 발견과 동시에 깨진 순간이었다. (중략)

평생을 치열하게 읽고 배우고 탐구하는 태도로 살아온 사람이기에 가능한 일이다.

우리는 자신이 발견한 하나의 가치를 추구한 끝에 그것과 대척점에 있는 듯 보이는 가치까지 끌어안는 이들을 드물게 본다.

그런 이의 고민과 고집과 겸손의 여정을 삶의 후배이자 역자로서 함께할 수 있어 영광이었다.[8]

죽음을 두렵지 않다고 말하는 자.

어쩌면 그것은 지독한 오만이거나, 그게 아니라면 생사를 초탈한 도인(道人)의 경지일 수도 있다. 그러나 다치바나는 두렵다는 표현보다는, 어떤 선택이든 담담하게 받아들이고 또 인정할 것을 권한다. 예를 들어, 무신론자인 그는 임종의 순간에 신을 찾는 대신 너무 춥거나 너무 덥지 않기를 바란다고 말한다. 이건 냉소가 아니라 거대한 자신감의 표현이다.

물론 종교인이라면 신(神)이나 신에게 드리는 기도가 커다란 힘이 될 거라는 사실 또한 부인하지 않는다.

결국 늘 떨고 있는 자는 '선택' 앞에 서 있는 사람이다. 그 선택지가 무의미한 사람, 어떤 선택 앞에서도 흔들림이 없다면 죽음조차 두렵지 않을 수도 있지 않을까.

다치바나 다카시가 이 책을 통해 던지는 가장 큰 화두이다.

우리 안에서 조금씩 자라는 죽음

세네카는 『루킬리우스에게 보내는 편지』에서 죽음에 대해 다음과 같이 말한다.

> 시간의 가치, 하루의 가치를 아는 자, 자기가 매일 죽어 간다는 사실을 아는 자는 과연 얼마나 될까? 우리의 실수는 우리가 장차 죽는다는 것을 생각하지 못하는 것이네. 사실, 죽음은 이미 오래전에 시작되었고 우리의 지난 삶은 죽음에 속한 거라네.

서울대 종교학과 정진홍 교수도 세네카와 비슷한 이야기를 한 적이 있다. "죽음은 저 멀리서 뚜벅뚜벅 내게 걸어오는 그 무엇이 아니라, 내가 태어나면서부터 '내 안에서' 성장하는 그 무엇이다"라고 말이다.

세네카나 정진홍 교수의 이야기를 받아들인다면, 죽음이 훨씬 덜 두렵고 친숙하게 느껴질지도 모르겠다. 태어나면서부터 나와 함께 성장하는 죽음, 저 멀리 있는 것 같지만 늘 인간의 내부에 함께 존재하는 죽음 말이다.

하지만 아무리 머리로 이해한다고 해도 죽음이 여전히 두려운 이유는 그 누구도 자신의 죽음을 직접 경험해 볼 수 없기 때문이다. 그래서 죽음은 여전히 타자의 죽음일 뿐이다.

작가 김훈이 『칼의 노래』에서 "객관적인 죽음이 주관적인 죽음을 위로할 수는 없다"라고 말한 의미이기도 하다. 이반 일리치의 죽음을 보라!

> 동료의 사망 소식을 듣고 이들의 마음속에 떠오른 생각은 그로 인해 발생할 수밖에 없는 자리 이동과 보직 변경 등에 대한 것만은 아니었다. 아주 가까운 사람의 사망 소식을 들은 사람들이 누구나 그러듯이 그들도 죽은 게 자신이 아니라 바로 그라는 사실에 안도감을 느꼈다.[9]

인도를 대표하는 대서사시 『마하바라타』에는 삶과 죽음을 상징하는 다양한 이야기들이 나온다. 그 가운데 호수의 정령과 판다바 형제의 장남인 유디스티라가 나누는 질문과 대답을 살펴보자.

> 호수의 정령: "세상에서 가장 불가사의한 일은 무엇인가?"
>
> 유디스티라: "날마다 수많은 사람이 저승으로 가는 것을 보면서도 자

신은 영원히 살 것처럼 생각하는 것입니다. 주변의 사람들이 죽어 가는 것을 뻔히 지켜보면서도 나는 영원히 살 것처럼 생각하는 것이 가장 불가사의한 일이죠."[10]

『마하바라타』의 유디스티라와 이반 일리치의 동료들이 접한 죽음은 자신의 죽음이 아니라 타인의 죽음이다. 그래서 그들은 여전히 안도할 수 있는 것이다. 과연 소설 속만의 일일까? 누구나 예외 없이 죽는다는 죽음의 객관성이 지금 당장 죽어 가는 자 앞에서 어떤 위로가 될 수 있겠는가?

하지만 조금만 곰곰이 생각해 보면, 우리는 매일매일 '작은 죽음'을 경험한다. 우리 몸 안의 세포는 매일매일 수십억 개씩 죽어 간다. 세포 단위라 실감 못 할 뿐이지 불과 몇 개월이 지나면 우리 몸 대부분 세포는 완전히 새로운 세포들로 교체된다. 욕실에서 밀면 나오는 때란 녀석도 사실 수명을 다한 세포들, 우리 몸이 남긴 '주검의 흔적들'이다.

『에로스의 눈물』(1961)에서 바타유는 "작은 죽음과 결정적 죽음의 동일성"에 관해 이야기한다. '작은 죽음(petit mort)', 즉 성적 결합의 정점에 숨이 멎는 듯한 그 경련을 바타유는 "궁극적 죽음의 맛보기"라 부른다. 오르가슴이란 결국 작은 죽음의 형태로 궁극적 죽음을 미리 맛보는 것에 불과하다. 에로티즘은 이렇게 죽음과 본질적으로 관련되어 있기에 바타유는 자신의 죽음을 의식하지 못하는 동물에게는 성적 활동

은 있어도 에로티즘은 없다고 단언한다.[11]

바타유는 성적 결합의 정점에서 느끼는 오르가슴을 궁극적 죽음을 미리 맛보는 '작은 죽음(petit mort)'이라 명명했다. 성적 결합은 매 순간 느끼는 작은 죽음의 일부인 것이다. 밀란 쿤데라가 말한 성교 후 느끼는 극도의 외로움도 '궁극적 죽음의 맛보기'라는 바타유의 이야기와 비슷한 맥락에서 이해할 수 있다. 에로스와 죽음의 이중주, 그를 통해 느끼는 작은 죽음은 많은 예술 작품의 모티프가 되기도 한다.

뭉크의 작품 〈죽음과 소녀〉를 보면, 죽음을 끌어안고 있는 소녀의 모습이 보인다. 소녀의 포옹은 거기서 그치지 않는다. 죽음을 향해 강렬한 키스를 퍼붓고 있다. 이에 질세라 죽음은 소녀의 허리를 부서질 듯 감싸안으며 강렬한 에로스의 에너지를 내뿜고 있다. 그리고 그림의 테두리를 둘러싸고 있는 희미한 태아의 모습은 뭉크가 보여 주고자 하는 메시지가 무엇인지 말해 주는 결정적 단서이다.

이렇게 탄생과 죽음 그리고 타나토스와 에로스는 한 점에서 교우한다. 삶이란 결국 안과 밖이 만나는 것, 처음과 끝이 만나는 것, 그리고 생(生)과 사(死)가 조우(遭遇)하는 우주의 작은 정류장일 뿐이다.

오늘도 죽음은 내 안에서 성장했을 터.

❖❖❖

'글을 쓴다'는 것, 그리고 '기억된다'는 것의 의미

삼양동 골목길을 걷다 문득 코끝을 강하게 자극하는 냄새를 맡고 발길을 멈춘다. 김치찌개 냄새다. 지금까지 수없이 맛본 다양한 김치찌개와는 차원이 다른, 어린 시절 엄마가 만들어 준 달짝지근하면서도 뭉근한 바로 그 김치찌개 냄새다.

엄마표 김치찌개에는 알타리무가 들어갔다. 단단한 무가 흐물거릴 때까지 사골국물 곪듯이 여러 번 끓여 내면 기가 막히게 달달하고 진한 국물 맛이 우러났다. 어린 시절 동네 공터에서 미친 듯이 뛰어놀다가도 골목 귀퉁이 어딘가에서 흘러나오는 김치찌개 냄새는 마법처럼 나를 집으로 불러들이곤 했다.

사람들이 죽음을 맞이한 후에도, 사물들이 잘게 부서져 흩어진 후에도, 맛과 냄새만큼은 영혼처럼 차분하게 폐허 속에 자리를 잡고는 우리에게 다른 모든 것들에 관해 일깨워 줄 때를 희망하며 오래도록 기다리고 있었다. 그리고 거의 만질 수 없을 만큼 미세한 방울 같은 본질 속에 '추억'이라는 거대한 구조물을 단단히 붙들고 있었다.

– 마르셀 프루스트, 『잃어버린 시간을 찾아서』 중

마르셀 프루스트의 소설 『잃어버린 시간을 찾아서』의 유명한 첫 장면도 주인공 마르셀이 차에 적신 마들렌을 맛보는 순간, 유년 시절의 추억에 빠지면서 시작된다.

『잃어버린 시간을 찾아서』는 결국 시간과 기억에 관한 이야기다. 시간은 모든 것을 소멸하고 마모시키지만, 기억은 시간이 소멸시킨 대상에 다시 숨결을 불어넣어 소생시킨다. 기억이 완벽하지는 않지만 나름의 생명력을 가지는 이유이기도 하다.

멕시코 소년 미구엘과 그 가족의 이야기를 담은 애니메이션 〈코코〉의 주제도 역시 기억이다. 영화가 끝나고 영화관 곳곳에서 훌쩍이는 사람들의 모습이 적지 않았다.

가족영화라는 이유도 있겠지만, 무엇보다 기억하고 싶은 그 누군가가 간절히 존재했기 때문일 것이다. 누군가는 하늘나라로 떠난 부모님을, 또 누군가는 헤어진 연인이나 친구를 떠올렸을 것이다.

실제로 애니메이션 〈코코〉의 배경이 된 멕시코에서는 해마다 11월 1일이 되면 '죽은 자의 날(dia del muertos)'을 통해 망자를 기억하고 추모하는 축제가 존재하는데, 영화만큼이나 인기를 모았던 〈코코〉의 주제곡 제목이 〈나를 기억하세요(Recuérdame)〉인 것 또한 절묘하다.

Recuérdame hoy me tengo que ir mi amor

기억해 줘 오늘 난 떠나야 해, 내 사랑

Recuérdame, no llores por favor

기억해 줘, 제발 울지 말고

Te llevo en mi corazén y cerca me tendrés

너를 내 마음에 담아 가면 넌 내 곁에 있는 거야

A solas yo te cantaré soéando en regresar

돌아오길 꿈꾸면서 나 혼자 너에게 노래할게

Recuérdame, aunque tenga que emigrar

기억해 줘, 비록 난 떠나야 하지만

Recuérdame, si mi guitarra oyes llorar

기억해 줘, 내 기타가 우는 것처럼 들리면

Ella con su triste canto te acompaéaré hasta que en mis brazos estés,

내가 널 안을 때까지 내 슬픈 기타 소리는 너와 함께 할 거야,

recuérdame

기억해 줘

애니메이션 〈코코〉의 포스터에는 “영원히 기억하고 싶은 사람이 있나요?”라는 문구가 있다. 사실 죽은 사람들이 ‘또 다른 삶’을 사는 이야기는 낯설지 않다.

누구에게나 천당이나 지옥과 같은 사후의 ‘또 다른 세상’을 상상하는 것이 어느 정도는 익숙하기 때문이다. 하지만 저승에서 ‘잊히는 자’만이 비로소 영원히 사라진다는 설정은 신선한 충격을 안겨 준다. 이 말을 뒤집어 말한다면 기억되는 한, 영원히 살아 있다는 이야기이기도 하니까 말이다.

부재(不在)하는 현존(現存), 현존하는 부재

자크 라캉은 죽음을 두 단계로 나누었다. 첫 번째 단계는 생물학적인 죽음이고, 두 번째는 매장, 사망신고, 제사와 같은 의례를 통해 죽은 자를 산 자들의 세계와 분리하는 단계이다. 문학평론가 김현은 요절한 젊은 시인의 유고 시집 해설을 쓰면서, 죽음의 단계를 하나 더 늘렸다. 죽음은 한 인간의 육체가 사라지는 것이지만, 죽은 이에 대한 기억이 산 자들의 머릿속에 남아 있는 동안에는 그 육체마저도 완전히 사라지는 것이 아니라는 얘기다.

말장난 같지만, 산 자의 기억에 살아 있는 망자는 '현존하는 부재이며, 부재하는 현존'인 것이다. 그러므로 죽음의 최후 단계는 그의 육체를 기억하는 사람들이 다 사라져 없을 때, 그리하여 그의 사진을 보거나 그의 초상을 보고서도 그가 누구인지를 기억하는 사람이 하나도 없게 될 때가 되는 것이다.

그래서 글을 쓴다는 것은 단순히 종이의 흰 공간을 채우는 행위가 아니라 기억을 남기겠다는 의지의 표현이기도 하다. 수천 년 전 인류의 조상들이 어두컴컴한 동굴 속에 남긴 수수께끼 같은 그림들의 흔적도, 침몰하는 러시아의 쿠르스크호 잠수함 속에서 마지막 순간까지 사랑하는 아내에게 남긴 수병의 쪽지도, 모두 간절한 기억의 의미를 담고 있다. 예수의 말씀과 행적을 기록한 복음서 저자들도, 부처의 말씀과 행적을 기록한 제자들 역시 예외는 아니다.

유행가 가사처럼, 기억이 사랑보다 슬픈 이유는 기억의 대상이 부재하기 때문이 아니라, 기억이 남긴 흔적들 때문이다.

그래서 '어떻게' 기억되느냐가 중요한 것이다.

추악한 살인마나 독재자, 비열한 배신자로 역사 속에 기억되는 것은 살아 있으되, 죽은 것과 같고, 죽어 있으되 살아서 고문받는 것과 같은 끔찍한 일이다.

Loved

Remembered

Cherished

Rest in peace

뉴질랜드 퀸스타운의 어느 무덤가에서 나의 발길을 멈추게 한 묘비명이다. 누군가에게 사랑받고, 소중히 기억되며, 그리고 종국에는 평화 속에 잠들 수 있는 삶이라면 참으로 축복받은 삶이 아닐까.

고인이 된 작가 김현의 말처럼 산 자에 기억되는 망자는 '현존하는 부재이며, 부재하는 현존'이다. 그런 까닭에, 기억되는 한, 그는 영원히 살아 있다.

나는 기록한다. 고로 기억된다.

생각해 보니, 중학교 시절부터 쓰던 일기장과 세심집(洗心集)이라고 이름 붙인 시집 모두 어느 순간 사라졌다. 안타깝지만, 반복되는 이사 과정에서 분실된 것으로 생각된다. 대학 시절 독서토론을 하며 끄적이던 몇 권의 노트 말고는 기록다운 기록이란 남아 있지 않다가 다시 글을 쓰기 시작한 건, 아들 지오가 태어난 직후인 2009년 11월 이후부터다.

당시 글의 서두를 보면 그동안 왜 글을 쓰지 않았는지, 알 수 있는 단서가 될만한 내용이 담겨 있다.

> 글이 오염되는 경우는 두 가지다. 첫째는 독자를 염두에 둘 경우이고, 둘째는 자신을 속일 경우이다.

고백하건대, 글을 쓰면 쓸수록 우려했던 두 가지 덫에 모두 빠지고 말았다. 관찰 예능의 연예인들이 회가 거듭될수록 거짓투성이 가짜 이미지를 재생산하는 것처럼, 글을 쓰는 행위가 누군가에게 보여 주기 위한 현학적 행위로 바뀌고 있다는 사실을 직감했다.

일기를 쓰던 사람이 어느 날 자신의 일기를 훔쳐 보는 누군가 있다는 사실을 발견한 순간, 일기가 소설이 되고 말았다는 우화처럼 말이다.

그래서 글을 쓴다는 것은 무언가를 기억하는 동시에 '기억됨'을 전제로 하는 매우 위험한 행위이고 무엇보다 맨얼굴의 자신과 마주할 용기까지도 필요한 일종의 모험이다. 역사학자 E.H 카는 '객관적 사실'과 역사가의 '주관적 해석' 사이를 방황할 때 가장 중요한 나침반은 읽기와 쓰기라고 말한다.

이슬람의 창시자 무함마드가 대천사 가브리엘에게 받은 첫 번째 과제도 '읽으라'는 것과 '쓰라'는 것이었다. 잘 알려진 바와 같이 무함마드는 읽고 쓸 줄 모르는 문맹(文盲)이었는데도 말이다.

문맹인 무함마드에게 내려진 지상과제는 신의 뜻을 기억하고 '붓을 들어' 세상에 전하라는 것이었다. 그것은 기억의 약속이었다. 이제 알겠다. 신은 왜 박식한 대학자가 아닌, 문맹의 무함마드를 기억의 전달자로 선택했는지를 말이다.

현존하는 부재(不在), 부재하는 현존을 위한 하나의 방편으로써 글쓰기는 영원히 기억되고 싶다는 헛된 망상에서 비롯된 것만은 아니다. 오히려 그 반대이다. 참다운 글쓰기는 매일매일 무언가를 지우는 행위이다.

30년 동안 라디오라는 매체를 통해, 특히 소리를 통해 세상과 소통해 왔고, 이제 나는 또 다른 '기록하는 자'로 남기로 결심했다.

매일매일 조금씩 지워 가며 충만한 무(無)로 남기를 희망하면서.

❖❖❖

참고문헌

01 사람의 거리, 사람의 거;리

1 Yarn Martel, 『Life of Pi』 p49, A Harvest International Edition

2 김대식, 『김대식의 빅퀘스천』 p54, 동아시아

3 수전 손택, 『사진에 관하여』 p44, 이재원 옮김, 이후

4 김영수, 『난세에 답하다』 p92~93, 알마

5 2023.10.3. 더 팩트, 허주열 기자

6 2012.11.8. 시사IN 268호, 「드론이라는 이름의 살인기계」, 김영미 국제문제 전문 편집위원의 기사

7 2015.11.20. 뉴시스, 강덕우 기자 / 2013.10.26. jtbc 뉴스

8 죙케 나이첼, 하랄트 벨쳐, 『나치의 병사들』, 김태희 옮김, 민음사

9 지그문트 바우만, 『유동하는 공포』, 함규진 옮김, 산책자

10 c.s. 루이스, 『스크루테이프의 편지』, 김선형 옮김, 홍성사

02 당신은 인간의 마음을 가지고 있습니까?

1 2011.4.6. 브레이크뉴스, 대구경북, 정창오 기자

2 2012.8.4. 한겨레신문, 최우리 기자

3 멜러니 선스트럼, 『통증 연대기』, 노승영 옮김, 에이도스

4 Jean Pierre Peter, 『De la douleur』 p9, Quai Voltaire

5 나무위키, 〈대학살의 신〉 시놉시스

6 심의용, 『마흔의 단어들』 p68, 동녘

03 욕망, 잠들지 않은

1 슬라보예 지젝, 『실제의 사막에 오신 것을 환영합니다』, 이현우, 김희진 옮김, 자음과 모음

2 김종갑, 『포르노 이슈』 P118, 그린비

3 최현석, 『인간의 모든 감정』, 서해문집

4 장대익 외, 『포르노 이슈』 p49, 그린비

5 2023.12.11. 오마이 뉴스, 박수림, 김병기 기자

6 도올, 『금강경강해』 p94, 통나무

7 송상호, 『욕도 못하는 세상 무슨 재민겨』 p81~82, 도서출판 자리

8 김열규, 『욕, 그 카타르시스의 미학』, 사계절

04 인간적인, 너무 인간적인

1 장 코르미에, 『체 게바라 평전』, 실천문학

2 유세종 외, 『문명 그리고 화두』 p226, 열린사회아카데미
3 임현지, 『노신 평전』, 김태성 옮김, 실천문학사
4 리링, 『논어 세 번 찢다』 p473, 황종원 옮김, 글항아리
5 같은 책, p473
6 KISDI, 라디오 실시간 청취와 이용 형태, 2018

05 인생의 의미를 묻는 당신에게

1 정민, 『오직 독서뿐』, 김영사
2 같은 책
3 에릭 와이너, 『소크라테스 익스프레스』 p42, 김하현 옮김, 어크로스
4 폴 존슨, 『그 사람, 소크라테스』 p81~82,이경아 옮김, 이론과 실천
5 우치다 타츠루, 『푸코,바르트, 레비스트로스, 라캉 쉽게 읽기』 p217, 이경덕 옮김, 갈라파고스
6 김대식, 『김대식의 빅퀘스천』 p64, 동아시아
7 앤드루 커노한, 『종교의 바깥에서 의미를 찾다』 p34, 한진영 옮김, 필로소픽
8 메리 셸리, 『프랑켄슈타인』, 김선형 옮김, 문학동네
9 휴버트 드레이퍼스. 숀 켈리, 『모든 것은 빛난다』 P88, 김동규 옮김, 사월의 책
10 에프라임 키숀, 『피카소의 달콤한 복수』 p14, 반성완 옮김, 마음산책
11 2023.4.29. 쿠키뉴스, 이소연 기자
12 박찬국, 『사는 게 고통일 때, 쇼펜하우어』 p177, 21세기북스

06 역사의 승자를 누가 심판하는가?

1 2023.10.15. 서울신문, 권윤희 기자

2 조은정, 『동상-한국 근현대 인체 조각의 존재 방식』, 다할 미디어

3 송기도, 강준만, 『콜럼버스에서 후지모리까지』 p216, 개마고원

4 워드 처칠, 『그들이 온 이후』, 황건 옮김, 당대

5 U.S. Bureau of Census, Population Division, A Statistical Profile of American Indian Population (1984)

6 2016.06.28. CBS 「노컷뉴스」, 장관순 기자

7 황현산, 『밤이 선생이다』 p85, 문학동네

8 한국무역협회

9 장규호, 86STUDIO 대표

10 2023.5.17. 한겨레신문

11 2023.11.3. 시사IN, 이오성 기자

07 무엇을 믿을 것인가?

1 리사 밀러, 『헤븐(Heaven)』 p39, 한세정 옮김, 21세기북스

2 같은 책, p51

3 같은 책, p84

4 같은 책, p225~226

5 같은 책, p63

6 데이비드 밀즈 , 『우주에는 신이 없다』, 권혁 옮김, 돋을새김

7 강유원, 『숨은 신을 찾아서』 p25, 라티오

8 필 주커먼, 『신 없는 사회』 서문, 김승욱 옮김, 마음산책

9 슬라보예 지젝, 『폭력이란 무엇인가』 p196, 이현우, 김희진 옮김, 난장이

10 로저 샤툭, 『금지된 지식』 p64~65, 조한옥 옮김, 금호문화

11 1957년 『look』이라는 잡지와의 인터뷰에서

08 황혼이 깃드는 시간

1 강기진, 『오십에 읽는 주역』, 유노북스

2 2023.9.10. 뉴스1, 강승지 기자

3 에릭 와이너, 『소크라테스 익스프레스』 p435, 김하현 옮김, 어크로스

4 조지수, 『원 맨즈 독』, 지혜정원

5 소노 아야코, 『후회 없는 삶, 아름다운 나이 듦』 p134, 김욱 옮김, 리수

6 에릭 와이너, 『소크라테스 익스프레스』 p439, 김하현 옮김, 어크로스

7 헬렌 니어링, 『아름다운 삶, 사랑 그리고 마무리』, 이석태 옮김, 보리

8 다치바나 다카시, 『죽음은 두렵지 않다』, 전화윤 옮김, 청어람 미디어

9 레프 톨스토이, 『이반 일리치의 죽음』, 이강은 옮김, 창비

10 김남수 외, 『세계신화여행』 p326, 실천문학사

11 진중권, 『미학 에세이』 p81, 씨네21북스

이진경, 『불교를 철학하다』, 휴

박찬국, 『사는 게 고통일 때, 쇼펜하우어』, 21세기북스

고명섭, 『니체 극장』, 김영사

이옥순, 『인도는 힘이 세다』, 창비

김정식, 김남일 외, 『아시아 신화여행』, 실천문학사

손민정, 『트로트의 정치학』, 음악세계
이영미, 『한국 대중가요사』, 시공사
김종갑, 『포르노 이슈』, 그린비
조용훈, 『탐미의 시대』, 효형출판
권혁범, 『민족주의는 죄악인가』, 아로파
박규태, 『아마테라스에서 모노노케 히메까지』, 책세상
송상호, 『욕도 못하는 세상, 무슨 재민겨』, 도서출판 자리
조지수, 『one man's dog』, 지혜정원
류상태, 『한국교회는 예수를 배반했다』, 삼인
황현산, 『밤이 선생이다』, 문학동네
김용옥, 『노자와 21세기』, 통나무
김용옥, 『금강경 강해』, 통나무
김영수, 『난세에 답하다』, 알마
김성근, 김운경 외, 『세월은 흐르는 것이 아니라 쌓이는 것이다』, 페이퍼로드
송기도, 강준만, 『콜럼버스에서 후지모리까지』, 개마고원

에프라임 키숀, 『피카소의 달콤한 복수』, 반성완 옮김, 마음산책
아쿠타가와 류노스케, 『라 쇼몬』, 민음사
소노 아야코, 『후회 없는 삶, 아름다운 나이듦』, 김욱 옮김, 리수
줄리언 바지니, 『러셀 교수님, 인생의 의미가 뭔가요?』, 문은실,이윤 옮김, P필로소픽
앤드루 커노한, 『종교의 바깥에서 의미를 찾다』, 한진영 옮김, P필로소픽
슬라보예 지젝, 『폭력이란 무엇인가』, 이현우, 김희진, 정일권 옮김, 난장이
워드 처칠, 『그들이 온 이후』, 황건 옮김, 당대
필 주커먼, 『종교 없는 삶』, 박윤정 옮김, 판미동
리사 밀러, 『헤븐』, 한세정 옮김, 21세기북스
조애너 메이시,『붓다의 연기법과 인공지능』, 이중표 옮김, 불광출판사

스티븐 배첼러, 『어느 불교 무신론자의 고백』, 김옥진 옮김, 궁리
프리드리히 니체, 『도덕의 계보』, 박천국 옮김, 아카넷
게리 콕스, 『실존주의자로 사는 법』, 지여울 옮김, 황소걸음
에릭 와이너, 『스크라테스 익스프레스』, 김하현 옮김, 어크로스
다치바나 다카시, 『우주로부터의 귀환』, 청어람 미디어
니시카와 나가오, 『국민을 그만두는 방법』, 윤해동.방기현 옮김, 역사비평사
사사키 아타루, 『잘라라, 기도하는 그 손을』, 송태욱 옮김, 자음과 모음
로힌턴 미스트리, 『적절한 균형』, 손석주 옮김, 도서출판 아시아
고쿠분 고이치로, 『인간은 언제부터 지루해 했을까』, 한 권의 책
움베르토 에코, 『적을 만들다』, 김희정 옮김, 열린책들
리링, 『논어, 세 번 찢다』, 황종원 옮김, 글항아리
장 코르미에, 『체 게바라 평전』, 김미선 옮김, 실천문학사
스베냐 플라스펠러, 『우리의 노동은 왜 우울한가』, 정혜경 옮김, 로도스
로저 샤툭, 『금지된 지식1』, 조한욱 옮김, 금호문화
아툴 가완디, 『어떻게 죽을 것인가』, 김희정 옮김, 부키
윌리암 데이비스, 『행복 산업』, 황성원 옮김, 동녘
프레데리크 시프테, 『우리는 매일 슬픔 한 조각을 삼킨다』, 이세진 옮김, 문학동네
수전 손택, 『타인의 고통』, 이재원 옮김, 이후
로랑 베그, 『도덕적인 인간은 왜 나쁜 사회를 만드는가』, 이세진 옮김, 부키
토비아스 휘르터 & 막스 라우너, 『평행우주라는 미친 생각은 어떻게 상식이 되었는가』, 김희상 옮김, 알마
브라이언 그린, 『멀티 유니버스』, 박병철 옮김, 김영사
브라이언 그린, 『엔드 오브 타임』, 박병철 옮김, 와이즈베리
다케우치 가오루 『시간론,』, 박정용 옮김, 전나무 숲
우치다 타츠루, 『푸코,바르트,레비스트로스,라캉 쉽게 읽기』, 이경덕 옮김, 갈라파고스
미하엘 하우스켈러, 『왜 살아야 하는가』, 김재정 옮김, 추수밭

프랑수아 를로르, 『꾸뻬 씨의 행복여행』, 오유란 옮김, 오래된 미래
스탕달 『적과 흑』, 이동렬 옮김, 민음사

Victor E.Frankl, 『Man's search for meaning』
Friedrich Nietzsche, 『On the Genealogy of Morals』Oxford world classics
Yarn Martel, 『Man's search for meaning』A Harvest International Edition

당신은 인간의 마음을 가지고 있습니까?

방송국 PD의 살아 있는 인문학

글 박천기
발행일 2024년 3월 30일 초판 1쇄

발행처 디페랑스
발행인 노승현
책임편집 민이언
출판등록 제2011-08호(2011년 1월 20일)
주소 서울특별시 마포구 양화로81 320호
전화 02-868-4979 팩스 : 02-868-4978

이메일 davanbook@naver.com
홈페이지 davanbook.modoo.at
블로그 blog.naver.com/davanbook
포스트 post.naver.com/davanbook
인스타그램 @davanbook

ISBN 979-11-85264-85-1 03100

* 「디페랑스」는 「다반」의 인문, 예술 출판 브랜드입니다.